De

Para

Data

Orações devocionais diárias de paz, alegria e esperança

# A ESCUTA DE
# Jesus

Tradução de
ELIS REGINA EMERENCIO

# SARAH YOUNG
Autora de *O Chamado de Jesus*

Título original: *Jesus listens*
Copyright ©2023 por Sarah Young
Edição original por Thomas Nelson. Todos os direitos reservados.
Copyright da tradução ©2023 por Vida Melhor Editora LTDA.

Todos os direitos desta publicação são reservados por Vida Melhor Editora LTDA.

Os pontos de vista desta obra são de responsabilidade de seus autores e
colaboradores diretos, não refletindo necessariamente a posição da Thomas Nelson
Brasil, da HarperCollins Christian Publishing ou de suas equipes editoriais.

|  |  |
|---|---|
| Publisher | *Samuel Coto* |
| Editora | *Brunna Prado* |
| Estagiárias editoriais | *Camila Reis, Giovanna Staggemeier, Renata Litz* |
| Preparação | *Jaqueline Oliveira* |
| Revisão | *Dayane Andrade* e *Leonardo Dantas do Carmo* |
| Diagramação | *Sonia Peticov* |
| Adaptação de capa | *Débora Grazola* |

**Dados Internacionais de Catalogação na Publicação (CIP)**
**(BENITEZ Catalogação Ass. Editorial, MS, Brasil)**

Y71e   Young, Sarah
1.ed.      A escuta de Jesus: orações devocionais diárias de paz, alegria e esperança /
         Sarah Young; tradução Elis Regina Emerencio. – 1. ed. – Rio de Janeiro: Thomas
         Nelson Brasil, 2023.
            400 p.; 11 x 15 cm.

            Título original: *Jesus listens*: daily devotion prayers of Peace, Joy, and Hope.
         ISBN 978-65-56895-54-3

            1. Calendários devocionais. 2. Cristianismo – Orações e devoções.
         I. Emerencio, Elis Regina. II. Título.

12-2022/32                                                                    CDD: 242.2

**Índice para catálogo sistemático**
1. Literatura devocional: Cristianismo   242.2

**Bibliotecária:** Aline Graziele Benitez CRB-1/3129

Thomas Nelson Brasil é uma marca licenciada à Vida Melhor Editora LTDA.
Todos os direitos reservados à Vida Melhor Editora LTDA.
Rua da Quitanda, 86, sala 218 — Centro
Rio de Janeiro — RJ — CEP 20091-005
Tel.: (21) 3175-1030
www.thomasnelson.com.br

Este livro foi impresso pela Lisgráfica, em 2023, para a Thomas Nelson Brasil. O
papel do miolo é pólen natural 70g/m², e o da capa é couchê fosco 150g/m².

*Dedico este livro a Jesus, Emanuel, que está sempre conosco, ouvindo todas as nossas preces. A Bíblia nos garante que Jesus pode salvar para sempre aqueles que se aproximarem de Deus por meio dele porque ele vive para interceder por nós a Deus Pai (Hebreus 7:25). E quando oramos, o próprio Espírito Santo intercede por nós com gemidos inexprimíveis (Romanos 8:26). Como nosso Deus trino é grande e glorioso!*

# AGRADECIMENTOS

Sou grata por trabalhar com uma equipe tão talentosa e dedicada. Laura Minchew, minha *publisher* encantadora, que toma conta da minha publicação de maneira tão criativa e adequada. Jennifer Gott, editora assistente da Gift Books, que trabalha de maneira atenciosa e paciente para organizar tudo. Kris Bearss, minha editora fiel, que conhece meu trabalho muito bem e edita minha escrita no tom certo. Por fim, quero agradecer a Joey Paul, meu primeiro *publisher*, que teve a ideia de *A escuta de Jesus*. Sou tão abençoada por ter a ajuda de todos esses amigos talentosos!

# INTRODUÇÃO

Adoro o lindo convite que Jesus nos faz: "*Vinde a mim, todos os que estais cansados e oprimidos, e eu vos aliviarei*" (Mateus 11:28 [ARC]). A minha esperança é que este livro, *A escuta de Jesus*, lhe encoraje a se aproximar dele com confiança e alegria, encontrando descanso sereno em sua presença. É uma bênção tão grande saber que Jesus escuta cada uma das nossas preces! Ele nos ama de maneira perfeita e cuida de nós constantemente, estejamos conscientes da presença dele ou não.

Todos os meus livros devocionais, incluindo este, são projetados para ajudar você a se aproximar de Jesus. Essa busca é meu desejo mais profundo (por você e por mim). Como deve saber, escrevi meus livros anteriores da perspectiva de Jesus falando com você, o leitor. Contudo, *A escuta de Jesus* foi escrito do ponto de vista de você orando a Deus. Espero que você não apenas leia essas orações, mas as torne suas (usando-as para guiá-lo ao expressar os seus anseios sinceros ao Senhor).

Você encontrará orações de paz, alegria e esperança ao longo deste livro. Enquanto escrevia, usei como base os temas de *O chamado de Jesus: Encontre paz na presença do Pai*, *Jesus Always: Embracing Joy in His Presence* [Jesus sempre: Aproveite a alegria na presença dele] e *Jesus Today: Experience Hope Through His Presence* [Jesus hoje: Vivencie a esperança por meio da presença dele]. Outros tópicos também são enfatizados nas orações, especialmente o amor ilimitado e leal de Jesus por todos os que pertencem a ele.

*A escuta de Jesus* contém orações para todos os dias do ano. São *orações devocionais*: destinadas a levá-lo a uma comunhão mais profunda, rica e contínua com Deus. Essas orações diárias devem ser um ponto de partida para as suas outras orações, ajudando-o a aproveitar o seu tempo com Jesus e a levar todas as suas preocupações a ele.

Admito que a oração não acontece de forma natural para nós. Na verdade, é algo visto com frequência como uma tarefa árdua. A oração com certeza requer esforço, porém, precisamos lembrar que a comunicação com o Criador e Sustentador deste vasto universo é um privilégio incrível! O sacrifício de Jesus por nossos pecados abriu o caminho para comungarmos livre e plenamente com nosso Deus Pai. No momento em que Jesus morreu, "o véu do santuário rasgou-se em duas partes, de alto a baixo" (Mateus 27:51). Portanto, nosso acesso irrestrito a Deus em oração é um privilégio glorioso conquistado com esse sacrifício!

Sou grata por Deus usar as nossas orações não apenas para mudar as circunstâncias, mas também para *nos* mudar. Levamos os nossos pedidos de oração a Ele, confiando que ouve e se importa. À medida que dedicamos tempo para nos comunicar com Jesus e desfrutamos da presença dele, nos tornamos, de forma gradual, mais semelhantes a ele.

Considero um maravilhoso privilégio e responsabilidade orar pelos leitores dos meus livros. Dessa maneira, dedico bastante tempo a essa atividade todas as manhãs. Descobri que não importa como estou quando saio da cama, me sinto melhor e mais forte depois de passar esse tempo precioso com Jesus. E vocês, leitores, podem começar o dia se sentindo encorajados porque sabem que estou orando por vocês!

Um dos meus versículos favoritos sobre oração é o Salmo 62:8. Neste salmo, o Rei Davi nos incentiva: "confie nele [Deus] em todos os momentos, ó povo; derrame diante dele o coração". Jesus conhece tudo em nossos corações e deseja nossa confiança nele para que possamos nos abrir e ser reais em nossas orações. Podemos desabafar em segurança, já que ele nos entende por completo e nos ama infinitamente. Ele é mesmo o *nosso refúgio*.

O profeta Jeremias nos garante que Deus ouve nossas orações: "Então vocês clamarão a mim, virão orar a mim, e eu os ouvirei. Vocês me procurarão e me acharão quando me procurarem de todo o coração" (Jeremias 29:12–13).

Enquanto Jesus viveu nesta terra, ele ouviu as pessoas ao seu redor de maneira admirável. Sou grata por ele continuar a nos ouvir! Além disso, temos a ajuda milagrosa do Espírito Santo. Enquanto oramos, "o próprio Espírito intercede por nós com gemidos inexprimíveis. E aquele que sonda os corações conhece a intenção do Espírito, porque o Espírito intercede pelos santos de acordo com a vontade de Deus" (Romanos 8:26–27). Nossas orações podem ser inadequadas e fragmentadas, mas o Espírito Santo as transforma e as torna consistentes com a vontade de Deus.

Estou convencida de que a oração é extremamente importante em todas as áreas das nossas vidas. Alfred Lord Tennyson escreveu: "Mais coisas são feitas pela oração do que este mundo sonha". A influência das nossas orações vai muito além do que podemos ver e compreender.

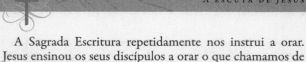

A Sagrada Escritura repetidamente nos instrui a orar. Jesus ensinou os seus discípulos a orar o que chamamos de Pai Nosso:

> Pai nosso, que estás nos céus!
> Santificado seja o teu Nome.
> Venha o teu Reino.
> Seja feita a tua vontade,
> *assim* na terra *como* no céu.
> Dá-nos hoje o nosso pão diário.
> Perdoa-nos as nossas dívidas,
> assim como perdoamos aos nossos devedores.
> E não nos conduzas à tentação,
> mas livra-nos do Maligno.
> Porque teu é o Reino,
>     o poder e a glória para sempre. Amém.
>         Mateus 6:9–13 (KJA)

Entendo que pode ser desanimador não ter as orações respondidas. Enquanto esperamos por respostas, precisamos confiar que Deus ouve as nossas preces e as responde de maneiras que fazem todo o sentido, de sua perspectiva infinita e onisciente. Deus nos diz em sua palavra que "assim como os céus são mais altos do que a terra, também os meus caminhos são mais altos do que os seus caminhos" (Isaías 55:9). Apesar de querermos entender mais, muitas vezes é impossível para nós, criaturas finitas, compreender os caminhos de Deus.

A Bíblia nos encoraja a perseverar nas nossas orações. Venho orando pela salvação de algumas pessoas há décadas e pretendo continuar. Adoro a parábola do juiz injusto e a viúva persistente. Esta parábola ensina que *devemos sempre orar e não desistir*. Mesmo que o juiz não se importasse com as pessoas ou com a justiça, a persistência da viúva acabou aborrecendo-o, e ele atendeu ao pedido dela (Lucas 18:1-8). Deus, que é amoroso e justo, responderá às nossas orações em sua maneira e tempo perfeitos!

Vivemos momentos estressantes e muitos de nós lutam contra a ansiedade. O ensinamento do apóstolo Paulo em sua carta aos filipenses é muito prático e oportuno: "Não andem ansiosos por coisa alguma, mas em tudo, pela oração e súplicas, e com ação de graças, apresentem seus pedidos a Deus. E a paz de Deus, que excede todo o entendimento, guardará o coração e a mente de vocês em Cristo Jesus" (Filipenses 4:6-7).

Em vez de nos concentrarmos nos nossos problemas quando estamos ansiosos, podemos levar tudo a Jesus; nossas lutas e confusão, nossas orações e pedidos, nossos agradecimentos e louvores. Depois de abrirmos nossos corações a ele, podemos pedir-lhe que nos encha com a sua paz maravilhosa. Para receber esse presente glorioso, precisamos relaxar na presença de Jesus e "confiar nele de todo o coração", em vez de "nos apoiarmos em nosso próprio entendimento" (Provérbios 3:5).

Às vezes, quando estou estressada, me sento em silêncio e respiro lentamente enquanto oro: "Jesus, ajuda-me a relaxar na sua paz". Se eu continuar orando assim por alguns minutos, sempre relaxo e me sinto mais calma.

As orações em *A escuta de Jesus* enfatizam a confiança nele e a vida na dependência dele. A Bíblia está repleta da orientação carinhosa de confiar no Senhor: uma condição crucial para viver perto dele. No meu livro, a ênfase na confiança reflete esse ensinamento bíblico e também a minha luta pessoal para confiar em Deus a todo momento, mesmo quando o mundo está cheio de incertezas e as coisas não estão indo como eu esperava. Nessas ocasiões, acho útil e encorajador sussurrar: "Confio em Ti, Jesus. O Senhor é a minha esperança".

Ao longo do tempo que passei com Jesus e estudei a Palavra dele, percebi a importância de ter uma atitude de gratidão. Dessa maneira, o tema da gratidão aparece com frequência ao longo deste livro. Primeiro Tessalonicenses 5:17–18 nos instrui a "orar continuamente e dar graças em todas as circunstâncias". Há poder nas orações de gratidão! Elas mantêm nosso foco nas promessas inestimáveis de Jesus e na sua presença contínua conosco.

Recentemente, escrevi uma história pessoal chamada "O poder das orações de gratidão". Vou compartilhar parte da história aqui. Quando nossos dois filhos, Stephanie e Eric, eram adolescentes, eles deveriam viajar sozinhos de Tennessee, EUA, para Melbourne, Austrália, onde morávamos e trabalhávamos como missionários. Essa viagem foi muito longa e exigiu várias mudanças nos principais aeroportos. Eu estava me sentindo ansiosa por eles fazerem essa viagem sozinhos e orava por isso praticamente o tempo todo. No entanto, enquanto orava, percebi que estava mais preocupada do que confiando em Deus. Com o passar do tempo, entendi que esse tipo de oração desagradava a Ele (e, com certeza, não estava aliviando a minha ansiedade). Então, certa manhã, levei minhas preocupações a Jesus e pedi a ele que me mostrasse uma maneira melhor de orar. Ele me ensinou a mudar o meu foco de oração: de expressar as minhas preocupações repetidamente para agradecer por como ele *estava* respondendo às minhas orações. Essa mudança no foco realmente ajudou a me acalmar. No entanto, mal sabia eu das incríveis aventuras que estavam esperando por todos nós! Não tenho espaço nesta introdução para contar a história completa, porém, as minhas muitas orações de agradecimento foram respondidas de maneiras que pareciam milagrosas! O resto dessa história está registrado em *O chamado de Jesus: 365 devocionais com histórias reais.*

Gratidão e louvor combinam muito bem. Descobri que as orações de louvor me revigoram de maneira profunda e aumentam a minha consciência da presença de Jesus. Repetidas vezes ao longo da Sagrada Escritura encontramos o mandamento vital de louvar ao Senhor. Podemos obedecer com alegria a esse mandamento, porque Deus é totalmente digno da nossa adoração e louvá-lo nos abençoa imensamente. Nossas palavras de adoração nos ajudam a lembrar quão grande e glorioso é Deus! Louvá-lo fortalece nossa confiança de que aquele a quem oramos está no controle, mesmo quando nosso mundo parece terrivelmente descontrolado.

Muitos anos atrás, fui ao *Covenant Theological Seminary,* em St. Louis, para obter um mestrado em aconselhamento e estudos bíblicos. Gostei, em particular, de um curso sobre a literatura de sabedoria da Bíblia — o professor era mesmo muito sábio. Da vasta gama de sabedoria que ele transmitiu, um ensinamento simples permaneceu comigo por todos esses anos. Ele compartilhou conosco a sua prática pessoal de oração, "Ajuda-me, Espírito Santo", ao longo do dia: antes de atender o telefone ou a campainha, quando estivesse envolvido em uma conversa importante, ao tentar fazer algo difícil e assim por diante. Segui o conselho do meu professor até que esta breve oração se tornou parte de mim. Agora me pego orando sem esforço, e isso me lembra que não estou sozinha. A terceira pessoa da Trindade está sempre disponível para me ajudar!

As orações devocionais neste livro estão repletas de promessas de Deus. Para se beneficiar delas, é essencial que você reconheça Jesus como seu Salvador. Porque ele é Deus. A morte de Jesus na cruz foi suficiente para pagar a pena por todos os pecados daqueles que vêm a Ele. Se você nunca reconheceu a sua condição de pecador e pediu a Jesus para ser seu Salvador, eu insisto que faça isso. "Todo o que nele crer não pereça, mas tenha a vida eterna" (João 3:16). Vou apoiá-lo com as minhas orações. Todos os dias eu oro para que Deus use meus livros para trazer muitos leitores que ainda não são crentes para essa família eterna.

Por fim, caro leitor, encorajo você a mergulhar nas orações em *A escuta de Jesus*. Você não precisa começar em 1º de janeiro. Simplesmente comece com a oração de hoje e continue dia após dia. Lembre-se de que estarei orando por você. Mais importante, lembre-se de que Jesus está com você, ouvindo todas as suas orações.

Bênçãos abundantes!
*Sarah Young*

# Janeiro

*"Porque sou eu que conheço
os planos que tenho para vocês",
diz o Senhor, "planos de fazê-los
prosperar e não de causar
dano, planos de dar a vocês
esperança e um futuro".*

Jeremias 29:11

## 1º de janeiro

Meu Deus vivo,
Ao começar um novo ano, alegro-me porque o Senhor está continuamente operando novidades na minha vida. Não devo *ficar pensando sobre o passado* porque o *Senhor está fazendo uma coisa nova*. Recuso-me a deixar que as decepções e fracassos do ano passado me definam ou diminuam as minhas expectativas. Este é o dia para um novo começo! Sei que não há limites para a sua criatividade, então prevejo algumas surpresas adoráveis neste ano que se inicia.

Senhor, recebo o *hoje* como um presente precioso de Ti. Percebo que o momento presente é quando o Senhor se encontra comigo. *Este dia foi especialmente preparado pelo Senhor*. Sei que o preparou cuidadosamente para mim, com terna atenção a cada detalhe. Portanto, tenho bons motivos para *me regozijar e me alegrar neste dia*!

Enquanto percorro *o caminho da vida*, procurarei sinais da tua presença amorosa. Eu me deleito em encontrar as pequenas bênçãos que o Senhor espalha ao longo do meu caminho, às vezes em lugares surpreendentes. À medida que as descobrir, agradecerei por cada uma delas. Isso me mantém perto de Ti e me ajuda a encontrar alegria na minha jornada.

Em teu nome bendito, Jesus,
Amém

**Isaías 43:18–19; Salmos 118:24 (NBV);
Salmos 16:11 (KJA)**

## 2 de janeiro

Jesus amado,
Eu quero ser todo teu! Que o Senhor me afaste de outras dependências. O Senhor me mostrou que a minha segurança está somente em Ti, não em outras pessoas, nem nas minhas condições.

Às vezes, a tentativa de depender apenas de Ti é como andar na corda bamba. No entanto, não preciso ter medo de cair porque *teus braços eternos* são uma rede de segurança que me protege.

Por favor, ajuda-me a continuar pensando em Ti, Jesus. Sei que está sempre diante de mim, me dando sinais, um passo de cada vez. Quando passo um momento de devocional contigo, quase posso ouvir-te sussurrando: "Siga-me, amado".

Senhor, *estou convencido de que nem a morte nem a vida, nem os anjos nem os demônios, nem o presente nem o futuro, nem quaisquer poderes, nem altura nem profundidade, nem qualquer outra coisa em toda a criação serão capazes de me separar da tua presença amorosa!*

Em teu precioso nome,
Amém

**Deuteronômio 33:27 (KJA);
Provérbios 16:9; Romanos 8:38–39**

## 3 de janeiro

Senhor compassivo,

O Senhor me diz na sua palavra: *"Eu a amei com amor eterno; com amor leal a atraí"*. Isso significa que me conheceu e me amou antes do início dos tempos! No entanto, por anos nadei em um mar de insignificância, procurando por amor, em busca de esperança. Todo esse tempo, o Senhor estava batalhando por mim, pronto para me acolher nos seus braços compassivos.

Quando chegou a hora certa, o Senhor se revelou para mim. Me tirou daquele mar de desespero e me colocou sobre uma base firme. Às vezes, eu me sentia nu, exposto à luz reveladora da sua presença. Então o Senhor me envolveu com um manto de arminho, *um manto de justiça*. Cantou uma canção de amor cujo começo e fim estão velados na eternidade. O Senhor introduziu significado em minha mente e harmonia em meu coração. Quero me juntar a Ti para cantar a tua canção. Por favor, usa minha voz da maneira que quiser, ao *convocar as pessoas das trevas para a tua maravilhosa luz*.

Em teu nome esplêndido, Jesus,<br>Amém

**Jeremias 31:3; Isaías 61:10; 1 Pedro 2:9 (KJA)**

## 4 de janeiro

Deus onisciente,
Deleito-me na verdade de que *sou plenamente conhecido*! O Senhor sabe absolutamente tudo sobre mim e mesmo assim me ama com um amor perfeito e *real*. Passei muitos anos procurando por uma maior autocompreensão e autoaceitação. Essa busca também contém o desejo de encontrar alguém que realmente me entenda e me aceite como sou. Descobri que *o Senhor* é o alguém que pode satisfazer esse meu desejo profundo. No meu relacionamento contigo, eu me torno quem realmente sou por completo.

Ajuda-me a ser cada vez mais verdadeiro contigo, abandonando todas as pretensões e me abrindo totalmente para Ti. *Sonda-me, ó Deus, e conhece o meu coração; prova-me e conhece os meus pensamentos*. Na luz do teu olhar atento e santo, posso ver muitas coisas que preciso mudar. Contudo, sei que o Senhor está comigo nos meus esforços, então não vou me desesperar. Em vez disso, descansarei na tua presença, recebendo teu amor que flui livremente em mim através da minha abertura a Ti. À medida que demoro para mergulhar neste poderoso amor, ele preenche meus espaços vazios e transborda em alegre adoração. Alegro-me por ser perfeitamente conhecido e amado para sempre!

Em teu nome amoroso, Jesus,
Amém

1 Coríntios 13:12;
Salmos 147:11; Salmos 139:23–24 (ARC)

## 5 de janeiro

Deus soberano,

Ajuda-me a me tornar amigo dos problemas da minha vida. Muitas coisas parecem erradas para mim, mas preciso lembrar que o Senhor está no controle de tudo. A tua palavra me garante que *o Senhor age em todas as coisas para o bem daqueles que o amam, dos que foram chamados de acordo com o seu propósito*. Posso acessar esta promessa magnífica confiando em Ti.

Todo problema pode me ensinar alguma coisa, transformando-me, pouco a pouco, na pessoa que o Senhor me projetou para ser. No entanto, o mesmo problema pode se tornar um obstáculo se eu reagir com desconfiança ou rebeldia. Compreendi que terei que escolher muitas vezes por dia se vou ou não confiar em Ti.

Descobri que a melhor maneira de ser amigo dos meus problemas é agradecer a Ti por eles. Esse ato contraintuitivo abre a minha mente para a possibilidade de bênçãos emergindo das minhas dificuldades. Além disso, quando levo as minhas orações ao Senhor com gratidão, minha ansiedade diminui e sua paz, que excede todo o entendimento, guarda meu coração e minha mente.

Em teu nome maravilhoso, Jesus,<br>Amém

**Tiago 1:2; Romanos 8:28;**
**Filipenses 4:6–7**

## 6 de janeiro

Meu Senhor,
Ajuda-me a agradecer-te *por tudo*, inclusive, pelos meus problemas. No momento em que minha mente fica presa em uma dificuldade, preciso trazer o assunto a Ti *com gratidão*. Dessa forma, posso pedir-te que me mostres a *tua* maneira de lidar com a situação. O próprio ato de agradecer a Ti libera a minha mente do foco negativo. À medida que volto minha atenção para Ti, minha dificuldade perde importância e o poder de me fazer tropeçar. O Senhor me orienta a lidar com o problema da maneira mais eficaz, seja encarando-o de frente ou deixando-o de lado para consideração posterior.

A maioria das situações que confundem a minha mente não são as preocupações do presente: eu as peguei emprestadas do amanhã, da próxima semana, do próximo mês ou mesmo do próximo ano. Quando este for o caso, por favor, tira o problema dos meus pensamentos e o deposita no futuro, ocultando-o dos meus olhos. Depois chama minha atenção de volta para a tua presença no presente, onde posso desfrutar da *tua paz*.

Em teu nome perfeito, Jesus,<br>Amém

**Efésios 5:20; Filipenses 4:6;
Salmos 25:4–5 (KJA); João 14:27**

# 7 de janeiro

Senhor Santo,

Amo adorar-te *no esplendor da tua santidade*. A beleza da sua criação reflete um pouco de quem o Senhor é, e isso me encanta! O Senhor está trabalhando os seus caminhos em mim: o artista divino criando beleza no meu ser interior. O Senhor tem limpado os escombros e a desordem dentro de mim, abrindo espaço para o seu Espírito Santo tomar posse total. Ajuda-me a colaborar contigo neste esforço, estando disposto a abrir mão de qualquer coisa que o Senhor escolha tirar. O Senhor sabe exatamente o que preciso e prometeu dar tudo isso em abundância!

Não quero que minha sensação de segurança se baseie nas minhas posses ou em que as coisas aconteçam do meu jeito. O Senhor está me ensinando a depender somente de Ti, encontrando satisfação na sua presença amorosa. Isso envolve estar satisfeito com muito ou com pouco dos bens do mundo, aceitando-os como a tua vontade para mim. Em vez de dominar e controlar, estou aprendendo a liberar e receber. Para cultivar essa postura receptiva, preciso confiar mais em Ti *(em toda e qualquer situação)*.

Em teu nome gracioso, Jesus,
Amém

**Salmos 29:2 (KJA); Salmos 27:4;
Filipenses 4:19; Filipenses 4:12**

## 8 de janeiro

Deus, meu refúgio,
Ajuda-me a *não ficar pensando no passado*. Posso aprender com o passado, mas não quero que seja o meu foco. Sei que não posso desfazer as coisas que já aconteceram, não importa o quanto eu tente. Assim, venho a Ti e *derramo meu coração*, lembrando que o *Senhor é meu refúgio*, digno da minha confiança *em todos os momentos*.

Uma maneira de aumentar minha confiança no Senhor é dizer-lhe com frequência: "Confio em Ti, Senhor". Falar essas afirmações de confiança ilumina o meu dia imensamente, afastando as nuvens escuras de preocupação.

O Senhor está sempre *fazendo uma coisa nova*! Então, estarei atento a tudo o que está realizando em minha vida. Por favor, abra os olhos da minha mente e coração para que eu possa ver as muitas oportunidades que o Senhor colocou ao longo do meu caminho. E me proteja de cair em um modo de vida tão rotineiro que eu veja apenas as mesmas velhas coisas, sentindo falta da novidade.

Estou aprendendo que o Senhor pode abrir um caminho onde parece não haver caminho. *Contigo todas as coisas são possíveis!*

Em teu nome admirável, Jesus,
Amém

**Isaías 43:18–19; Salmos 62:8;
Mateus 19:26**

## 9 de janeiro

Deus poderoso,
*O Senhor é o Deus que me fortalece*. Então eu venho a Ti exatamente como estou, com todos os meus pecados e fraquezas. Confesso os meus muitos pecados e peço que os *afaste de mim para tão longe quanto o Oriente está longe do Ocidente*. Descanso na tua presença, com os meus defeitos à vista.

Sou como um *vaso de barro* cheio de fraquezas, mas sei que *o teu poder se aperfeiçoa na fraqueza*. Por isso, agradeço-te pela minha insuficiência, isso me ajuda a depender de Ti para inspirar força em mim. Como me alegro na tua infinita suficiência!

O Senhor também é aquele *que torna o meu caminho perfeito*, protegendo-me não apenas dos perigos, mas também da preocupação e do planejamento excessivo. Em vez de olhar para o futuro desconhecido, quero estar atento a Ti enquanto percorro este dia. Vou me esforçar para manter uma comunicação próxima contigo, contando com a tua presença orientadora para me manter no curso. Embora o Senhor esteja sempre ao meu lado, também caminha à minha frente, eliminando os obstáculos no caminho. Confio que estás tornando melhores as condições no meu caminho para cumprir os teus desígnios na minha vida.

Em teu nome poderoso, Jesus,<br />Amém

**Salmos 18:32; Salmos 103:12;
2 Coríntios 4:7; 2 Coríntios 12:9**

## 10 de janeiro

Querido Jesus,
Por favor, ajuda-me a aprender a apreciar os dias difíceis, sendo estimulado pelos desafios que encontro em vez de ficar angustiado. À medida que caminho contigo por terrenos acidentados, ganho confiança ao saber que *juntos* podemos lidar com qualquer coisa. Esse conhecimento é baseado em três bênçãos: tua presença contínua comigo, as promessas preciosas da Bíblia e minhas experiências passadas de superação ao depender de Ti.

Quando olho para trás em minha vida, posso ver o quanto, no passado, o Senhor me ajudou em dias difíceis. No entanto, caio facilmente na armadilha de pensar: "Sim, mas aquilo foi naquela época, e isso é agora". Em vez disso, preciso lembrar que, embora as minhas condições mudem imensamente, o *Senhor permanece o mesmo* ao longo do tempo e da eternidade. Além disso, *em Ti vivo, me movo e existo*. Enquanto vivo perto de Ti, ciente da tua amorosa presença, posso passar com confiança pelos meus momentos mais difíceis.

Em teu nome valioso,
Amém

**Isaías 41:10; Salmos 102:27;**
**Filipenses 4:13 (KJA); Atos 17:27–28**

## 11 de janeiro

Jesus sempre presente,
Tu tens me chamado para uma vida de comunhão constante contigo. Parte do treinamento envolve viver acima das minhas condições, mesmo quando estou até o pescoço em desordem e confusão. Anseio por um estilo de vida simples, com menos interrupções na minha comunicação contigo. Entretanto, o Senhor tem me desafiado a abandonar a fantasia de um mundo organizado. Preciso aceitar cada dia como ele surge e *procurar por Ti* no meio de tudo isso.

Sou grato por poder conversar contigo sobre todos os aspectos do meu dia, incluindo os meus sentimentos. Ajuda-me a lembrar que o meu objetivo final não é controlar ou consertar tudo ao meu redor, é continuar comungando contigo. Tu tens me mostrado que um dia bem-sucedido é aquele em que permaneço em contato contigo, mesmo que muitas coisas não sejam feitas no final do dia.

Não devo deixar que minha lista de afazeres se torne um ídolo que guia a minha vida. Em vez disso, posso pedir ao teu Espírito Santo que me guie a cada momento. Ele me manterá perto de Ti.

Em teu nome orientador,
Amém

**Colossenses 4:2; Jeremias 29:13;
Provérbios 3:6; Gálatas 5:25**

## 12 de janeiro

Jesus, meu amado companheiro,
Estou em uma trilha de aventura contigo. Este não é um momento fácil, mas ainda assim é bom, cheio de bênçãos e lutas. Ajuda-me a estar aberto a tudo o que o Senhor está me ensinando enquanto caminhamos por terrenos desafiadores. E permite-me deixar de lado os confortos familiares para que eu possa dizer um "Sim!" de todo o coração a essa aventura.

Sei que o Senhor me dará tudo o que preciso para lidar com os desafios que enfrento. Portanto, não quero desperdiçar energia me imaginando em situações futuras, tentando percorrer esses momentos de "ainda não" na minha mente. Percebo que essa é uma forma de incredulidade, de duvidar da sua capacidade de dar o que preciso *quando* preciso.

Quero fazer escolhas sábias enquanto viajo contigo. Preciso *orar continuamente* sobre essas decisões, confiando na sua sabedoria perfeita. O Senhor sabe *tudo*, incluindo o que está por vir no meu caminho. Minha mente ocupada tende a fazer vários planos sobre o caminho que devo seguir, mas o *Senhor* é quem *determina os meus passos e os torna seguros*.

Em teu nome infinitamente sábio,
Amém

**Filipenses 4:19; Deuteronômio 29:29 (KJA);
1 Tessalonicenses 5:17; Provérbios 16:9 (NBV)**

## 13 de janeiro

Meu Salvador ressuscitado,
Estou tão agradecido ao *Senhor que me regenerou para uma esperança viva por meio da sua ressurreição*! Além disso, *sou uma nova criação; as coisas antigas passaram, eis que surgiram coisas novas!*

Minha adoção à sua família real aconteceu no momento em que confiei em Ti pela primeira vez como meu Deus Salvador. Naquele instante, minha situação espiritual mudou de morte para vida, vida eterna. Eu tenho *uma herança que nunca poderá perecer, macular-se ou perder o seu valor, guardada no céu para mim*. Meu coração transborda de gratidão por essa herança gloriosa!

O Senhor me mostrou que, embora eu seja uma nova criação, minha conversão foi apenas o começo da obra que o seu Espírito Santo está fazendo em mim. Eu preciso *ser renovado no modo de pensar e me revestir do novo eu*, tornando-me cada vez mais justo e santo. Este esforço é árduo e maravilhoso e ao longo da vida está me preparando para passar uma eternidade contigo na glória! Por favor, ajuda-me a receber esta tarefa com coragem e gratidão, permanecendo alerta e procurando por todas as coisas maravilhosas que o Senhor está fazendo na minha vida.

Em teu nome magnífico, Jesus,
Amém

1 Pedro 1:3–4; 2 Coríntios 5:17;
Efésios 4:22–24; Romanos 6:4 (KJA)

## 14 de janeiro

Senhor digno de confiança,
Ajuda-me a *confiar em Ti e não temer*. Muitas coisas parecem fora de controle e minha rotina não está funcionando bem. Sinto-me muito mais seguro quando as circunstâncias da minha vida são mais previsíveis. Por favor, *põe-me a salvo na rocha mais alta do que eu*. Senhor, *anseio refugiar-me no abrigo das tuas asas*, onde estou absolutamente seguro.

Quando sou tirado das minhas rotinas confortáveis, preciso segurar tua mão com força e procurar oportunidades para crescer. Posso aceitar o desafio de algo novo e recusar-me a desperdiçar energia lamentando a perda do meu conforto.

Protege-me de aumentar as minhas dificuldades, antecipando problemas que possam surgir no futuro. Reconheço essa tendência pelo que ela é: a busca por controle. Em vez de me *preocupar com o amanhã*, quero relaxar na tua presença e confiar no Senhor para que me ajude a lidar com os problemas à medida que eles surgem. Em vez de temer minhas dificuldades, convido-te a usá-las para me *transformar com glória cada vez maior*, tornando-me apto para o teu reino.

Em teu nome protetor, Jesus,
Amém

Isaías 12:2; Salmos 61:2–4;
Mateus 6:34; 2 Coríntios 3:18

A ESCUTA DE JESUS

### 15 de janeiro

Deus gracioso,
Enquanto viajo contigo no hoje, por favor, ajuda-me a agradecer a Ti durante todo o dia. Essa prática torna mais viável para mim *orar sem cessar*, como ensinou o apóstolo Paulo. Anseio que poder orar continuamente e agradecer a Ti em todas as situações facilite essa busca. As minhas orações de gratidão fornecem uma base sólida sobre a qual posso construir todas as minhas outras orações. Além disso, é muito mais fácil me comunicar livremente contigo quando tenho uma atitude de gratidão.

Se eu mantiver minha mente ocupada agradecendo a Ti, é menos provável que eu caia em padrões prejudiciais de preocupação ou faça reclamações. Notei que quando pratico a gratidão de forma consistente, os padrões de pensamentos negativos ficam cada vez mais fracos.

Um coração agradecido abre o caminho para que eu me *aproxime de Ti*. E tua gloriosa presença me enche de *alegria* e *paz*.

Em teu nome jubiloso, Jesus,<br>Amém

**1 Tessalonicenses 5:16–18;
Tiago 4:8 (KJA); Romanos 15:13**

## 16 de janeiro

Deus soberano,
Por favor, ajuda-me a viver com alegria em meio às minhas lutas. Anseio por um modo de vida mais livre e independente do que estou experimentando atualmente.

Oro fervorosamente e então espero com expectativa pelas mudanças que desejo. Quando o Senhor não responde às minhas orações como eu esperava, às vezes fico desanimado. É fácil para mim sentir como se estivesse fazendo algo errado, como se estivesse perdendo o que é melhor para mim. Mas quando penso dessa forma, estou ignorando uma verdade muito importante: o Senhor é soberano. Preciso lembrar que o Senhor está sempre no controle e está cuidando de mim.

Ensina-me a aceitar o meu modo de vida dependente como um presente teu. Além disso, ajuda-me a receber este presente com alegria, com um coração alegre e agradecido. Descobri que nada me tira da depressão mais rápido do que agradecer e louvar ao Senhor. E nada me permite desfrutar da tua presença com mais prazer! Ao buscar a tua face, sou abençoado por ouvir tuas amorosas palavras de instrução: *entrem por suas portas com ações de graças e em seus átrios com louvor.*

Em teu nome confiável, Jesus,<br>Amém

**Isaías 40:10; 1 Pedro 5:7;
Romanos 9:20 (KJA); Salmos 100:4–5**

## 17 de janeiro

Senhor Jesus exaltado,
*O Senhor é minha força e o meu cântico!* No entanto, confesso que estou me sentindo vacilante esta manhã, olhando para as dificuldades que se aproximam e medindo-as em relação à minha força limitada. Porém, esses desafios não são tarefas para hoje, nem mesmo para amanhã. Preciso deixá-los no futuro e voltar para o presente, onde posso desfrutar da tua presença. Já que o Senhor é a minha força, sei que pode me capacitar para lidar com cada dificuldade que surgir. E, por ser o meu cântico, o Senhor é capaz de me dar alegria enquanto trabalho ao seu lado.

Por favor, traz minha mente de volta ao momento presente, repetidas vezes. A incrível capacidade de antecipar eventos futuros é uma bênção tua, mas torna-se uma maldição sempre que eu a uso de maneira errada. Se eu usar minha mente para me *preocupar com o amanhã*, eu me envolvo em uma incredulidade sombria. Em vez de remoer a preocupação de maneira pecaminosa, quero confiar cada vez mais em Ti.

Descobri que a luz da tua presença me envolve de paz quando preencho os meus pensamentos com a esperança do céu. Tu és a *minha salvação*, Senhor, por isso tenho bons motivos para *confiar e não temer*.

Em teu nome divino,<br>Amém

**Isaías 12:2; 2 Coríntios 10:5;
Mateus 6:34 ; 1 Pedro 1:3–4**

## 18 de janeiro

Meu Deus grandioso,
Adoro ouvir o Senhor falar por meio da sua palavra: *"Estou fazendo novas todas as coisas!"*. Isso é o oposto do que está acontecendo no meu mundo de morte e decadência. Percebo que cada dia que vivo significa menos um dia restante na minha vida na Terra. No entanto, por pertencer a Ti, Jesus, esse pensamento não me incomoda. No final de cada dia, estou consciente de estar um passo mais perto do céu.

O mundo está em uma condição tão desesperadamente decadente que a sua promessa de *fazer novas todas as coisas* é a minha única esperança. Ajuda-me a não desanimar quando os meus esforços para melhorar as coisas não forem bem-sucedidos. Devo ter em mente que todos os meus esforços são manchados pela decadência ao meu redor e dentro de mim. Não vou parar de tentar fazer o meu melhor, dependendo de Ti, mas sei que este mundo precisa de muito mais do que ajustes ou reparos. Ele precisa ser feito novo por completo! E isso com certeza acontecerá no final dos tempos, pois *tuas palavras são verdadeiras e dignas de confiança*.

Tenho bons motivos para me alegrar porque o Senhor prometeu renovar todas as coisas (inclusive a mim) tornando tudo gloriosamente perfeito!

Em teu nome triunfante, Jesus,<br/>Amém

**Apocalipse 21:5; Filipenses 1:21 (KJA);
Romanos 8:22–23**

### 19 de janeiro

Salvador pacífico,

Que a tua paz proteja a minha mente e o meu coração. Ajuda-me a *alegrar-me sempre no Senhor*, lembrando que *o Senhor está perto*. Enquanto passo tempo contigo, *apresentando meus pedidos a Ti com ações de graças*, o Senhor me abençoa com *a paz que excede todo o entendimento*. É assim que o Senhor *guarda o meu coração e minha mente*. É um esforço colaborativo, eu e o Senhor juntos. Sou grato por nunca enfrentar nada sozinho!

A solidão é apenas uma ilusão porque pertenço a Ti, contudo, é uma ilusão perigosa que pode levar à depressão ou autopiedade. O diabo e os seus subordinados trabalham duro para obscurecer a minha consciência da sua presença. Portanto, é crucial para mim reconhecer e resistir aos ataques deles. Eu posso contra-atacar com a tua palavra poderosa, que é *viva e eficaz*, lendo-a, refletindo, memorizando, falando em voz alta.

Mesmo quando estou me sentindo sozinho, posso conversar livremente contigo, confiando que o *Senhor está sempre comigo*. Descobri que quanto mais falo contigo, mais me torno consciente da tua proximidade. E esta consciência da tua presença enche o meu coração e a minha mente com a tua paz.

Em teu nome amado, Jesus,
Amém

**Filipenses 4:4–7; Hebreus 4:12;**
**Mateus 28:20**

## 20 de janeiro

Jesus, meu guia,

Ajuda-me a passar por este dia de maneira leve, mantendo os meus olhos em Ti. Peço-te que abras o caminho à minha frente enquanto dou passos de confiança ao longo do *caminho da vida*, com o Senhor como meu guia.

Às vezes, o caminho à frente parece estar bloqueado. Descobri que, se me concentrar demais no obstáculo ou procurar uma maneira de contorná-lo, é provável que saia do curso. Dessa maneira, eu preciso ficar focado em Ti, o Pastor que está me guiando ao longo da minha jornada de vida. Se eu mantiver os meus olhos no Senhor, o "obstáculo" ficará para trás antes que eu perceba, e eu posso nem entender como eu passei por isso.

Este é um segredo importante de sucesso no teu reino. Embora eu permaneça ciente do mundo visível ao meu redor, quero estar principalmente ciente de *Ti*. Quando a estrada à minha frente parece cheia de obstáculos, sei que posso confiar em Ti para me fazer passar por esse caminho difícil. Não importa o que esteja acontecendo, a tua presença me permite enfrentar cada dia com confiança.

Em teu nome encorajador,
Amém

**Salmos 16:11 (KJA); João 10:14–15;
Isaías 26:7; Provérbios 3:26 (KJA)**

## 21 de janeiro

Jesus gentil,

Ao olhar para este dia que começa, vejo um caminho tortuoso e complicado, com galhos saindo em todas as direções. Começo a me perguntar como posso encontrar o meu caminho nesse labirinto. Apesar disso, me lembro: *o Senhor está sempre comigo, me segurando pela minha mão direita*. Lembro da tua promessa de *me guiar com teu conselho* e começo a relaxar. Quando olho novamente para o meu caminho, percebo que uma neblina pacífica o envolveu, ofuscando a minha visão. Posso ver apenas alguns passos à minha frente, então volto minha atenção a Ti de maneira mais completa e começo a desfrutar da tua presença.

O Senhor tem me mostrado que a "neblina" é uma proteção dada por Ti, me chamando de volta ao momento presente. Embora habite todo o espaço e tempo, o Senhor se comunica comigo *aqui* e *agora*. Por favor, ensina-me a manter o meu foco em Ti e no caminho à minha frente. Dessa maneira, a "neblina" não será mais necessária enquanto caminho cada dia contigo.

Em teu nome reconfortante,
Amém

Salmos 73:23–24; Salmos 25:4–5;
1 Coríntios 13:12; 2 Coríntios 5:7 (KJA)

## 22 de janeiro

Deus soberano,
Quero viver na tua presença de forma mais consistente, aberto ao Senhor e à tua vontade para mim. Porém, quando algo interfere nos meus planos ou desejos, tenho a tendência de me ressentir da interferência. Em vez de reprimir esses sentimentos de ressentimento, preciso aumentar a minha consciência deles, deixando-os vir à tona. Ao trazer os meus sentimentos negativos para a luz da tua presença, o Senhor é capaz de me libertar deles.

A solução definitiva para as minhas tendências rebeldes é a submissão à tua autoridade sobre mim. Intelectualmente, regozijo-me na tua soberania. Sem ela, o mundo seria um lugar aterrorizante. No entanto, quando a tua vontade soberana invade o meu pequeno domínio de controle, muitas vezes reajo com um ressentimento revelador.

A tua palavra ensina que a melhor resposta às perdas ou esperanças frustradas é o louvor: *o Senhor deu, o Senhor levou; louvado seja o nome do Senhor*. Ajuda-me a lembrar que todas as coisas boas são presentes do Senhor. Por favor, ensina-me a responder às minhas bênçãos com gratidão, em vez de me sentir com direito a elas. E prepara-me para soltar qualquer coisa que o Senhor tirar de mim, sem soltar a tua mão!

Em teu nome louvável, Jesus,<br>Amém

**Salmos 139:24; 1 Pedro 5:6;
Jó 1:21**

## 23 de janeiro

Meu Salvador vivo,

A tua palavra me mostra que é possível que os teus seguidores estejam alegres e com medo ao mesmo tempo. Quando um anjo disse às mulheres que vieram ao seu túmulo que o Senhor havia ressuscitado dos mortos, elas ficaram *amedrontadas e cheias de alegria*. Portanto, não tenho que deixar o medo me impedir de experimentar a alegria da tua presença. Esse prazer não é um luxo reservado para momentos em que meus problemas, e as crises do mundo, parecem sob controle. A tua presença amorosa é minha para desfrutar hoje, amanhã e para sempre!

Senhor, ajuda-me a não ceder a uma vida sem alegria, deixando que as preocupações sobre o presente ou o futuro me oprimam. Em vez disso, preciso lembrar que *nem o presente nem o futuro, nem quaisquer poderes, nem altura nem profundidade, nem qualquer outra coisa na criação será capaz de me separar do teu amor*.

Sou grato por poder falar livremente contigo sobre os meus medos, expressando os meus pensamentos e sentimentos com franqueza. Enquanto relaxo na tua presença e confio todas as minhas preocupações a Ti, por favor, abençoa-me com a tua alegria *que ninguém tirará de mim*.

Em teu nome aprazível, Jesus,
Amém

**Mateus 28:8; Romanos 8:38–39;
João 16:22**

## 24 de janeiro

Meu Rei Salvador,

Obrigado por teu precioso *manto da justiça* que me cobre da cabeça aos pés. O preço que o Senhor pagou por esta gloriosa vestimenta foi astronômico, o seu próprio sangue sagrado. Percebo que *nunca* poderia ter comprado este manto real, não importa o quanto trabalhasse. Por isso, sou extremamente grato por tua justiça ser um presente gratuito! Se esqueço esta verdade surpreendente, sinto-me pouco à vontade no meu manto real. Às vezes até me incomodo sob o tecido aveludado como se fosse feito de um pano áspero.

Senhor, anseio por confiar em Ti o suficiente para lembrar a minha posição privilegiada em teu reino, e relaxar nas dobras luxuriantes do meu manto magnífico. Preciso manter os meus olhos em Ti enquanto pratico andar nestas *vestes da salvação*.

Quando o meu comportamento é impróprio para um filho do rei, é tentador tentar tirar o meu manto real. Ajuda-me, em vez disso, a me livrar do comportamento injusto! Assim, poderei me sentir à vontade nestas vestes da graça, desfrutando do presente que o Senhor fez para mim antes da criação do mundo.

Em teu nome real, Jesus,
Amém

**Isaías 61:10; 2 Coríntios 5:21;
Efésios 4:22–24**

## 25 de janeiro

Jesus glorioso,
Quero segui-lo onde quer que o Senhor conduza. Ajuda-me a persegui-lo de todo o coração, com uma alegre expectativa acelerando o meu passo. Embora eu não saiba o que está por vir, o *Senhor* sabe, e isso é o suficiente! Acredito que algumas das tuas bênçãos mais ricas estão logo ali: fora de vista, mas ainda assim muito reais. Para receber esses dons preciosos, preciso *andar por fé e não por vista*. Sei que isso não significa fechar os olhos para o que está ao meu redor. Significa subordinar o mundo visível a Ti, o Pastor invisível da minha alma.

Às vezes o Senhor me conduz a uma montanha alta apenas com a sua mão para me apoiar. Quanto mais alto subo, mais espetacular a vista se torna e mais profundamente sinto minha separação do mundo com todos os seus problemas. Isso me liberta para experimentar mais plenamente a alegre realidade da sua presença magnífica. Como me deleito em passar esses momentos de glória contigo!

Em algum momento, o Senhor me leva para baixo da montanha, de volta à comunidade com outras pessoas. Que a luz da tua presença continue a brilhar sobre mim e me faça uma bênção para os outros.

Em teu nome majestoso,
Amém

**2 Coríntios 5:7 (ARC); Salmos 96:6;
João 8:12; Salmos 36:9**

## 26 de janeiro

Tu, Senhor,
*Manténs acesa a minha lâmpada; o meu Deus transforma em luz as minhas trevas.* Às vezes, quando estou *cansado e sobrecarregado*, sinto como se a minha lâmpada estivesse prestes a se apagar. Está tremeluzente e piscante, à beira de ficar sem combustível. Sempre que isso acontece, preciso clamar e me aproximar de Ti. Enquanto descanso na tua presença, o Senhor me lembra que é aquele que fornece combustível para a minha lâmpada. O Senhor é *minha força*!

O Senhor também é a minha luz. Enquanto continuo me voltando para Ti, a glória da tua presença brilha sobre mim. A tua beleza radiante ilumina a minha vida e muda a minha perspectiva. Quando me afasto do teu brilho e olho para as trevas do mundo, fica fácil desanimar. No entanto, embora haja tantos problemas neste mundo decadente, sempre posso me alegrar em Ti, Senhor. *O Senhor é a luz que brilha nas trevas.* Então eu não preciso ter medo, não importa o quão sombrias as coisas possam parecer.

Em vez de me concentrar nos problemas, quero confiar em Ti de todo o coração. Ajuda-me a aguardar esperançosamente que o Senhor transforme as minhas trevas em luz.

Em teu nome radiante e abençoado, Jesus,<br>Amém

**Salmos 18:28–29; Mateus 11:28;
Salmos 18:1; João 1:5**

## 27 de janeiro

Deus generoso,

O Senhor é um Deus de detalhes complexos e abundância exuberante. Quando confio os detalhes da minha vida a Ti, muitas vezes me surpreendo com a forma como o Senhor responde aos meus pedidos. A instrução bíblica de *orar continuamente* faz com que eu me sinta livre para levar a Ti todos os meus pedidos. E descobri que quanto mais oro, com uma atitude esperançosa e vigilante, mais respostas recebo. O melhor de tudo é que minha fé é fortalecida ao ver com que precisão o Senhor responde às minhas orações específicas.

Eu me alegro porque o Senhor é infinito em todos os seus caminhos! Como a *abundância* está no cerne de quem o Senhor é, não preciso temer que fique sem recursos. Posso ir a Ti na alegre expectativa de receber tudo o que preciso e, às vezes, muito mais!

Sou muito grato pelas abundantes bênçãos que derramas sobre mim! Mesmo as dificuldades da minha vida podem ser vistas como bênçãos, elas me treinam na perseverança, me transformando e me preparando para o paraíso. Então eu venho a Ti de mãos e coração abertos, pronto para receber tudo o que o Senhor tem para mim.

Em teu nome grandioso, Jesus,<br />Amém

1 Tessalonicenses 5:17; Salmos 36:7–8;<br />Salmos 132:15

## 28 de janeiro

Jesus compassivo,

Ajuda-me a lembrar o quão seguro estou em Ti. A Bíblia me garante que tua presença comigo é um fato e é totalmente independente dos meus sentimentos. Sei que estou a caminho do céu porque a tua morte na cruz cobre todos os meus pecados. *Nada* pode me impedir de chegar a esse destino glorioso! Lá eu te verei face a face e minha alegria será fora de série!

Sou grato porque, mesmo *neste* mundo, nunca estou separado de Ti. Por enquanto, porém, devo me contentar em ver o Senhor com os olhos da fé. Deleito-me na tua promessa de caminhar comigo até o fim dos tempos e adiante até a eternidade.

Embora a tua presença contínua seja garantida, simplesmente conhecer essa verdade não muda automaticamente as minhas emoções. Quando esqueço de me concentrar em Ti, fico vulnerável ao medo, à ansiedade, à solidão e aos outros sentimentos indesejados. No entanto, descobri que a *consciência* da tua presença comigo pode dissipar esses sentimentos dolorosos e substituí-los pela tua paz. Por favor, treina-me na disciplina de andar atentamente contigo a cada dia.

Em teu nome tranquilizador,
Amém

**João 10:28–29; 2 Coríntios 5:1;
1 Coríntios 13:12; Salmos 29:11**

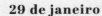

## 29 de janeiro

Salvador precioso,
Eu venho a Ti, precisando *encontrar descanso* na tua presença. Tenho certeza de que este dia trará dificuldades e tenho tentado pensar nas provações que enfrentarei. No entanto, quando me concentro em antecipar o que está à minha frente, perco de vista o fato de que o *Senhor estará comigo por onde andar, o Senhor nunca me abandonará.*

Confesso que sou muito propenso a repassar repetidamente os meus problemas na minha mente. Isso me faz experimentar os mesmos problemas dolorosos diversas vezes. Apesar disso, sei que devo suportá-los apenas uma vez, quando eles realmente ocorrem. Por favor, ajuda-me a parar de multiplicar o meu sofrimento dessa maneira!

Em vez de me concentrar nos problemas, escolho ir até o Senhor e relaxar na sua presença amorosa. Senhor, peço que me fortaleças e me prepares para este dia, transformando o meu medo em *confiança*!

Em teu nome confiável, Jesus,<br>Amém

**Mateus 11:28–30; Josué 1:5,9;  
Isaías 30:15 (NTLH)**

## 30 de janeiro

Jesus poderoso,

*Todas as coisas são possíveis para o Senhor*! Essas palavras poderosas da Sagrada Escritura iluminam a minha mente e encorajam o meu coração. O Senhor está me ensinando a *viver por fé e não pelo que vejo*. Assim, me recuso a ser intimidado pela forma como as coisas estão neste momento.

Sou grato pelo sentido da visão, um presente espetacular do Senhor. Entretanto, é tão fácil para mim ficar hipnotizado pelo estímulo visual ao meu redor, que o Senhor desaparece no fundo da minha mente. Em vez disso, ajuda-me a me concentrar principalmente em *Ti*, confiando nas tuas promessas e tentando ver as coisas da tua perspectiva.

Ensina-me a me aproximar de Ti, Senhor Jesus. Deleito-me em reconhecer-te como meu salvador e amigo, mas quero me relacionar contigo também como Deus Todo-poderoso. Quando viveste como um homem neste mundo, *teus sinais milagrosos revelaram tua glória*. Sei que o Senhor continua a fazer milagres de acordo com a sua vontade e seus propósitos. Por favor, ensina-me a alinhar a minha vontade à sua e *esperar em Ti* que o Senhor trabalhe.

Em teu nome poderoso,<br>Amém

**Marcos 10:27; 2 Coríntios 5:7;
João 2:11; Miqueias 7:7**

## 31 de janeiro

*Rei dos Reis*,
Tu és o meu Senhor! É uma alegria me relacionar contigo como meu amigo e amante da minha alma. No entanto, percebo que também é o *Senhor dos senhores e o Rei dos reis*, soberano sobre tudo. Posso fazer alguns planos enquanto olho para o dia que se inicia, mas preciso manter os meus planos com cautela, antecipando que o Senhor pode ter outras ideias. A coisa mais importante a determinar é o que o Senhor quer que eu faça *agora*.

Muitas vezes perco tempo examinando o horizonte da minha vida, procurando coisas que precisam ser feitas em *algum momento*. Ajuda-me a me concentrar na tarefa que está diante de mim e em *Ti*, o único que nunca me abandona. À medida que deixo todo o resto desaparecer em segundo plano, a minha mente fica organizada, abrindo espaço para que o Senhor ocupe cada vez mais o meu pensamento.

Quando eu terminar o que estou trabalhando agora, posso pedir que me mostres o que fazer a seguir. O Senhor me guia passo a passo enquanto ando pelo *caminho da paz* confiando na dependência em Ti. Obrigado, Senhor, por *me conceder força e me abençoar com paz*.

Em teu nome exaltado, Jesus,
Amém

**Apocalipse 17:14; Provérbios 19:21;
Lucas 1:79; Salmos 29:11 (KJA)**

# Fevereiro

*Falando novamente ao povo,*
*Jesus disse: "Eu sou a luz do mundo.*
*Quem me segue, nunca andará em*
*trevas, mas terá a luz da vida".*

João 8:12

## 1º de fevereiro

Deus sempre presente,
Quero que a luz da tua presença brilhe em tudo que eu experiencio, permitindo-me ver as coisas da tua perspectiva. Ajuda-me a ficar atento ao Senhor em cada situação que eu encontrar.

Sinto-me encorajado pelo relato bíblico do patriarca Jacó, que fugiu do seu irmão enfurecido. Ele foi dormir usando uma pedra como travesseiro em uma terra que parecia desolada. Entretanto, depois de sonhar com os céus e com os anjos e as promessas da tua presença, ele acordou e disse: "*Sem dúvida o Senhor está neste lugar, mas eu não sabia!*". Sou grato que a maravilhosa descoberta de Jacó não foi apenas para ele, mas para todos que procuram conhecer melhor a Ti, e isso definitivamente me inclui.

Senhor, peço que aumente a minha consciência de que o Senhor está comigo, não importa onde eu esteja ou o que esteja acontecendo. Sempre que me sentir distante de Ti, por favor, lembra-me de que estás comigo *neste lugar*. Estou tão agradecido que *nada em toda a criação pode me separar do teu amor*!

Em teu nome magnífico, Jesus,<br>Amém

**Gênesis 28:11–16; Romanos 8:39 (BLT)**

## 2 de fevereiro

Meu Senhor vivo,
*Conceda-me o Senhor o seu fiel amor de dia; de noite esteja comigo a sua canção, pois o Senhor é o Deus que me dá vida.* É um grande conforto saber que o Senhor está no comando de tudo! Durante o dia, ordena que teu amor me abençoe de inúmeras maneiras. Dessa forma, estarei atento às muitas coisas boas que o Senhor coloca ao longo do meu caminho, buscando as suas bênçãos e agradecendo a Ti por cada uma que eu encontrar. Ajuda-me a não desanimar com as coisas difíceis que encontro, e sim a aceitá-las como parte da vida em um mundo profundamente decadente.

Eu me alegro que a *tua canção esteja comigo* durante toda a noite enquanto amorosamente cuidas de mim. Se estou desperto, posso usar esse tempo para *buscar a tua face* e desfrutar da tua presença pacífica. Uma terna intimidade contigo se desenvolve *quando me lembro de Ti na minha cama e medito em Ti nas vigílias da noite*. Quer eu esteja acordado ou dormindo, o Senhor está sempre comigo, pois Tu és realmente o Deus que me dá vida!

Em teu nome bendito, Jesus,<br/>Amém

**Salmos 42:8; 2 Coríntios 4:16–17;
Salmos 27:8; Salmos 63:6–7 (ARC)**

### 3 de fevereiro

Querido Jesus,
Trago a Ti a minha fraqueza, buscando receber a tua paz. Ajuda-me a aceitar a mim mesmo e as minhas circunstâncias como elas são, lembrando que o Senhor é soberano sobre tudo. Por favor, protege-me de me desgastar com análises e planejamentos. Em vez disso, quero deixar a gratidão e a confiança serem os meus guias neste dia, mantendo-me perto de Ti.

A Bíblia me diz que o Senhor não está apenas *comigo*, mas *por* mim. Como é maravilhoso perceber que não enfrento *nada* sozinho! Quando me sinto ansioso, é porque estou focando no mundo visível e deixando o Senhor fora de cena. O remédio é *fixar os olhos não naquilo que se vê, mas no que não se vê*. Sei que posso confiar em Ti para me ajudar a passar com segurança por este e por todos os meus dias.

Enquanto vivo no esplendor da tua presença, a tua paz brilha sobre mim e paro de pensar tanto em quão fraco eu sou. Enquanto continuo esta jornada íntima contigo, sou abençoado e fortalecido por tua promessa de que o caminho que estou seguindo está indo para o céu.

Em teu nome radiante,<br>Amém

**Romanos 8:31; 2 Coríntios 4:18; Números 6:24–26; Salmos 29:11**

## 4 de fevereiro

Jesus esplêndido,
Ajuda-me a *deixar de lado as obras das trevas e a revestir-me da armadura da luz*, vestindo esta cobertura brilhante e protetora com um coração agradecido. A escuridão deste mundo é predominante ao meu redor. A tua bela armadura de luz me permite ver as coisas com mais clareza; me protege de ser desviado pelos assuntos mundanos que me cercam.

É uma alegria *andar na luz* contigo, vivendo perto de Ti, ciente da tua presença amorosa. Assim como coloco roupas em meu corpo todas as manhãs, preciso *me revestir de Ti* todos os dias. Essa proximidade contigo me ajuda a tomar boas decisões. No entanto, às vezes faço escolhas ruins que me levam ao pecado. Sempre que isso acontecer, por favor, lembra-me que o teu sacrifício na cruz foi suficiente para *todos* os meus pecados. Além disso, o teu precioso sangue me purifica para que eu possa continuar andando na luz.

A Bíblia me garante que, *se eu confessar meus pecados, o Senhor é fiel e justo para me perdoar e me purificar de toda injustiça*. Eu me alegro em Ti, meu Salvador!

Em teu nome misericordioso,<br>Amém

**Romanos 13:12; 1 João 1:7;
Romanos 13:14; 1 João 1:9**

## 5 de fevereiro

Meu Deus grandioso,
Só em Ti posso encontrar alegria duradoura. Existem muitas fontes de felicidade neste mundo e, às vezes, elas se transformam em alegria, especialmente quando compartilho a minha satisfação contigo. O Senhor derrama tantas bênçãos na minha vida! Quero prestar atenção a cada uma, respondendo à tua bondade com um coração alegre e agradecido. À medida que me aproximo de Ti com uma mentalidade agradecida, a alegria da tua presença aumenta a satisfação que recebo das tuas bênçãos.

Nos dias em que a alegria parece uma memória distante, preciso mais do que nunca *buscar a tua face*. Em vez de deixar que as circunstâncias ou os sentimentos me oprimam, posso me encorajar com a verdade bíblica: *Tu estás sempre comigo; tomas a minha mão direita e me susténs. Tu me diriges com o teu conselho, e depois me receberás com honras*. Devo me apegar a essas verdades gloriosas com todas as minhas forças enquanto caminho pelos escombros deste mundo decadente. Ajuda-me a lembrar que o Senhor é a *verdade*. Também é o *caminho*, por isso é sábio segui-lo. *A luz da tua presença* está brilhando sobre mim, iluminando o caminho a seguir.

Em teu nome radiante, Jesus,
Amém

Salmos 105:4; Salmos 73:23–24;
João 14:6; Salmos 89:15

## 6 de fevereiro

Deus misericordioso,
*Teu amor não se acaba e tua bondade não tem fim; são novos a cada manhã.* Quero desesperadamente descansar nessa verdade, mas estou lutando para fazer isso. Hoje, as únicas coisas que parecem intermináveis são os meus problemas e a minha dor. No entanto, sei que o Senhor está *aqui*, ternamente presente, pronto para me ajudar a passar com segurança por este dia. A tua presença amorosa é a minha tábua de salvação, que me impede de desistir em desespero.

Em alguns dias, quando as coisas vão bem, confio prontamente no seu amor inabalável. Porém, quando surgem problemas novos e inesperados, confiar em Ti exige muito mais esforço. Nesses momentos, preciso lembrar que as tuas misericórdias sempre novas superam em muito as minhas dificuldades. *Grande é a tua fidelidade!*

Enquanto estou trocando de roupa, gosto de me lembrar que *o Senhor me vestiu com as vestes da salvação.* Estou a caminho do céu porque uso o teu *manto da justiça*! Este é um incrível ato de misericórdia, me arrancando das garras do inferno e me colocando no caminho da glória. Nada que eu enfrento hoje pode se comparar com o teu incrível presente da *vida eterna*!

Em teu nome vitorioso, Jesus,<br>Amém

**Lamentações 3:22–23 (NTLH);
Isaías 61:10; João 3:16**

## 7 de fevereiro

Agradável Jesus,

O Senhor é a minha alegria! Gosto de deixar essas palavras reverberarem na minha mente e mergulharem no meu ser mais íntimo. O Senhor, meu companheiro que *nunca me deixará*, é uma fonte ilimitada de alegria! Concentrar-me nessa verdade maravilhosa torna possível encarar cada dia da minha vida como um bom dia. Então, ajuda-me a evitar o uso do rótulo "um dia ruim", mesmo quando estou em dificuldades. Embora as minhas circunstâncias possam ser realmente muito difíceis, sei que *Tu estás sempre comigo; tomas a minha mão direita e me susténs*. Há coisas boas a serem encontradas *neste* dia (e todos os dias) por causa da tua presença constante e o teu amor inabalável.

Eu me alegro no *teu amor precioso*! Este amor garante que eu possa *encontrar refúgio à sombra de tuas asas*, não importa o que esteja acontecendo, e me dá acesso ao *teu rio de delícias*. Quando o meu mundo parecer tudo menos satisfatório, por favor, me atrai para este rio arrebatador para beber profundamente da tua presença amorosa. Em momentos difíceis e em momentos fáceis, o Senhor é a minha alegria!

Em teu nome incomparável,
Amém

**Deuteronômio 31:8;**
**Salmos 73:23; Salmos 36:7–8**

## 8 de fevereiro

Salvador amoroso,
*O Senhor me deu total libertação; livrou-me porque me quer bem.* Sei que o teu me querer bem não foi baseado em nenhum valor que estava em mim. O Senhor *escolheu* livremente derramar o seu amor em mim, me tirando da *escravidão do pecado* para me dar total libertação. Já que os meus melhores esforços foram totalmente insuficientes para me salvar, o Senhor *me resgatou* e me vestiu com a sua própria justiça perfeita. Ajuda-me a vestir estas *vestes da salvação* com uma alegria que transborda, *vivendo como um filho da luz*, seguro na sua justiça radiante.

A salvação é o maior e mais precioso presente que eu poderia receber e nunca deixarei de agradecer-te por isso! De manhã, quando eu acordar, me alegrarei pelo Senhor ter me adotado na sua família real. Antes de dormir à noite, eu te louvarei por tua gloriosa graça.

Senhor, quero viver de maneira que ajude outras pessoas a verem a Ti como a fonte de vida abundante e sem fim!

Em teu nome justo e real, Jesus,
Amém

**Salmos 18:19; João 8:34;
Isaías 61:10; Efésios 5:8**

## 9 de fevereiro

*Senhor Soberano,*
O Senhor é minha força! Sabe tudo sobre as minhas fraquezas, entende que minha força é insuficiente para lidar com os desafios que enfrento. Mesmo que seja desconfortável ser tão fraco, aprendi que este pode ser um lugar de bênção. Ter consciência dessa necessidade me lembra de me voltar a Ti, agarrando-me à tua promessa de que *suprirá todas as minhas necessidades de acordo com as suas riquezas em glória*.

Quando a minha energia está acabando, é vital que eu me conecte contigo, *minha força*. Às vezes, o Senhor me dá energia abundante enquanto passo tempo na sua presença. Outras vezes, me fortalece pouco a pouco, me dando energia suficiente para continuar avançando lentamente. Esse ritmo mais lento pode ser decepcionante, mas me dá mais tempo para me concentrar em Ti. Percebo que esta pode ser a sua maneira de me manter perto do Senhor no meu caminho de vida para que eu possa ouvir-te sussurrando "Eu te amo". Para continuar ouvindo esses sussurros, preciso confiar que o Senhor, *Senhor Soberano*, está no comando da minha vida, e que minha jornada, embora difícil, está cheia de bênçãos. Ajuda-me a confiar em Ti cada vez mais!

Em teu nome poderoso, Jesus,
Amém

**Habacuque 3:19; Filipenses 4:19;
Salmos 96:6–7**

## 10 de fevereiro

Jesus precioso,
A tua palavra me garante que *em tua presença há abundância de alegrias*. Enquanto descanso na tua presença, refletindo sobre quem é o Senhor em todo o teu poder e glória, regozijo-me no teu compromisso eterno comigo. *Nem altura nem profundidade, nem qualquer outra coisa na criação será capaz de me separar do teu amor!* O meu relacionamento contigo tem sido seguro desde que confiei em Ti como o meu Salvador todo suficiente. Ajuda-me a lembrar que sou o teu filho amado, *esta* é minha identidade permanente.

O Senhor me mostrou que posso encontrar alegria, mesmo neste mundo profundamente decadente, porque o Senhor *estará sempre comigo*. Preciso passar um tempo me renovando na tua presença, onde posso relaxar e aprender a *me deleitar em Ti* antes de tudo.

À medida que os laços de amor entre nós se fortalecem, também aumenta o meu desejo de ajudar os outros a desfrutar das bênçãos que tenho no Senhor. Anseio que teu amor flua livremente de mim para a vida de outras pessoas. Por favor, conduz-me ao longo do *caminho da vida* e ensina-me a apresentar o teu amor aos outros.

Em teu nome querido,
Amém

Salmos 16:11 (ARC); Romanos 8:39;
Mateus 28:20; Salmos 37:4

## 11 de fevereiro

Jesus amado,
Venho a Ti, procurando descansar na tua paz. A luz da tua face brilha sobre mim, abençoando-me com *a paz que excede todo o entendimento*. Em vez de tentar descobrir as coisas sozinho, quero relaxar na tua presença, confiando que o Senhor sabe e entende tudo. Ao me apoiar em Ti numa dependência infantil, me sinto em paz e completo. Assim o Senhor me criou para viver: em íntima comunhão contigo. Deleito-me neste tempo contigo, desfrutando da consciência da tua amorosa presença.

Quando estou perto de outras pessoas, tendo a atender às expectativas delas, reais ou imaginárias. À medida que me concentro em agradá-las, minha consciência da tua presença fica turva. Fico exausto por conta dos meus esforços para conseguir a aprovação dos outros. Quando vivo assim, ofereço às pessoas migalhas secas em vez da água viva do teu Espírito Santo que flui do meu interior. Sei que este *não* é o teu caminho para mim.

Por favor, ajuda-me a ficar em contato contigo mesmo durante os meus momentos mais conturbados. Enquanto vivo na luz da tua paz, que o Espírito Santo me dê palavras de graça para falar na vida dos outros.

Em teu nome gracioso,
Amém

**Filipenses 4:6–7; João 7:38 (KJA);
Efésios 5:18–20**

## 12 de fevereiro

Deus glorioso,
A Bíblia diz que *o Senhor me criou à sua imagem*. Além disso, *Tu me fizeste um pouco menor que os seres celestiais e me coroaste de glória*. Então, por favor, ajuda-me a não duvidar da minha importância. O Senhor me formou com um cérebro incrível que pode se comunicar contigo, pensar racionalmente, criar coisas, tomar decisões e muito mais. O Senhor deu às pessoas *domínio sobre os peixes do mar, sobre as aves do céu e sobre todo animal que rasteja sobre a terra*. Entre tudo o que criaste, apenas os seres humanos são feitos à tua imagem. Este é um privilégio e uma responsabilidade maravilhosos, dando sentido a cada momento da minha vida.

Aprendi que o meu principal propósito na vida é glorificar-te e desfrutar-te para sempre. O Senhor *me coroou com glória* para que eu possa *refletir sua glória,* iluminando este mundo sombrio e apontando outros para Ti. Por favor, ensina-me a desfrutar de Ti cada vez mais. Sou grato por teres me criado com capacidade ilimitada para me deleitar em Ti. Sei que a alegria que encontro no Senhor aqui e agora é apenas uma amostra das vastas alegrias eternas que me esperam no céu!

Em teu nome imponente, Jesus,<br>Amém

**Gênesis 1:27–2 8 (KJA);**
**Salmos 8:5; 2 Coríntios 3:18**

## 13 de fevereiro

*Senhor da paz,*
Quando algo na minha vida ou nos meus pensamentos me deixa ansioso, preciso *ir a Ti* para falar sobre isso. Assim, eu venho de maneira corajosa à tua presença hoje, trazendo a Ti as minhas *orações e súplicas com ação de graças*. Senhor, eu te agradeço por esta oportunidade de confiar mais em Ti. As lições de confiança que o Senhor me envia geralmente estão envoltas em dificuldades, mas aprendi que os seus benefícios superam em muito o custo.

O Senhor me ensinou que uma confiança bem desenvolvida traz muitas bênçãos, entre elas, a sua paz. A tua palavra me garante que *me guardarás em perfeita paz* na medida em que *meu propósito está firme porque confio em Ti*.

O mundo está todo errado, proclama que a paz é o resultado de ter dinheiro, posses, seguros e sistemas de segurança suficientes. Felizmente, a *tua* paz é um presente tão amplo que independe das circunstâncias. Estou aprendendo que não importa o quanto eu perca, sou rico de fato se eu ganhar a tua *perfeita paz*. Por favor, ajuda-me a confiar em Ti o suficiente para receber esse presente glorioso!

Em teu nome confiável, Jesus,
Amém

2 Tessalonicenses 3:16; Mateus 11:28;
Filipenses 4:6; Isaías 26:3

## 14 de fevereiro

Deus compassivo,
O Senhor é o antídoto perfeito para a solidão. *Pois Tu és o Senhor, o meu Deus, que me segura pela mão direita e diz: "Não tema; eu o ajudarei".* Às vezes gosto de fechar a minha mão direita como se estivesse segurando a *tua* mão. Este gesto simbólico permite que eu me sinta conectado a Ti, à tua presença viva. Preciso especialmente dessa sensação de conexão quando estou me sentindo sozinho ou com medo.

Sou grato por poder falar para Ti sobre os meus sentimentos e as lutas que enfrento. O Senhor já sabe tudo sobre eles, mas me faz bem levá-los a Ti. À medida que passo o tempo me aquecendo na luz da tua presença, percebo o quanto estou seguro e protegido. O Senhor *está comigo* a cada nanossegundo da minha vida, então nunca estou sozinho!

Quanto mais procuro a tua face, mais ganho a tua perspectiva sobre a minha vida. Às vezes acho útil escrever os meus temas de oração. Isso esclarece o meu pensamento e me dá um registro das minhas orações. É também uma maneira de liberar os meus problemas para Ti. Eu me alegro porque *Tu estás cuidando de mim* continuamente.

Em teu nome valioso, Jesus,<br>Amém

**Isaías 41:13; Mateus 28:20;
Salmos 27:4; Salmos 121:3**

## 15 de fevereiro

Meu pastor,

Adoro ouvir o teu sussurro em meu coração: "Estou cuidando de você, meu filho". Às vezes me sinto sozinho e vulnerável, exposto aos elementos deste mundo decadente. Quando estou me sentindo assim, preciso parar e me lembrar de que *o Senhor cuida de mim*. Essa promessa me tranquiliza e me aproxima de Ti. Enquanto relaxo na tua presença, deixo de tentar imaginar o futuro e orquestrar o que acontecerá.

Ajuda-me a lembrar que estou sempre sob os teus cuidados, mesmo quando as circunstâncias são confusas e não sei qual caminho seguir. Sou grato pelo *Senhor* saber tudo sobre mim e sobre a minha situação. Além disso, o teu conhecimento perfeito sobre o futuro me encoraja e me dá esperança.

Sempre que eu começar a sentir medo, por favor, lembra-me de que *Tu estás comigo*. O Senhor prometeu *que nunca me deixará ou me abandonará*. Além disso, *o próprio Senhor irá à minha frente* onde quer que eu vá.

Enquanto *estiver andando pelo vale escuro* da adversidade, manterei estas palavras de conforto fluindo na minha mente: *não terei medo de nada, pois Tu estás comigo*.

Em teu nome vigilante, Jesus,<br>
Amém

**1 Pedro 5:7; Salmos 23:4 (NTLH);
Deuteronômio 31:8**

## 16 de fevereiro

Jesus gentil,

O Senhor tem me ensinado que não há aleatoriedade na minha vida: *aqui* e *agora* compõem as coordenadas da minha vida diária. O momento presente não é apenas o ponto em que o tempo cruza a eternidade, é o lugar onde encontro o Senhor, meu eterno Salvador. Cada momento de cada dia está vivo com a sua presença gloriosa! Ajuda-me a manter os meus pensamentos focados em Ti, desfrutando da tua presença aqui e agora.

Confesso que deixei muitos momentos escaparem por entre os dedos, meio vividos. Negligencio o presente me preocupando com o futuro ou ansiando por um tempo e lugar melhores. Por favor, abre os meus olhos e desperte o meu coração para que eu possa ver tudo o que este dia contém! Quero que o Senhor esteja envolvido em tudo o que eu faço, me preparando para *fazer meu trabalho de todo o coração*. Trabalhar em colaboração contigo alivia a minha carga e me permite aproveitar o que estou fazendo.

Acho que quanto mais tempo gasto me comunicando contigo, menos me preocupo. Isso me liberta para permitir que o teu Espírito Santo dirija os meus passos, *guiando meus pés no caminho da paz*.

Em teu nome orientador,
Amém

**Lucas 12:25–26; Colossenses 3:23;
João 10:10; Lucas 1:79**

## 17 de fevereiro

Jesus invencível,
O Senhor é o culminar de todas as minhas esperanças e desejos. *O Senhor é o Alfa e o Ômega, o Princípio e o Fim, que é, e que era e que há de vir, o Todo-Poderoso.* Antes de conhecer-te, expressei o meu anseio por Ti de maneiras prejudiciais. Eu não percebia que era *o Senhor* que eu estava procurando, e eu estava sempre tão vulnerável ao mal no mundo ao meu redor. Contudo, agora a tua presença me protege de maneira segura, me envolvendo no teu cuidado amoroso. O Senhor me *tirou das trevas para a sua maravilhosa luz*.

Embora o Senhor tenha trazido muitas alegrias à minha vida, nenhuma delas é essencial. Ajuda-me a receber as tuas bênçãos de mãos abertas, desfrutando das tuas boas dádivas enquanto as seguro alegremente. Não quero me apegar a nada além de *Ti*.

À medida que continuo voltando minha atenção para o Doador de *toda boa dádiva e dom perfeito*, descanso no conhecimento de que em Ti sou completo. Alegro-me que a única coisa que eu preciso absolutamente é a única coisa que eu nunca posso perder: a tua presença comigo!

Em teu nome magnífico,
Amém

**Salmos 62:5; Apocalipse 1:8 (ARC);
1 Pedro 2:9; Tiago 1:17**

## 18 de fevereiro

Amado Senhor Jesus,
Enquanto me sento calmamente na tua presença, por favor, enche o meu coração e a minha mente com gratidão. Esta é a maneira mais encantadora de passar o tempo contigo. Quando minha mente precisa de um ponto focal, posso contemplar o teu amor derramado por mim na cruz. Preciso lembrar que *nem altura nem profundidade, nem qualquer outra coisa na criação será capaz me separar do teu amor*. Essa lembrança constrói em mim um alicerce de gratidão, um alicerce que as circunstâncias não podem abalar.

Ao passar por este dia, quero encontrar todos os tesouros que o Senhor colocou ao longo do meu caminho. Sei que vais amorosamente à minha frente e plantas pequenas alegrias para iluminar o meu dia. Vou procurar cuidadosamente por essas bênçãos e recolhê-las uma a uma. Assim, quando chegar ao fim do dia, terei reunido um lindo buquê. Vou oferecê-lo a Ti, Senhor, com gratidão no meu coração. Enquanto me deito para dormir, ajuda-me a relaxar na tua presença e a receber a tua paz, com pensamentos de gratidão tocando uma canção de ninar na minha mente.

Em teu nome reconfortante,
Amém

**Romanos 8:38–39; 1 Coríntios 3:11;
Salmos 4:7–8**

## 19 de fevereiro

Salvador redentor,

Eu me alegro em Ti sabendo que o teu sacrifício na cruz absorveu toda a minha culpa: do passado, do presente e do futuro. *Não há condenação para os que pertencem a Ti!*

A minha condição de livre de culpa como teu filho é um bom motivo para ser feliz todos os dias da minha vida. Desde a desobediência de Adão e Eva no Jardim do Éden, o mundo tem estado sob a escravidão do pecado. Estou tão grato que a tua morte em sacrifício foi a solução para este terrível problema. O evangelho é realmente a melhor notícia imaginável! O Senhor tomou o meu pecado *(o Senhor se tornou pecado por mim)* e me deu a sua própria justiça perfeita.

Por favor, ajuda-me a aprender a desfrutar plenamente da minha condição de livre de culpa no teu reino. *Por meio de Ti, a lei do Espírito da vida me libertou.* Percebo que isso *não* é um convite para mergulhar em um estilo de vida descuidado e pecaminoso. Em vez disso, o Senhor me permite viver com gratidão, celebrando o incrível privilégio de pertencer a Ti para sempre! É uma bênção tão maravilhosa saber quem eu realmente sou: um *filho* amado *de Deus*. Esta é a minha verdadeira identidade e torna cada momento da minha vida significativo.

Em teu nome precioso, Jesus,
Amém

Romanos 8:1–2; Gênesis 3:6;
2 Coríntios 5:21; João 1:11–12

## 20 de fevereiro

Meu amado Senhor,
*Satisfaça-me pela manhã com o teu amor leal e todos os dias cantarei feliz.* Procurei satisfação de várias maneiras, muitas delas foram dolorosas. Descobri que mesmo as coisas boas podem deixar de me satisfazer se eu as elevar acima de Ti. Então, eu venho a Ti nesta manhã com o meu vazio e os meus anseios. Enquanto me sento calmamente na tua presença, comungando contigo, peço-lhe que me enchas ao máximo com o teu amor ilimitado. Eu me alegro em refletir *quão largo, comprido, alto e profundo* é este vasto oceano de bênçãos!

Encontrar a minha satisfação em Ti acima de tudo oferece uma base firme para minha vida. Ao construir sobre essa base sólida, posso ser alegre e confiante ao longo dos meus dias. Sei que continuarei a enfrentar dificuldades porque vivo em um mundo terrivelmente decadente. No entanto, posso contar contigo para me guiar ao longo do meu caminho enquanto me apego a Ti em confiança e dependência. Senhor, Tu tornas minha vida significativa e satisfatória enquanto estou viajando em direção ao meu objetivo final: os portões da *glória*!

Em teu nome glorioso, Jesus,
Amém

**Salmos 90:14; Efésios 3:17–18;
Filipenses 4:13 (ARC); Salmos 73:24**

## 21 de fevereiro

Jesus, minha paz,

Tu és o *Senhor da paz; o Senhor dá a paz em todo o tempo e de todas as formas*. Há um buraco profundo e aberto dentro de mim que só pode ser preenchido pela tua presença pacífica. Antes de conhecer-te, tentei preencher esse vazio de muitas maneiras diferentes ou simplesmente fingir que ele não existia. Mesmo agora, muitas vezes deixo de reconhecer a extensão total da minha necessidade da tua paz: em todos os momentos e em todas as situações. Além disso, o Senhor tem me mostrado que reconhecer a minha carência é apenas metade da batalha. A outra metade é acreditar que o Senhor pode, e vai, *suprir todas as minhas necessidades*.

Pouco antes da sua morte, o Senhor prometeu a paz a seus discípulos e a todos que se tornarem seus seguidores. O Senhor deixou claro que isso é um presente, algo que oferece de maneira livre e amorosa. Minha parte é apenas *receber* esse presente glorioso, admitindo meu desejo por ele, bem como minha necessidade. Por favor, ajuda-me a esperar pacientemente e com expectativa na tua presença, ansioso para receber a tua paz em plena medida. Posso expressar a minha abertura a este presente levantando minhas mãos e dizendo: "Jesus, recebo a tua paz".

Em teu nome reconfortante,
Amém

2 Tessalonicenses 3:16;
Filipenses 4:19; João 14:27

## 22 de fevereiro

Querido Jesus,

Obrigado por me guiar, passo a passo, pela minha vida. Peço-te que me guies ao longo *deste* dia enquanto seguro a tua mão em dependência infantil. O meu futuro parece incerto e frágil, até mesmo precário. Sei que preciso *andar por fé, não pelo que me é possível ver*, crendo que Tu abrirás o caminho diante de mim.

Toda vez que afirmo a minha confiança em Ti é como se eu colocasse uma moeda no teu tesouro da fé. Desta forma, me preparo para os dias de angústia. Sou grato pelo Senhor manter em segurança, em seu coração, toda a confiança que depositei em Ti, sempre com juros compostos. Vi que quanto mais eu me esforço para confiar em Ti, mais o Senhor me capacita a fazê-lo.

Preciso praticar a confiança em Ti durante os dias tranquilos, quando nada parece estar acontecendo. Dessa maneira, quando as tempestades vierem, o meu equilíbrio de fé será suficiente para me fazer passar por esses momentos difíceis. Por favor, lembra-me de afirmar a minha confiança em Ti, silenciosamente, em sussurros, em gritos, em canções. Esta prática glorifica o Senhor e me mantém perto de Ti, desfrutando da sua presença pacífica.

Em teu nome fiel,
Amém

**2 Coríntios 5:7 (KJA);
Salmos 56:3–4; Mateus 6:20; Isaías 26:3**

### 23 de fevereiro

Meu Deus guia,

Ajuda-me a seguir de bom grado a tua liderança me abrindo mais plenamente a Ti e ao teu caminho para mim. Não quero estar tão focado em fazer do meu jeito que eu perca as coisas que o Senhor preparou para mim. Em vez disso, escolho relaxar contigo enquanto o Senhor me *transforma pela renovação da minha mente*, trabalhando sua novidade em mim. Preciso *estar* na tua presença, confiando em Ti o suficiente para deixar de lado as minhas expectativas e demandas.

Às vezes, dificulto exatamente as coisas que desejo, tentando fazê-las acontecer no meu tempo. No entanto, o Senhor conhece não apenas os desejos do meu coração, mas também a melhor maneira e o melhor momento para que eu alcance esses objetivos. Dessa maneira, estou aprendendo a ceder à *tua* vontade e tempo. Em vez de me esforçar para estar no controle, preciso passar mais tempo *buscando a tua face*, conversando contigo abertamente e descansando na tua presença. Quando me sentir mais revigorado, posso pedir ao Senhor que me mostre o caminho a seguir. Sinto-me encorajado pelas tuas palavras de promessa: *"Eu lhe ensinarei o caminho por onde você deve ir; eu vou guiá-lo e orientá-lo"*.

Em teu nome transformador, Jesus,<br>Amém

**Romanos 12:2; Salmos 46:10;
1 Crônicas 16:11; Salmos 32:8 (NTLH)**

## 24 de fevereiro

Gracioso Salvador,
Anseio compreender a profundidade e a amplitude do *teu amor que excede todo conhecimento*! Vi que há uma enorme diferença entre realmente conhecer a Ti e simplesmente saber *sobre* Ti. Em vez de apenas conhecer alguns fatos sobre o Senhor, quero desfrutar da gloriosa experiência da sua presença amorosa. Percebo que preciso da ajuda do teu Espírito Santo *fortalecendo o íntimo do meu ser com poder para que eu compreenda a largura, a altura e a profundidade do teu amor* por mim.

O Senhor está vivo no meu coração desde o momento da minha salvação. Descobri que, quanto mais espaço eu abro para Ti no íntimo do meu ser, mais o Senhor me preenche com o seu amor. O Senhor tem me ensinado a expandir este espaço no meu coração passando bastante tempo contigo e absorvendo a sua palavra. Quero aprender a me comunicar cada vez mais contigo, *orando continuamente*. Essas são disciplinas alegres e me mantém perto de Ti.

Senhor, peço que o teu amor possa fluir através de mim para a vida de outras pessoas. Isso *faz o teu amor encher completamente o meu coração*.

Em teu nome amoroso, Jesus,
Amém

**Efésios 3:16–19;
1 Tessalonicenses 5:17; 1 João 4:12 (NTLH)**

## 25 de fevereiro

Meu Deus Salvador,
Ajuda-me a descansar profundamente em Ti, esquecendo as preocupações do mundo. Que a tua presença viva me envolva em paz enquanto me concentro em Ti, *Emanuel*. Eu encontro conforto na tua segurança eterna, sabendo que *o Senhor é o mesmo ontem, hoje e para sempre*.

Às vezes, vivo demais na superfície da vida, concentrando-me em fenômenos em constante mudança. Se eu viver dessa maneira de forma consistente, um dia chegarei ao ponto em que ecoarei o sentimento de Salomão: *"Que grande inutilidade! Que grande inutilidade! Nada faz sentido"*.

Estou aprendendo que a maneira de incutir significado nos meus dias é viver em colaboração contigo. Preciso começar cada dia sozinho contigo para que eu possa experimentar a realidade da tua presença. Enquanto passo tempo focando em Ti e na tua palavra, peço que abras o caminho diante de mim passo a passo. Quando saio deste momento pacífico de comunhão e começo minha jornada ao longo do dia, estou ciente de que o Senhor vai comigo. Seguro a sua mão em deliberada dependência de Ti e o Senhor suaviza o caminho à minha frente. Obrigado, Jesus!

Em teu nome forte e confiável, Jesus,
Amém

**Mateus 1:23; Hebreus 13:8;
Eclesiastes 1:2; Provérbios 3:6**

## 26 de fevereiro

Confiável Senhor Jesus,

Por favor, ajuda-me a confiar em Ti o suficiente para relaxar e desfrutar da tua presença. Confesso que muitas vezes vivo em estado de hipervigilância, sentindo e agindo como se estivesse no meio de uma emergência. A tua palavra me diz que *sou feito de modo especial e admirável*. Meu corpo é cuidadosamente trabalhado para "acelerar" quando necessário e depois "desacelerar" quando a crise terminar. Porém, como vivo em um corpo decadente e em um mundo decadente, acho difícil baixar a guarda e realmente relaxar.

Preciso lembrar que o Senhor está continuamente comigo e que é digno de toda a minha convicção, toda a minha confiança. Posso *derramar meu coração diante de Ti*, entregando ao teu cuidado soberano tudo o que está me incomodando.

Obrigado por me ensinar a *confiar em Ti de todo o meu coração*. Quanto mais me apoio em Ti com confiança, mais plenamente posso desfrutar da tua presença. Enquanto eu relaxo na sua luz de cura, o Senhor irradia a paz na minha mente e no meu coração. Enquanto passo tempo esperando contigo, a minha consciência da tua presença fica mais forte e o teu *amor* penetra no íntimo do meu ser.

Em teu nome santo e que cura,
Amém

**Salmos 139:14; Salmos 62:8;
Provérbios 3:5; Salmos 52:8**

## 27 de fevereiro

Rei Jesus,

O Senhor é o meu melhor amigo, bem como o meu rei. Quero andar de mãos dadas contigo durante a minha vida. Por favor, ajuda-me a enfrentar o que o dia de hoje trouxer (prazeres, dificuldades, aventuras, decepções) confiando em Ti a cada passo do caminho. Sei que nada é desperdiçado quando é compartilhado contigo. O Senhor pode oferecer *uma bela coroa em vez de cinzas de sonhos perdidos*. O Senhor pode colher alegria da tristeza, paz da adversidade. Somente um amigo que é também o Rei dos reis poderia realizar esta maravilhosa metamorfose. Não há outro como Tu, Senhor!

A amizade que o Senhor me oferece é prática e realista, mas está cheia de glória celestial. Viver na tua presença envolve viver em dois reinos simultaneamente: o mundo visível e a realidade invisível e eterna. Obrigado, Senhor, por me dar a capacidade de permanecer consciente de Ti enquanto ando por caminhos insatisfatórios e mundanos. Como a tua palavra declara, *sou feito de maneira perfeita e maravilhosa*.

Em teu nome imponente,<br>Amém

**João 15:15; Isaías 61:3;
2 Coríntios 6:10; Salmos 139:14 (NBV)**

## 28 de fevereiro

Agradável Jesus,

*Ajuda-me a andar na luz da tua presença, aclamar-te, exultar no teu nome e alegrar-me na tua retidão.* Aclamar-te é louvar-te de maneira forte e entusiástica, incluindo gritos e aplausos. Alegro-me no teu nome, deleitando-me em tudo o que Tu és: o meu Salvador e Pastor, o meu Senhor e meu Deus, o meu Rei Soberano, o meu amigo que me ama com *amor leal*.

Alegro-me na tua retidão ao me deleitar com a verdade maravilhosa de que o Senhor *me* deu este presente inestimável e sagrado! A tua justiça perfeita já está creditada na minha conta, embora eu continue lutando contra o pecado na minha vida.

Quando estou andando na tua gloriosa luz, *teu sangue me purifica de todo pecado.* Enquanto procuro viver perto de Ti, admitindo livremente que sou um pecador que precisa de perdão, a tua presença radiante me purifica. Além disso, esta bênção de purificação me permite *ter comunhão com* outros crentes.

Senhor, eu me deleito em andar na luz contigo, desfrutando da sua presença brilhante e amorosa.

Em teu nome esplêndido,
Amém

**Salmos 89:15–16; Salmos 31:16;
Romanos 3:22; 1 João 1:7**

## 29 de fevereiro

Senhor bondoso,

Muitas vezes eu oro intensamente por algo e espero ansiosamente pela resposta. Se o Senhor conceder o meu pedido, respondo com alegria e gratidão. Mas, em vez de permanecer em uma atitude de gratidão, costumo passar rápido demais para pedir a próxima coisa. Senhor, em vez de experimentar apenas uma explosão de gratidão de curta duração, quero aprender a permanecer em uma atitude de alegria agradecida, deixando a minha gratidão transbordar para o futuro.

Ajuda-me a me treinar para lembrar das tuas respostas graciosas aos meus pedidos. Acho benéfico contar aos outros sobre as bênçãos que recebi de Ti. Outra maneira de estar atento à oração respondida é anotar as respostas em algum lugar onde eu as veja com frequência.

Por favor, ensina-me a *lembrar das maravilhas que o Senhor fez* com gratidão. O Senhor me mostrou que a gratidão me abençoa duplamente: com lembranças alegres de orações respondidas e com o prazer de compartilhar a minha felicidade contigo!

Em teu nome jubiloso, Jesus,
Amém

**Salmos 95:2; 1 Coríntios 15:57;
1 Crônicas 16:12**

# Março

*Assegurou-lhes Jesus:*
*"Eu Sou o Caminho, a Verdade*
*e a Vida. Ninguém vem ao*
*Pai senão por mim".*

João 14:6 (KJA)

## 1º de março

Jesus, meu tesouro,
Por favor, dá-me alegria independente das circunstâncias, dá-me a *Ti mesmo*! A tua palavra me diz que *todos os tesouros da sabedoria e do conhecimento estão escondidos em Ti*. Tu és infinitamente sábio e onisciente. Isso significa que nunca ficarei sem tesouros para procurar em Ti.

O Senhor é uma fonte de alegria que transborda na minha vida. Então eu abro o meu coração, mente e espírito procurando te receber em plena medida. Sou grato por tua alegria poder coexistir com as circunstâncias mais difíceis. Não importa o que esteja acontecendo na minha vida, *a luz da tua presença* continua a brilhar sobre mim. Ajuda-me a continuar olhando para Ti com um coração confiante. Quando persevero na busca pelo Senhor, a luz da alegria acaba rompendo as nuvens mais escuras de tempestade. À medida que absorvo a tua luz celestial, ela ilumina a minha perspectiva e me enche de deleite sublime.

Sou muito grato por ter *uma herança no céu que não perde o valor e não pode se estragar, nem ser destruída*. Porque eu *creio em Ti*, tenho certeza de que *a alegria gloriosa a qual as palavras não podem descrever* é minha agora e para sempre!

Em teu nome jubiloso,<br>Amém

**Colossenses 2:3;
Salmos 89:15; 1 Pedro 1:3–4,8 (NTLH)**

## 2 de março

Deus fiel,

*Todas as manhãs o Senhor me acorda e abres minha compreensão para entender as suas palavras.* Obrigado por estar sempre atento a mim. É reconfortante saber que o Senhor nunca dorme, então pode cuidar de mim enquanto estou dormindo. Dessa maneira, *quando acordar, ainda estarei contigo*. À medida que me torno cada vez mais consciente da sua presença, o Senhor me ajuda a ficar mais alerta, a desatar os emaranhados dos meus pensamentos sonolentos. Respondo ao teu chamado de amor *aproximando-me de Ti*. Adoro passar o tempo desfrutando da tua presença e nutrindo a minha alma com a tua palavra.

Descobri que o tempo dedicado a Ti me abençoa e me fortalece imensamente. O Senhor me ensina a entender a sua palavra, permitindo-me compreender melhor a Sagrada Escritura e aplicá-la à minha vida. Por favor, ajuda-me a discernir claramente a tua vontade enquanto faço planos para este dia. Quando ando ao seu lado, buscando fazer a sua vontade, o Senhor me capacita a lidar com o que quer que apareça no meu caminho.

Senhor, ensina-me a *confiar em Ti em todos os momentos*, em todas as circunstâncias.

Em teu nome confiável, Jesus,
Amém

**Isaías 50:4 (NVB); Salmos 139:17–18 (NTLH);
Tiago 4:8; Salmos 62:8**

## 3 de março

Precioso Senhor Jesus,

Eu amo ouvir o Senhor me dizer: *"Eu o chamei pelo nome; você é meu!"*. É tão reconfortante saber que pertenço a Ti, não importa o quão isolado eu me sinta às vezes. Obrigado por me redimir pagando a pena total pelos meus pecados. Sou grato pelo Senhor ter me chamado para si da maneira mais pessoal, alcançando as circunstâncias da minha vida, falando nas complexidades do meu coração e mente. Mesmo que o Senhor tenha um grande número de seguidores, eu nunca sou apenas um número para Ti. O Senhor sempre fala comigo *pelo nome*. A Sagrada Escritura me diz que sou tão precioso para Ti que *o Senhor me gravou nas palmas de suas mãos. Nada será capaz de me separar da tua presença amorosa!*

Quando os eventos do mundo estão girando ao meu redor e meu mundo pessoal parece instável, não quero deixar os meus pensamentos permanecerem nesses fatores de estresse. Em vez disso, ajuda-me a focar a minha mente na verdade: embora este mundo esteja cheio de problemas, o Senhor está comigo e está no controle. O Senhor está me ensinando a redirecionar o assunto, dos meus problemas para a sua presença, ao me fazer sussurrar "Mas Jesus está comigo" e depois voltando-me a Ti.

Em teu nome vitorioso,
Amém

**Isaías 43:1; Isaías 49:16;
Romanos 8:38–39**

## 4 de março

Querido Jesus,
Sei que o Senhor está comigo, então, por favor, ajuda-me a não ter medo. Adoro te ouvir dizer *"Aquiete-se! Acalme-se!"* ao meu coração inquieto. O Senhor me garantiu que não importa o que aconteça, *não me deixará ou me abandonará*. Quando deixo essa certeza penetrar na minha mente e no meu coração, isso me enche de confiança.

A mídia publica más notícias de maneira implacável: no café da manhã, no almoço e no jantar. Descobri que uma dieta constante desse cardápio de notícias ruins me faz mal. Em vez de me concentrar em notícias volúveis e em constante mudança, escolho sintonizar na palavra viva: *o Senhor*, aquele que é sempre o mesmo. Quero deixar a Sagrada Escritura preencher a minha mente e o meu coração para que eu possa caminhar firmemente ao longo do caminho da vida contigo. A tua palavra me diz que não preciso temer *ainda que a terra trema e os montes afundem no coração do mar*.

Embora eu não saiba o que acontecerá amanhã, posso ter certeza absoluta do meu destino final. *Tu tomas a minha mão direita e me sustens. Tu me diriges com o teu conselho, e depois me receberás com honras*. Aleluia!

Em teu nome magnífico,<br>Amém

**Marcos 4:39; Deuteronômio 31:6;
Salmos 46:1–2; Salmos 73:23–24**

## 5 de março

Senhor Soberano,

Quero aprender a ser alegre mesmo quando as coisas não saem como eu gostaria. Minha tendência é começar cada dia lutando para fazer as coisas acontecerem do meu jeito. No entanto, descobri que todos os dias me deparo com pelo menos uma coisa que não cede à minha vontade. Pode ser tão trivial quanto o reflexo que vejo no espelho ou tão grande quanto a doença grave de um ente querido.

Percebo que o teu propósito *não* é conceder todos os meus desejos ou facilitar a minha vida. Ajuda-me a aceitar os teus caminhos na minha vida e confiar em Ti em todas as circunstâncias.

Nos dias em que tenho a intenção de tentar estar no controle, sinto-me frustrado a maior parte do tempo e desperdiço energia lamentando coisas que aconteceram. Porém, sei que o passado não pode ser mudado. Por favor, ensina-me a ser grato por tua ajuda no presente e por tua esperança para o futuro.

Mostra-me como relaxar mais, confiando no *teu* controle sobre minha vida e lembrando que o Senhor está sempre perto. A tua palavra me garante que há *alegria em tua presença*; além disso, *teu rosto resplandece com alegria* que brilha sobre mim!

Em teu nome radiante, Jesus,<br>
Amém

**Salmos 62:8; Provérbios 23:18;**
**Atos 2:28; Números 6:25 (NBV)**

## 6 de março

Amado Senhor Jesus,

Venho à tua graciosa presença pedindo que *satisfaças-me com o teu amor leal*. A melhor hora para eu buscar a tua face é *pela manhã*, logo após acordar. Conectar-me contigo cedo me prepara para o meu dia. O teu amor sem fim me satisfaz imensamente: me permite acreditar que sou valioso e importante. Isso me lembra que juntos podemos lidar com as circunstâncias deste dia. Saber que sou eternamente amado me energiza e me dá coragem para perseverar nas dificuldades.

Encontrar a tua amorosa presença me inspira a *cantar feliz*. Encontrar com aquele que é o *Rei dos reis e Senhor dos senhores* na privacidade de minha casa é um privilégio surpreendente! Além disso, regozijo-me porque o meu nome está escrito no *livro da vida do Cordeiro* com uma tinta que não se pode apagar!

Quero ter tempo para desfrutar da tua presença: lendo a Sagrada Escritura e orando, falando e cantando louvores. Deleito-me com a maravilhosa verdade de que *nada na criação será capaz de me separar do teu amor!*

Em teu nome glorioso,<br>Amém

**Salmos 90:14; Apocalipse 19:16;
Apocalipse 21:27; Romanos 8:39**

## 7 de março

Jesus compassivo,
Preciso te contar sobre as coisas que estão me deprimindo. Compreendo que o Senhor já sabe tudo sobre elas, mas falar disso a Ti em voz alta alivia o fardo pesado que tenho carregado.

Sempre que me sinto desanimado, é essencial que eu passe o tempo *lembrando de Ti*. Pensar em quem és (*Senhor meu e Deus meu*, meu Salvador e Pastor, o amigo *que nunca me deixará*) me eleva e ilumina a minha perspectiva. Sou grato pelo Senhor estar totalmente ciente de todos os aspectos da minha vida, incluindo todos os meus pensamentos e sentimentos. Tudo em mim é importante para Ti! Enquanto relaxo na tua amorosa presença, ajuda-me a lembrar das muitas maneiras pelas quais o Senhor cuidou de mim, dando exatamente o que preciso. Tentarei agradecer por cada bênção que me vier à mente.

Na luz da tua presença, posso ver as coisas com mais clareza e separar o que é importante do que não é. Enquanto permaneço contigo, a tua face brilha sobre mim, me abençoando, encorajando e reconfortando. *Ainda te louvarei na salvação da tua presença.*

Em teu nome poderoso,
Amém

**Salmos 42:6; João 20:28;
Deuteronômio 31:8; Salmos 42:5 (ARC)**

# 8 de março

Senhor Jesus,
Estou tentando confiar que as tuas intenções para mim são boas, mesmo quando são radicalmente diferentes do que eu esperava ou presumia. *Tu és luz; em Ti não há treva alguma.* Procurarei a tua luz nas minhas circunstâncias, pois Tu estás abundantemente presente nos momentos da minha vida. Quero estar aberto para Ti e todos os teus caminhos comigo. Às vezes, isso requer abrir mão de planos ou sonhos que são preciosos para mim. Nesses momentos, preciso lembrar e acreditar de todo o coração que o teu *caminho é perfeito*, não importa o quão difícil seja.

*Tu és um escudo para todos os que se refugiam em Ti.* Quando me sentir desapontado ou com medo, me aproxima de Ti, lembrando-me de que Tu és o meu refúgio. Compreendo que o Senhor não me protege de absolutamente tudo. Existem algumas provações que o Senhor preparou para eu lidar. Obrigado por me dar um papel significativo para desempenhar neste mundo. Por favor, ajuda-me a *levar a vida que o Senhor me designou* em alegre dependência de Ti. Dessa maneira, *minha alma ficará satisfeita como quem tem rico banquete; com lábios jubilosos a minha boca te louvará!*

Em teu nome supremo,<br>Amém

1 João 1:5; Salmos 18:30;
1 Coríntios 7:17; Salmos 63:5

## 9 de março

Meu Senhor sempre presente,
Estive olhando para as incertezas, deixando-as me aborrecer. Vejo medo e desânimo esperando ao lado do meu caminho para o futuro, prontos para me acompanhar se eu permitir. Por favor, continue me lembrando que *o Senhor vai à minha frente e sempre está comigo. Toma a minha mão direita.* O Senhor é capaz de estar comigo onde estou e, simultaneamente, estar no caminho à frente porque vive além do tempo. Por meio dos olhos da fé, posso ver o Senhor brilhando intensamente, me chamando, me encorajando a fixar o meu olhar em Ti. Assim, me agarrarei firmemente à tua mão enquanto passo por essas presenças sombrias de pavor e desânimo. Ajuda-me a continuar olhando para a tua presença que irradia *amor leal* e encorajamento sem fim.

Minha confiança vem de saber que *o Senhor está sempre comigo* e já está no meu futuro, preparando o caminho à minha frente. Se eu prestar atenção, posso ouvir o Senhor me chamando de volta aos trilhos, palavras de advertência e sabedoria, coragem e esperança: *"Não tema, pois estou com você. Não olhe ansiosamente ao seu redor, pois eu sou o seu Deus. Eu o fortalecerei e o ajudarei".*

Em teu nome poderoso, Jesus,
Amém

**Deuteronômio 31:8; Salmos 73:23
Salmos 119:76; Isaías 41:10**

## 10 de março

Meu Deus grandioso,
Não quero deixar que nenhuma circunstância me intimide. Por favor, continue me lembrando que quanto mais desafiador for o meu dia, mais do seu poder o Senhor proverá.

Costumava pensar que o Senhor me capacita igualmente a cada dia, mas aprendi que isso não é verdade. Ainda assim, a minha tendência ao acordar todas as manhãs é avaliar as dificuldades à minha frente, medindo-as em relação à minha força média. Percebo que esses pensamentos de preocupação são apenas um exercício de irrealidade e desejo me libertar deles!

Senhor, *Tu* sabes o que cada um dos meus dias conterá e posso confiar em Ti para me capacitar de acordo com eles. O Senhor tem me mostrado que o grau em que me fortalece em um determinado dia é baseado principalmente em duas variáveis: a dificuldade das minhas circunstâncias e a minha vontade de depender de Ti ao lidar com esses desafios.

Ajuda-me a ver os dias difíceis como oportunidades para receber mais do teu poder do que o habitual. Em vez de entrar em pânico em momentos difíceis, posso contar contigo para tudo o que preciso. Obrigado por tuas palavras tranquilizadoras: *"Dure a sua força como os seus dias"*.

Em teu nome poderoso, Jesus,<br>Amém

**2 Coríntios 12:9; Salmos 105:4;
Deuteronômio 33:25**

## 11 de março

Meu Senhor consolador,
Ajuda-me a *encontrar descanso somente em Ti; minha esperança vem de Ti*. Tenho uma mente inquieta. Ela se agita, raramente tirando um momento para ficar tranquila. Contudo, a tua palavra me instrui a *parar de lutar e saber que Tu és Deus*. Quando me sento quieto na tua presença, posso ouvir-te dizendo: *"Venha a mim e darei descanso a você"*.

O Senhor é o único lugar de descanso para minha mente que realmente me satisfaz e me fortalece. Preciso ter tempo para direcionar os meus pensamentos a Ti, sussurrando o teu nome e esperando na tua presença sagrada. Este interlúdio contigo revigora a minha mente e a minha alma.

A verdadeira esperança vem de Ti. A falsa esperança vem de muitas fontes, incluindo a publicidade persuasiva. Por favor, dá-me discernimento enquanto procuro trilhar um caminho esperançoso. Muitas vozes me dizem: "Este é o caminho!"; protege-me de ser enganado enquanto estou tentando processar todas as informações que clamam pela minha atenção. Descobri que a melhor maneira de me libertar da sobrecarga de informações é reorientar os meus pensamentos a *Ti*. Enquanto descanso na tua presença pacífica, a verdadeira esperança cresce dentro de mim.

Em teu nome reconfortante, Jesus,
Amém

**Salmos 62:5; Salmos 46:10;
Mateus 11:28–29; Salmos 42:5 (ARC)**

## 12 de março

Jesus amado,
Às vezes me sinto exausto, puxado de um lado para o outro por pessoas e circunstâncias ao meu redor. Nesses momentos, preciso parar e me voltar a Ti, mas, em vez disso, costumo me esforçar para fazer mais e mais. Mesmo que eu consiga acalmar o meu corpo, a minha mente continua agitada, antecipando problemas futuros e buscando soluções.

Ajuda-me a me concentrar na verdade maravilhosa de que *todos os tesouros da sabedoria e do conhecimento estão escondidos em Ti*. Por favor, lembra-me com frequência, sussurrando ao meu coração: "Amado, eu sou seu tesouro. Em mim você está completo".

Quando te louvo acima de tudo, deleitando-me em Ti como o meu *primeiro amor*, estou protegido de me sentir fragmentado. O Senhor é aquele que me completa e está me ensinando a direcionar os meus pensamentos a Ti sempre que eles se afastarem da sua presença. Obrigado pelo teu trabalho paciente em mim, Senhor.

Viver perto de Ti, desfrutar da tua presença, inclui procurar obedecer aos teus mandamentos. Confesso que falho com frequência e sou eternamente grato pelo *Senhor ter me vestido com as vestes da salvação, o manto da sua justiça*!

Em teu santo nome,
Amém

**Colossenses 2:2–3; Apocalipse 2:4;
Isaías 61:10**

## 13 de março

Deus onisciente,

Por favor, prepara-me para o dia que se inicia. O Senhor sabe *exatamente* o que este dia conterá, enquanto eu tenho apenas ideias vagas sobre ele. Gostaria de poder ver um mapa que mostrasse todas as voltas e reviravoltas da jornada de hoje. Eu me sentiria melhor preparado se pudesse de alguma forma visualizar o que está na estrada à frente. Entretanto, o Senhor tem me ensinado uma maneira melhor de me preparar para *o que* eu encontrar hoje: passar um tempo de qualidade contigo.

Mesmo que eu não saiba o que me espera no caminho à frente, confio que o Senhor me equipou bem para a jornada. Fico emocionado com a promessa de que o Senhor é o meu companheiro a cada passo do caminho! E estou aprendendo a me comunicar melhor contigo, sussurrando o teu nome quando preciso redirecionar os meus pensamentos para Ti. Esta prática simples me ajuda a caminhar ao longo do dia com meu foco em Ti.

Senhor, eu me alegro na tua presença permanente, o melhor roteiro possível!

Em teu nome aprazível, Jesus,<br>Amém

Êxodo 33:14; Filipenses 4:4;<br>João 15:4–5

## 14 de março

Senhor glorioso,

Tu tens me mostrado que a esperança é como um cordão de ouro que me liga ao céu. Este cordão me ajuda a manter a minha cabeça erguida, mesmo quando várias provações estão me abatendo. Sei que o Senhor nunca sai do meu lado e nunca solta a minha mão. Porém, sem o cordão da esperança, a minha cabeça às vezes cai e os meus pés começam a se arrastar enquanto caminho contigo. A esperança eleva a minha perspectiva dos meus pés cansados para a vista gloriosa que posso ver da estrada!

Obrigado, Senhor, por estar sempre comigo — e a estrada que estamos percorrendo juntos é, no final das contas, a estrada para o céu. Quando contemplo este destino glorioso, deixo de me preocupar com a aspereza ou a suavidade da estrada à frente. Por favor, me ensina a manter no meu coração um foco duplo: a tua presença contínua e a esperança do céu.

Em teu nome maravilhoso, Jesus,<br>Amém

**Romanos 12:12; 1 Tessalonicenses 5:8;
Hebreus 6:19–20; Romanos 15:13**

## 15 de março

Jesus amado,

A tua palavra me garante que *se eu andar na luz*, vivendo perto de Ti, *teu sangue me purifica de todo pecado*. Então eu trago os meus pecados a Ti, confessando-os e pedindo que me ajudes a fazer as mudanças necessárias.

Sou grato por minha reputação contigo não se basear em confessar os meus pecados com rapidez ou profundidade suficiente. O Senhor me mostrou que a única coisa que me mantém bem contigo é a *sua* justiça perfeita. Obrigado, Senhor, por me dar este presente inestimável, grátis e de maneira permanente, quando me tornei um cristão. Já que sou teu, brilhantemente *vestido em seu manto da justiça*, posso ir com confiança na tua presença gloriosa.

Descobri que andar na *luz da tua presença* me abençoa de várias maneiras. As coisas boas são melhores e as coisas ruins se tornam mais suportáveis quando as compartilho contigo. À medida que me deleito na tua luz de amor, sou capaz de amar os outros mais plenamente e *ter comunhão* com eles. Além disso, é menos provável que eu tropece ou caia, porque os pecados são evidentes na tua santa luz.

Senhor, ensina-me a *regozijar-me em teu nome durante todo o dia*, desfrutando da tua presença e *alegrando-me na tua retidão*!

Em teu nome sagrado,
Amém

**1 João 1:7; Isaías 61:10;
Salmos 89:15–16**

## 16 de março

Deus soberano,
Preciso desistir da ilusão de estar no controle da minha vida. Quando as coisas estão indo bem, é fácil para mim sentir que sou eu quem está no comando. No entanto, quanto mais me vejo como o meu próprio mestre, e quanto mais confortável fico nesse papel, mais em risco estou.

Posso desfrutar de momentos de navegação tranquila e ser grato por eles. Mas não devo me tornar viciado em um senso de domínio sobre a minha vida, considerando isso a regra. Aprendi com a experiência que as tempestades *virão* e as incertezas *surgirão* no horizonte. Se eu me agarro ao controle e me sinto no direito de fazer as coisas do meu jeito, provavelmente afundarei quando encontrar dificuldades.

Ajuda-me a *confiar em Ti em todos os momentos, derramando diante de Ti o meu coração, pois o Senhor é o meu refúgio*. Obrigado por usar a adversidade para me libertar da ilusão de estar no controle. Quando as minhas circunstâncias e o meu futuro estão cheios de incertezas, posso me voltar para Ti e me refugiar. Quero encontrar a minha segurança em *conhecer a Ti*, o mestre que é soberano sobre as tempestades da minha vida, soberano sobre tudo!

Em teu nome grandioso, Jesus,
Amém

**Tiago 4:13–14; Salmos 62:8; João 17:3**

## 17 de março

Jesus precioso,
*O Senhor é a ressurreição e a vida. Aquele que crê em Ti, ainda que morra, viverá.* O Senhor falou esta verdade poderosa para Marta quando o irmão dela, Lázaro, estava morto há quatro dias, e ela acreditou em Ti. Então o Senhor ordenou a Lázaro que saísse do túmulo, e ele o fez!

Adoro refletir sobre o seu ensinamento de que *o Senhor é o caminho, a verdade e a vida.* É tudo o que eu poderia precisar, para esta vida e a próxima. *Todos os tesouros da sabedoria e do conhecimento estão escondidos em Ti.* Acreditar nessa verdade simplifica a minha vida e me ajuda a manter o foco em Ti. Por favor, treina-me na alegre disciplina de te valorizar acima de tudo.

O Senhor é a resposta para todas as minhas lutas, a alegria que permeia todos os tempos e circunstâncias. O Senhor torna os meus momentos difíceis suportáveis e os meus bons momentos ainda melhores. Por isso, *venho a Ti* assim como estou, desejando compartilhar mais e mais da minha vida contigo. Regozijo-me enquanto caminho com o Senhor, *o caminho* que me guia passo a passo e *a ressurreição* que me dá a vida eterna.

Em teu nome majestoso,
Amém

João 11:25, 43–44; João 14:6;
Colossenses 2:2–3; Mateus 11:28

## 18 de março

Querido Jesus,
Como é maravilhoso saber que o Senhor está cuidando de mim! Quando estou passando tempo contigo, desfrutando do calor e da segurança da sua presença amorosa, é mais fácil confiar que cada detalhe da minha vida está sob o seu controle. A Bíblia afirma que *todas as coisas trabalham juntas para o bem daqueles que te amam e a quem o Senhor chamou de acordo com seu plano*.

O mundo está em uma condição tão anormal e decadente, que às vezes parece que o acaso está governando o universo. Os eventos parecem acontecer aleatoriamente, com pouco ou nenhum significado aparente. Porém, o Senhor me mostrou que, quando vejo o mundo dessa maneira, estou ignorando um fato muito importante: as limitações do meu entendimento. Submersos sob a superfície do mundo visível, há mistérios profundos demais para eu entender!

Se eu pudesse realmente ver quão perto de mim o Senhor está, e quão constantemente trabalha em meu favor, eu nunca mais duvidaria do seu cuidado maravilhoso comigo. Porém, a tua palavra me instrui a *viver por fé, não pelo que vemos*. Por favor, ajuda-me a confiar na tua misteriosa e majestosa presença.

Em teu nome magnífico,
Amém

**Romanos 8:28 (NTLH); Jó 42:3;
1 Pedro 5:7; 2 Coríntios 5:7**

## 19 de março

Jesus exaltado,

Ajuda-me a seguir-te um passo de cada vez. Sei que isso é tudo o que o Senhor exige de mim. Na verdade, percebo que a única maneira de me mover por esse mundo no espaço-tempo é dando um passo após o outro. No entanto, quando olho para frente, vejo enormes montanhas se aproximando e começo a me perguntar como poderei escalar essas alturas. Enquanto isso, por não olhar para onde estou indo, tropeço no caminho fácil para onde o Senhor está me levando agora. Enquanto me ajuda a ficar de pé, eu te digo como estou preocupado com os penhascos à frente.

O Senhor amorosamente me lembra que não sei o que vai acontecer *hoje*, muito menos amanhã. Nosso caminho pode dar uma virada abrupta, me afastando daqueles picos imponentes. Ou pode haver uma rota mais fácil pelas montanhas que não é visível a esta distância. Sei que, se o Senhor me guiar pelo caminho mais íngreme, me equipará completamente para essa subida extenuante. O Senhor até mesmo *dará ordens para que seus anjos me guardem em todos os meus caminhos*.

Eu realmente quero manter o foco na jornada atual, desfrutando da tua presença. Ensina-me a *andar por fé, não pelo que não é possível ver*, confiando em Ti para abrir o caminho à minha frente.

Em teu nome compassivo,
Amém

**Salmos 18:29; Salmos 91:11–12;
2 Coríntios 5:7 (KJA)**

## 20 de março

Deus Criador,

A tua palavra me diz que *o Senhor me faz correr veloz como a gazela e me firma os passos nos lugares altos*. O Senhor criou gazelas com a capacidade de escalar montanhas íngremes sem esforço e ficar sem medo nas alturas. Também me criou e me redimiu, tornando possível que eu "firmasse os pés" confiando em Ti. Isso me dá confiança para *caminhar e progredir em meus lugares altos de dificuldade, responsabilidade e sofrimento*.

É crucial para mim lembrar que vivo em um mundo onde os meus inimigos espirituais nunca declaram uma trégua. Ajuda-me a ficar alerta e pronto para a batalha em todos os momentos, *vestindo a armadura completa* que o Senhor oferece. Não importa o que aconteça, *quero poder resistir e permanecer inabalável depois de ter feito tudo*.

Sempre que eu estiver no meio da batalha, por favor, lembra-me de afirmar a minha confiança em Ti, a minha confiança de que o Senhor está comigo, lutando ao meu lado. Mesmo quando sinto que estou perdendo a batalha, sei que não devo desistir. Minha tarefa é segurar firmemente a tua mão e resistir. Isso é vitória!

Em teu nome vitorioso, Jesus,
Amém

2 Samuel 22:34; Habacuque 3:19;
1 Pedro 5:8 (NBV); Efésios 6:13

A ESCUTA DE JESUS

## 21 de março

Jesus misericordioso,

A tua face está brilhando sobre mim, irradiando *a paz que excede todo o entendimento*. Estou cercado por um mar de problemas, mas estou face a face contigo, minha paz. Enquanto eu mantiver o meu foco em Ti, estou seguro. Se eu olhar por muito tempo para a miríade de problemas ao meu redor, afundarei sob o peso dos meus fardos. Sou grato por poder clamar: *"Senhor, salve-me!"*; se eu começar a afundar, e o Senhor me levantará.

Quanto mais perto de Ti eu vivo, mais seguro me sinto. As circunstâncias ao meu redor são ondulantes e posso ver ondas de aparência traiçoeira à distância. Preciso continuar *fixando meus olhos em Ti*, aquele que nunca muda. Sei que no momento em que essas ondas distantes me alcançarem, elas terão encolhido às proporções do teu projeto. E me alegro pelo Senhor estar sempre ao meu lado, me fortalecendo e me encorajando enquanto enfrento as ondas de *hoje*.

O Senhor tem me mostrado que o futuro é um fantasma que tenta me assustar. Ajuda-me a rir do futuro e a ficar perto de Ti.

Em teu nome protetor,
Amém

**Filipenses 4:7; Mateus 14:29–30;
Hebreus 12:2 (NTLH); Hebreus 13:8**

## 22 de março

Meu Deus amoroso,
Às vezes ouço o Senhor sussurrando no meu coração: "Relaxe, meu filho. Estou no controle". Gosto de deixar que essas palavras me inundem repetidamente, como ondas calmantes em uma bela praia, assegurando-me do teu amor sem fim.

Confesso que perco muito tempo e energia tentando descobrir as coisas antes que chegue a hora. Todo o tempo, o Senhor está trabalhando para preparar o caminho à minha frente. Por isso, peço que abra os meus olhos para as suas maravilhosas surpresas, circunstâncias que somente o Senhor poderia ter orquestrado. Por favor, continue me lembrando que sou seu amado. O Senhor está do meu lado e quer o que é melhor para mim.

Alguém que é amado por uma pessoa generosa e poderosa pode esperar receber uma abundância de bênçãos. Alegro-me por ser amado por *Ti*, o Rei do universo, e que *tem planos para mim*. Enquanto olho para o futuro desconhecido, ajuda-me a relaxar na sua certeza de quem eu sou, *aquele que é amado por Ti*. Então posso seguir em frente com confiança, agarrando-me à tua mão. Enquanto caminhamos juntos pelo *caminho da vida*, o Senhor enche o meu coração de alegria e a minha mente de paz.

Em teu nome gracioso, Jesus,<br>Amém

**Jeremias 29:11; Deuteronômio 33:12;
Salmos 16:11**

## 23 de março

Senhor Jesus vitorioso,
Ajuda-me a me *alegrar nas minhas tribulações* realmente acreditando que *a tribulação produz perseverança, a perseverança produz caráter e o caráter produz esperança*. É tão encorajador saber que a dor e os problemas podem realmente ser bênçãos, aumentando a minha esperança. Percebo, porém, que isso não acontece automaticamente. Preciso cooperar com o teu Espírito Santo enquanto Ele me guia em momentos de tribulação.

A perseverança é uma qualidade tão rara nos dias de hoje. Como a maioria das pessoas, procuro e anseio por uma solução rápida. Porém, o Senhor tem me mostrado por meio da sua palavra que a adversidade prolongada, aceita com fé e confiança em Ti, transforma o meu caráter, tornando-me mais parecido contigo. Isso me prepara para uma vida eterna sem problemas com o Senhor.

Quanto mais me pareço contigo, mais esperança tenho. Essas mudanças no meu caráter me convencem de que realmente pertenço a Ti! A minha proximidade contigo também me ajuda a lidar com os problemas, confiando que juntos podemos lidar com eles. E a esperança radiante do céu brilha sobre mim, me fortalecendo e encorajando.

Em teu nome glorioso,<br/>Amém

**Romanos 5:3–4; João 14:16–17;**
**Filipenses 4:13 (ARC)**

## 24 de março

Deus poderoso,
*Se eu andar em meio à angústia, Tu me fazes reviver*. Por isso não vou deixar os problemas me intimidarem. Em vez disso, lembrarei que o Senhor, *o meu Deus*, está *no meu centro* e é maior do que todos os problemas do mundo! A Bíblia me garante que a *tua destra me salvará*. Se eu me agarrar firmemente à tua mão, posso caminhar com confiança nos meus momentos mais difíceis.

Sou grato pelo Senhor me capacitar não apenas a suportar as minhas dificuldades, mas a ficar mais forte por meio delas. Mesmo assim, por estar em uma jornada árdua, há momentos em que me sinto cansado e abatido. Ajuda-me a não interpretar isso como um sinal de que o Senhor está descontente comigo, mas a aceitar minha fraqueza como parte de viver em um mundo decadente. Por favor, continua me lembrando que não estou sozinho nas minhas lutas. O Senhor está comigo e *meus irmãos em todo o mundo estão passando pelos mesmos sofrimentos*. À medida que percorro este caminho desafiador, preciso me manter em comunicação contigo. Tua presença me faz reviver, *me dando força e me dando a bênção da paz*.

Em teu nome incomparável, Jesus,
Amém

**Salmos 138:7 (KJA); Sofonias 3:17 (KJA);
1 Pedro 5:9; Salmos 29:11**

## 25 de março

*Meu refúgio,*
Eu venho a Ti fraco e cansado, à beira de me sentir sobre-carregado. É reconfortante saber que o Senhor está perfei-tamente ciente da profundidade e amplitude das minhas dificuldades. Nada está escondido de Ti.

*Derramo diante de Ti o meu coração, pois Tu és o meu refúgio.* É um alívio baixar a minha guarda e o meu fingi-mento, ser real contigo e comigo mesmo. Contar a Ti tudo sobre as minhas lutas aumenta o meu relacionamento con-tigo e cria uma intimidade pacífica. Ajuda-me a descansar na segurança da tua Presença, confiando que o Senhor me compreende completamente e *me ama com um amor eterno.*

Enquanto relaxo na tua Presença, o Senhor me revigora e me renova, me mostrando a melhor maneira de seguir em frente. Sou grato pelo Senhor nunca sair do meu lado, *o Senhor me segura pela mão direita.* Esse conhecimento me dá coragem e confiança para continuar a minha jornada. Enquanto ando ao longo do meu caminho contigo, posso ouvir-te me dizendo: *"Não tema, eu o ajudarei".*

Em teu nome encorajador, Jesus,
Amém

**Salmos 62:8; Jeremias 31:3; Salmos 46:10;
Isaías 41:13**

## 26 de março

Deus sempre presente,

O fato mais importante da minha existência é que o Senhor está sempre comigo cuidando de mim. Sou grato pelo Senhor não estar limitado por tempo ou espaço e que a sua presença comigo é uma promessa eterna. Portanto, tenho boas razões para encarar o futuro com calma, confiando que Tu já estás lá.

A sua palavra me garante que quando eu der o salto quântico para a eternidade, encontrarei o Senhor me esperando no céu. Não preciso me preocupar com o amanhã, já que o meu futuro está em suas mãos. Sempre que eu começar a me sentir ansioso, ajuda-me a ouvir-te dizendo: "Meu filho, *não se preocupe*".

Senhor, quero viver este dia em abundância, vendo tudo o que há para ver, fazendo tudo o que há para fazer. Em vez de me distrair com preocupações futuras, tentarei confiá-las a Ti. Cada dia de vida é um presente glorioso do Senhor, mas confesso que luto para viver dentro dos limites do hoje. Muitas vezes, a minha energia para uma vida abundante transborda na linha do tempo para as preocupações do amanhã ou os arrependimentos passados. Quando desperdiço a minha energia preciosa dessa maneira, passo o dia mancando em vez de vivê-lo ao *máximo*. Porém, quando mantenho o meu foco na tua presença no presente, posso caminhar com confiança, vivendo com exuberância.

Em teu precioso nome, Jesus,
Amém

**Provérbios 3:5–6;
Mateus 6:34; João 10:10**

## 27 de março

Deus eterno,

Percebo que os problemas são inevitáveis, entrelaçados na própria estrutura deste mundo decadente. No entanto, confesso que entro no modo de solução de problemas com muita facilidade, agindo como se tivesse a capacidade de consertar tudo. Essa é uma resposta habitual, tão automática que geralmente ignora o meu pensamento consciente. Este hábito não só me frustra, mas me distancia de Ti.

Não quero que "consertar as coisas" seja uma prioridade tão grande na minha vida. Estou percebendo cada vez mais como sou limitado na minha capacidade de corrigir tudo o que está errado neste mundo decadente. Em vez de me sobrecarregar com assuntos que não são da minha responsabilidade, anseio fazer do meu relacionamento contigo o meu foco principal. Por favor, lembra-me de falar contigo sobre o que estiver na minha mente, buscando a tua perspectiva sobre a situação. Em vez de tentar consertar tudo ao meu redor, posso pedir para que o Senhor me mostre o que quer que eu faça hoje e não me preocupe com o resto.

Senhor, deleito-me ao refletir sobre a maravilhosa verdade de que estou a caminho do céu. Ajuda-me a manter o foco em Ti, deixando os meus problemas desaparecerem na gloriosa luz da eternidade.

Em teu nome esplêndido, Jesus,
Amém

**Salmos 32:8; Lucas 10:41–42;
Filipenses 3:20; João 14:2–3**

## 28 de março

Senhor bondoso,
Ajuda-me a *esperar por algo que não posso ver, com paciência aguardando*. Entre os cinco sentidos, a visão é o que mais valorizo. O Senhor criou o mundo gloriosamente belo e eu me deleito em ver a beleza da sua criação. No entanto, percebo que a esperança, que é em si uma espécie de visão, é ainda mais maravilhosa do que a visão em si. A esperança me permite ver, por meio dos olhos do meu coração, coisas que ainda *não existem*. O exemplo mais impressionante disso é a esperança do paraíso. A tua palavra me diz que o meu destino final é compartilhar na tua glória! Posso confiar nesta promessa magnífica porque é baseada na tua obra consumada na cruz e na tua ressurreição milagrosa.

Preciso praticar a esperança das coisas que não posso ver, tanto para esta vida quanto para a próxima. Por favor, guia-me em esperanças e sonhos que estão de acordo com a tua vontade. Quero treinar os olhos do meu coração para "ver" essas bênçãos enquanto oro para que apenas, e completamente, a tua vontade seja feita. Ensina-me a esperar ansiosamente com perseverança e com o meu foco principalmente em *Ti*, mas também no resultado esperado. O Senhor é a minha esperança!

Em teu nome grandioso, Jesus,<br>Amém

**Romanos 8:25 (KJA); João 17:22 (KJA);
Hebreus 11:1 (NTLH)**

## 29 de março

Senhor Jesus,
Por favor, ajuda-me a agradecer-te pelas mesmas coisas que estão me incomodando. Confesso que estou à beira de uma rebelião, precariamente perto de sacudir o meu punho na tua face. Estou me sentindo tentado a me entregar "só um pouco" em reclamar do teu tratamento comigo. Porém, aprendi da maneira mais difícil que rompantes de raiva e autopiedade podem me destruir quando eu ultrapassar essa linha. O Senhor me mostrou que a melhor proteção contra esse comportamento prejudicial é a *gratidão*. É impossível para mim agradecer e me rebelar contra Ti ao mesmo tempo.

Quando agradeço por circunstâncias difíceis ou provações terríveis, as minhas orações parecem estranhas e artificiais no início. Contudo, descobri que se eu persistir nessas orações, as minhas palavras de gratidão acabarão fazendo a diferença no meu coração. A gratidão desperta o meu coração para a tua presença permanente, que ofusca todos os meus problemas. *Em tua presença há alegria plena!*

Em teu nome alegre,<br>Amém

**Salmos 116:17; Filipenses 4:4–7;
Salmos 16:11 (KJA)**

## 30 de março

Meu amado Salvador,

*Teu amor é o meu consolo.* O problema nunca está longe, já que vivo em um mundo tão decadente. Embora existam muitas fontes de consolo disponíveis para mim, apenas uma delas é infalível, o teu amor! Outras fontes podem me ajudar *algumas* vezes, mas a tua presença consoladora está comigo o tempo *todo*.

O amor perfeito e inesgotável que o Senhor oferece não é apenas uma *coisa* que me deixa menos chateado; também é uma *Pessoa*. O teu amor é inseparável de *Ti*, então *nada na criação será capaz de me separar da tua presença amorosa.*

Ajuda-me a lembrar quem eu sou, teu querido seguidor. Posso vir a Ti em busca de consolo quantas vezes eu precisar. Já que o Senhor é uma fonte ilimitada de bênçãos para mim, quero ser uma bênção na vida de outras pessoas, consolando os que estão passando por tribulações com o consolo que eu recebo de Ti.

Em teu nome consolador, Jesus,
Amém

**Salmos 119:76; João 16:33 (KJA);
Romanos 8:38–39; 2 Coríntios 1:3–4**

## 31 de março

Jesus precioso,
*Alegro-me porque meu nome está escrito no céu, em teu livro da vida.* Porque sou teu, tenho a alegria que independe de todas as circunstâncias. O Senhor deu a vida eterna que *nunca* pode ser tirada de mim. Pela fé em Ti como o meu Salvador ressuscitado, sou *justificado* e também *glorificado*. Além disso, *assentei contigo nas regiões celestiais.*

Por favor, ajuda-me a lembrar que a alegria é o direito nato de todos que pertencem a Ti e pode coexistir com as circunstâncias mais difíceis e dolorosas. Por isso eu venho a Ti nesta manhã com as mãos e o coração abertos, dizendo: "Jesus, eu recebo a tua alegria". Enquanto espero contigo, a luz da tua presença brilha sobre mim, mergulhando nas profundezas do meu ser interior. Assim Tu me fortaleces, preparando-me para o dia que se inicia.

Sou grato por poder retornar a Ti para novos suprimentos de alegria sempre que precisar. Já que o Senhor é um Deus de abundância ilimitada, sempre tem mais do que suficiente para mim!

Em teu nome generoso,<br>Amém

**Lucas 10:20; Apocalipse 21:27;
Romanos 8:30; Efésios 2:6**

# Abril

*Pois vocês são salvos pela graça, por meio da fé, e isto não vem de vocês, é dom de Deus.*

EFÉSIOS 2:8

### 1º de abril

Agradável Jesus,

Ajuda-me a viver em alegre dependência de Ti! Eu costumava ver a dependência como uma fraqueza, então me esforçava para ser o mais autossuficiente possível. Porém, sei que este não é o *teu* caminho para mim. O Senhor me projetou para precisar de Ti continuamente e, até mesmo, para me alegrar na minha necessidade. Quero viver em harmonia com as suas intenções para mim, confiando que o teu caminho é o melhor.

A Bíblia me incita a *estar sempre alegre* e *orar continuamente*. Sempre há alegria na tua presença! O Senhor prometeu que *não me deixará ou me abandonará*, para que eu possa falar contigo o tempo todo, sabendo que ouve e se importa.

Orar continuamente é uma forma de demonstrar a minha dependência deliberada de Ti. Outra forma poderosa de confiar em Ti é estudar a tua palavra, pedindo que a uses para me transformar de acordo com a tua vontade. Essas disciplinas encantadoras me mantêm perto de Ti, vivendo em alegre confiança no Senhor. À medida que *me deleito* cada vez mais em Ti, Tu és glorificado e eu sou abençoado.

Em teu nome maravilhoso,
Amém

1 Tessalonicenses 5:16–17;
Deuteronômio 31:8 (KJA);
Salmos 119:11–12; Salmos 37:4

## 2 de abril

Querido Senhor Jesus,
Ajuda-me a *confiar em Ti e não temer*. O Senhor tem me treinado para ver as provações como exercícios destinados a desenvolver os meus músculos da confiança. Vivo em meio a ferozes batalhas espirituais e o medo é uma das armas favoritas de Satanás para usar contra mim. Sempre que começo a sentir medo, preciso afirmar a minha confiança em Ti orando: "Eu confio em Ti, Jesus". Se as circunstâncias permitirem, posso orar esta afirmação em voz alta.

A Bíblia me diz que se eu *resistir ao diabo ele fugirá de mim*. Então posso me revigorar na tua santa presença. Enquanto falo e canto louvores a Ti, a tua face brilha graciosamente sobre mim, me abençoando com a paz.

Por favor, continua me lembrando que *não há condenação para aqueles que pertencem a Ti*. Fui julgado "INOCENTE!" por toda a eternidade, pois o Senhor morreu na cruz por todos os meus pecados. *Terei confiança e não temerei porque o Senhor é minha força, meu cântico e minha salvação.*

Em teu nome salvador,<br>Amém

**Isaías 12:2; Tiago 4:7;
Números 6:24–26; Romanos 8:1 (NBV)**

## 3 de abril

Deus poderoso,
Deleito-me no teu convite: *"Entregue suas preocupações a mim e eu te susterei"*. É exaustivo carregar os meus próprios fardos! Meus ombros não são projetados para cargas pesadas, então, por favor, ensina-me *a entregar a Ti todas as minhas preocupações*. Quando me der conta de que algo está me sobrecarregando, examinarei a preocupação para determinar se o problema é meu ou não. Se não for meu, posso simplesmente deixá-lo ir. Mas se o problema for meu, preciso conversar contigo sobre isso, pedindo que me ajudes a ver isso da tua perspectiva e tomar as medidas necessárias.

Tenho aprendido que não devo deixar os problemas se tornarem o meu foco e me sobrecarregar. Em vez disso, quero levar as minhas preocupações a Ti e *deixá-las* contigo, confiando no Senhor para carregar os meus fardos nos seus ombros incrivelmente fortes.

Sou muito grato por sua promessa de me sustentar e fornecer tudo o que preciso. A tua palavra me garante que *o Senhor suprirá todas as minhas necessidades de acordo com as tuas gloriosas riquezas*.

Em teu nome precioso, Jesus,<br>Amém

**Salmos 55:22; Isaías 9:6;
1 Pedro 5:7; Filipenses 4:19**

## 4 de abril

Jesus magnífico,

*O Senhor é a luz do mundo!* Porque sou teu seguidor, *não andarei nas trevas, mas terei a luz da vida.* Embora haja muita escuridão neste mundo, sempre tenho acesso a Ti. Então nunca estou na escuridão total.

A trilha diante de mim muitas vezes parece sombria, especialmente quando desaparece no futuro. Adoraria que fosse iluminada para que eu pudesse antecipar o que está por vir. Mas a verdade é que o Senhor é o suficiente! O Senhor está comigo continuamente e também vai à minha frente, iluminando o caminho. Tudo o que preciso fazer é confiar em Ti e seguir a luz que o Senhor oferece. Mesmo quando o caminho adiante está fracamente iluminado, a tua iluminação é suficiente para eu encontrar o meu caminho a seguir passo a passo.

Um dia estarei contigo no céu, onde verei a tua luz em toda a tua glória! A escuridão será uma coisa do passado e poderei ver tudo claramente. A Bíblia me garante que *não haverá mais noite. Não precisarei da luz de candeia ou do sol, pois o Senhor me iluminará* além de qualquer coisa que eu possa imaginar!

Em teu nome esplêndido,<br>
Amém

**João 8:12;**
**Provérbios 4:18; Apocalipse 22:5**

## 5 de abril

Meu poderoso Salvador,

Ajuda-me a *não me cansar nem desanimar*. Quando estou lidando com dificuldades que persistem, é fácil ficar tão cansado que sinto vontade de desistir. Problemas crônicos tendem a me cansar e me desgastar. Mas percebo que, se me concentrar demais nos meus problemas, corro o risco de cair em um buraco negro de autopiedade ou desespero.

O cansaço físico não aliviado pode me tornar vulnerável à exaustão emocional e à fadiga espiritual, me fazendo *desanimar*. Obrigado por me equipar para transcender os meus problemas, *fixando meus olhos em Ti*. Sei que o Senhor pagou um preço terrível para ser o meu Salvador vivo *suportando a cruz*. Quando contemplo a tua disposição de sofrer tanto por mim, ganho forças para suportar as minhas próprias dificuldades.

Descobri que adorar a Ti é uma maneira agradável de renovar as minhas forças! Quando dou passos de fé louvando-te em meio à adversidade, a tua gloriosa luz brilha sobre mim. Peço que essa luz reflita para os outros enquanto vivo perto de Ti, ciente da tua amorosa presença. E eu me alegro por estar *sendo transformado, segundo a sua imagem, com glória cada vez maior*!

Em teu nome gracioso, Jesus,
Amém

**Hebreus 12:2–3; 2 Coríntios 5:7;
2 Coríntios 3:18**

## 6 de abril

Supremo Senhor Jesus,
Quero confiar em Ti o bastante para deixar as coisas acontecerem sem me esforçar constantemente para prever ou controlar o resultado. Às vezes eu só preciso relaxar e me revigorar na luz do teu amor eterno. Mesmo que a luz do teu amor nunca se apague, muitas vezes desconheço a tua presença radiante. Percebo que quando me concentro no futuro, ensaiando mentalmente o que vou fazer ou o que vou dizer, procuro ser autossuficiente. Essa tentativa de ser adequado sem a tua ajuda é um pecado discreto, tão comum, que geralmente passa despercebido por mim.

Senhor, ensina-me a viver mais plenamente no presente, dependendo de Ti, momento a momento. Não preciso temer a minha inadequação; em vez disso, posso me alegrar na tua suficiência abundante! O Senhor está me treinando para *buscar a sua face continuamente*, mesmo quando me sinto competente para lidar com as coisas sozinho. Em vez de dividir minha vida em coisas que posso fazer sozinho e coisas que requerem a tua ajuda, quero aprender a confiar em Ti em *todas* as situações. Enquanto vivo na dependência confiante de Ti, posso enfrentar cada dia com confiança e desfrutar da tua presença amorosa.

Em teu nome amoroso,<br>Amém

**Salmos 37:5; Filipenses 4:19;
Salmos 105:4 (ARC); Filipenses 4:13 (ARC)**

## 7 de abril

Meu Deus Salvador,
Anseio pela ausência de problemas na minha vida, mas percebo que essa é uma meta irreal. Pouco antes da sua crucificação, o Senhor disse a seus seguidores com franqueza: *"Neste mundo vocês terão aflições"*. Sou grato por poder esperar uma vida eterna livre de problemas, reservada para mim no céu. Alegro-me com esta gloriosa herança, que ninguém pode tirar de mim. Ensina-me a esperar pacientemente por esta prometida perfeição ao invés de buscar o meu céu aqui na terra.

Senhor, ajuda-me a começar cada dia antecipando problemas, pedindo-te para me equipar para quaisquer dificuldades que venham pela frente. O melhor equipamento é a tua presença viva, a tua mão que nunca larga a minha.

Discutir os meus problemas contigo me liberta para ter uma visão mais leve dos problemas, vendo-os como um desafio que juntos podemos lidar. Por favor, lembra-me de novo e de novo que o Senhor está ao meu lado e *venceu o mundo*!

Em teu nome vitorioso, Jesus,
Amém

**João 16:33; Salmos 73:23;
Filipenses 4:13 (ARC); Romanos 8:31**

# 8 de abril

Senhor Jesus radiante,
O Senhor é a luz que brilha nas trevas, e as trevas não a derrotaram, e nunca derrotarão! No entanto, quando vários problemas estão se aproximando de mim, a luz da tua presença às vezes parece uma memória fraca. Sempre que me sinto distante de Ti, preciso parar tudo e *derramar meu coração diante do Senhor*. Ajuda-me a arranjar tempo e espaço para falar contigo sobre os meus problemas e sentimentos. Enquanto eu desabafo contigo, por favor, mostra-me o caminho a seguir.

Não importa quanta escuridão eu veja no mundo ao meu redor, a tua luz continua a brilhar, pois é infinitamente mais poderosa! Porque eu pertenço a Ti, essa luz brilha não só sobre mim, mas dentro de mim. Vivo *no meio de uma geração corrompida e depravada,* e esta é uma oportunidade para eu *brilhar como estrelas no universo*. Para fazer isso, devo reservar um tempo para me deleitar na sua presença radiante, pedindo que o Senhor *me transforme segundo a sua imagem*. Sou fraco e pecador, mas desejo viver de maneira que *reflita a tua glória*.

Em teu nome glorioso,
Amém

**João 1:5; Salmos 62:8;
Filipenses 2:14–15;
2 Coríntios 3:18**

## 9 de abril

Bendito Jesus,
Ajuda-me a aprender a viver acima das minhas circunstâncias. Percebo que isso requer um tempo focado em Ti, *aquele que venceu o mundo*. Problemas e angústias estão entrelaçados no próprio tecido deste mundo perecível. Somente a tua vida em mim pode me capacitar para enfrentar o fluxo interminável de problemas com ânimo.

Enquanto relaxo na tua presença, sentado em silêncio contigo, o Senhor irradia a paz na minha mente e no meu coração angustiados. Pouco a pouco, por meio deste tempo de foco no Senhor e na sua palavra, sou libertado das algemas terrenas e elevado acima das minhas circunstâncias. Ganho sua perspectiva sobre minha vida, permitindo-me distinguir entre coisas que são importantes e coisas que não são. Além disso, descansar na tua presença me abençoa com *alegria que ninguém me tirará*.

Em teu nome jubiloso,<br>
Amém

**João 16:33; Salmos 42:5; João 16:22**

## 10 de abril

Jesus amado,
A tua palavra me convida a *provar e ver como o Senhor é bom*. Descobri que quanto mais plenamente experimento a Ti, mais convencido fico da tua bondade. Alegro-me porque o Senhor é *aquele que me vê* e participa de todos os aspectos da minha vida. O Senhor está me ensinando a buscá-lo a cada momento, deixando o seu amor fluir por meio de mim para a vida dos outros. Às vezes, as tuas bênçãos chegam até mim de maneiras misteriosas, por meio da dor e dos problemas. Nesses momentos, posso conhecer a tua bondade somente através da minha confiança em Ti. O meu entendimento falha repetidas vezes, mas a confiança me mantém perto de Ti.

Agradeço ao Senhor pelo dom da sua Paz, um dom de proporções tão imensas que não consigo começar a entender a sua profundidade ou amplitude. Quando o Senhor apareceu aos seus discípulos após a sua ressurreição, foi a paz que comunicou em primeiro lugar. Eles precisavam desesperadamente da sua paz para acalmar os medos e limpar as mentes. O Senhor também me fala de paz, pois conhece os meus pensamentos ansiosos. Por favor, ajuda-me a sintonizar outras vozes para que eu possa ouvir-te mais claramente. Senhor, venho a Ti de mãos e coração abertos, pronto para receber a tua paz.

Em teu nome pacífico,<br>Amém

**Salmos 34:8; Gênesis 16:13–14;
João 20:19; Colossenses 3:15**

## 11 de abril

Querido Jesus,

*Eu creio em Ti, mesmo que eu não te veja* com os meus olhos. Sei que o Senhor é muito mais real do que as coisas que posso ver ao meu redor. Por isso, quando eu creio em Ti, estou confiando na realidade sólida como uma rocha! Não importa quais sejam as minhas circunstâncias, o Senhor é a *rocha* indestrutível sobre a qual estou. Sou grato por sempre poder *me refugiar em Ti* porque pertenço a Ti para sempre.

O Senhor tem me ensinado que crer em Ti tem inúmeros benefícios. Claro, o mais óbvio é *a salvação eterna da minha alma*, um presente de valor infinito! Minha crença em Ti também aumenta imensamente a minha vida atual, permitindo-me saber de quem sou e quem sou. O Senhor me ajuda a encontrar o meu caminho através deste mundo decadente, com esperança no meu coração, enquanto mantenho uma comunicação íntima contigo.

Senhor, Tu tens ampliado a minha capacidade de alegria. Quanto mais eu te busco e mais completamente te conheço, mais Tu me enches de *alegria indizível e gloriosa*!

Em teu nome acima de todos os nomes,
Amém

**1 Pedro 1:8–9; Salmos 18:2; Romanos 8:25**

## 12 de abril

Deus digno,

A Bíblia me garante que a *tua bênção está sobre aqueles cuja confiança está em Ti, cuja fé está no Senhor*. Por favor, ajuda-me a confiar em Ti em cada detalhe da minha vida. Sei que nada é aleatório no teu reino. *O Senhor age em todas as coisas para o bem daqueles que o amam, dos que foram chamados de acordo com o seu propósito.*

Em vez de tentar descobrir tudo, quero concentrar a minha energia em confiar e agradecer a Ti. Estou aprendendo que nada é desperdiçado quando ando perto de Ti. O Senhor me mostrou que até os meus erros e pecados podem ser reciclados em algo bom por meio da sua graça transformadora.

Enquanto eu ainda estava vivendo na escuridão, o Senhor começou a brilhar a luz da sua santa presença na minha vida manchada de pecado. Na hora certa, *o Senhor me tirou de um poço de destruição, de um atoleiro de lama. O Senhor pôs os meus pés sobre uma rocha e firmou-me num local seguro.*

Obrigado por *me chamar das trevas para a sua maravilhosa luz*. Por tudo que o Senhor fez, estou convencido de que pode ser confiável em todas as facetas da minha vida!

Em teu nome esplêndido, Jesus,
Amém

**Jeremias 17:7 (KJA); Romanos 8:28;
Salmos 40:2; 1 Pedro 2:9**

## 13 de abril

Jesus poderoso,
Ajuda-me a aceitar imediatamente quando as coisas não saem como eu gostaria. Percebo que fantasiar sobre como as coisas poderiam ter acontecido é uma perda de tempo e energia. Além disso, aprendi que se eu me entregar a sentimentos de arrependimento, eles podem facilmente se transformar em ressentimento. Preciso lembrar que o Senhor é soberano sobre todas as minhas circunstâncias e *me humilhar debaixo da sua mão poderosa, lançando sobre o Senhor toda a minha ansiedade*. Posso me alegrar com o que o Senhor está fazendo na minha vida, mesmo que esteja além da minha compreensão.

*O Senhor é o caminho, a verdade e a vida*. Em Ti tenho tudo o que preciso, para esta vida e para a vida futura. Não quero deixar o impacto do mundo destruir o meu pensamento ou desviar a minha atenção de Ti. O desafio que enfrento a cada momento é *fixar meus olhos em Ti*, não importa o que esteja acontecendo ao meu redor. Quando o Senhor está no centro do meu pensamento, posso ver as circunstâncias da sua perspectiva. Isso me permite caminhar contigo ao longo da *vereda da vida*, experimentando a *alegria da tua presença*.

Em teu nome incomparável,
Amém

**1 Pedro 5:6–7; João 14:6;
Hebreus 12:2 (NTLH); Salmos 16:11**

## 14 de abril

*Príncipe da Paz,*
Eu *venho a Ti, me sentindo cansado e sobrecarregado*. Quero passar um tempo descansando na tua presença. Preciso da tua paz continuamente, assim como preciso de *Ti* a cada momento.

Quando as coisas estão indo bem na minha vida, é fácil esquecer o quão dependente de Ti realmente sou. Por isso, quando encontro obstáculos na estrada, tendo a ficar ansioso e chateado. Em algum momento, isso revive a consciência da minha necessidade de Ti e eu volto para o Senhor, buscando a sua paz. Sou grato pelo Senhor me dar esse presente glorioso, mas é difícil para mim recebê-lo até que me acalme. Como seria melhor estar sempre perto de Ti!

Por favor, ajuda-me a lembrar que o Senhor, meu Príncipe, é o *Deus Poderoso! Toda autoridade no céu e na terra foi dada a Ti*. Sempre que estou passando por momentos difíceis, posso ir até o Senhor e contar os meus problemas. Porém, preciso ir humildemente, reconhecendo o quão grande e sábio Tu és. Ao invés de agitar meu punho para Ti ou insistir que faças as coisas do meu jeito, eu posso orar estas palavras maravilhosas de Davi: "*Eu confio em Ti, Senhor, e digo: 'Tu és o meu Deus'. O meu futuro está nas tuas mãos*".

Em teu nome majestoso, Jesus,<br>Amém

**Isaías 9:6; Mateus 11:28;**
**Mateus 28:18; Salmos 31:14–15**

## A ESCUTA DE JESUS

## 15 de abril

Jesus precioso,

Ao ler a tua palavra, vi que a fé, a confiança e a esperança estão intrinsecamente conectadas como fios dourados entrelaçados para formar uma corrente forte. Penso na *confiança* como o fio central porque essa atitude é ensinada com muita frequência na Bíblia. Esperar e confiar embelezam o fio central e fortalecem a corrente que me liga a Ti.

Esperar que o Senhor trabalhe, com os meus olhos fixos em Ti, mostra que eu realmente confio no Senhor. Mas se eu simplesmente murmuro as palavras "eu confio em Ti" enquanto ansiosamente tento fazer as coisas acontecerem do meu jeito, as minhas palavras soam vazias.

A esperança é direcionada ao futuro, conectando-me à minha gloriosa herança no céu. No entanto, como o Senhor me mostrou, os benefícios da esperança caem totalmente sobre mim no presente.

Porque eu pertenço a Ti, eu não apenas passo o tempo na minha espera. Posso esperar com expectativa, com confiança esperançosa. Por favor, ajuda-me a ficar alerta para que eu possa captar até mesmo o mais leve vislumbre da tua presença.

Em teu nome confiável,
Amém

**João 14:1; Salmos 56:3–4;
Salmos 27:14; 1 João 3:3**

## 16 de abril

Meu amado Senhor,
Obrigado por me amar, independentemente do meu desempenho. Às vezes me sinto desconfortável, questionando se estou fazendo o suficiente para ser digno do teu amor. Mas percebo que, por mais exemplar que seja meu comportamento, a resposta a essa pergunta sempre será *não*. O Senhor tem me mostrado que minha performance e o teu amor são questões completamente diferentes. *O Senhor me amou com amor eterno* que flui para fora da eternidade sem limites ou condições. *O Senhor me vestiu com o seu manto da justiça* e esta é uma transação eterna. Nada nem ninguém pode reverter isso! O que significa que os meus sucessos e fracassos não têm relação com o teu amor por mim.

Descobri que até a minha capacidade de avaliar o quão bem estou indo é falha. Minha limitada perspectiva humana e a condição do meu corpo, com suas variações inconstantes, distorcem a minha avaliação do meu comportamento.

Senhor, trago a Ti a minha ansiedade de desempenho e peço-te que a substituas pelo *teu amor*. Ajuda-me a ficar ciente da tua presença amorosa comigo em tudo o que faço. Por favor, dirige os meus passos enquanto atravesso este dia.

Em teu nome precioso, Jesus,
Amém

**Jeremias 31:3; Isaías 61:10; Salmos 31:16**

## 17 de abril

Jesus compassivo,

O Senhor tem me ensinado que a ansiedade é resultado de imaginar o futuro sem Ti. Portanto, a minha melhor defesa contra a preocupação é permanecer em comunicação contigo. Quando volto os meus pensamentos para Ti, posso *deixar contigo todas as minhas preocupações e ansiedades*, sabendo que *o Senhor está cuidando de mim*. Ajuda-me a lembrar de ler a tua palavra e ouvir enquanto estou orando, fazendo dos meus pensamentos um diálogo contigo.

Obrigado por me dar orientações para seguir sempre que eu estiver pensando em eventos futuros: primeiro, não devo me demorar no futuro porque as ansiedades brotam como cogumelos quando ando por lá. Em segundo lugar, preciso me lembrar da promessa da tua presença contínua e incluir o Senhor nos meus pensamentos enquanto planejo eventos futuros. Confesso que essa disciplina mental é desafiadora para mim; minha mente facilmente cai em devaneios enquanto estou fazendo planos. Mas estou aprendendo que a gloriosa realidade da tua presença comigo, agora e para sempre, supera qualquer sonho que eu possa imaginar!

Em teu nome esplêndido,
Amém

**Lucas 12:22–25; 1 Pedro 5:7 (NVB);
Efésios 3:20–21**

## 18 de abril

Jesus inabalável,

Ajuda-me a manter o meu foco em Ti. O Senhor me criou com a incrível capacidade de escolher o ponto focal dos meus pensamentos. Este é um sinal de ser *criado à tua imagem*. No entanto, vi que se a minha mente fica presa em preocupações, elas podem se transformar em ídolos. A ansiedade ganha vida própria, infestando a minha mente como um parasita. Felizmente, posso me libertar dessa escravidão afirmando a minha confiança em Ti e me revigorando na tua presença.

O que se passa na minha mente é invisível para as outras pessoas, mas o *Senhor* lê os meus pensamentos continuamente, o Senhor sabe tudo sobre mim. Quero guardar o meu pensamento com cuidado, pois boas escolhas de pensamento o honram e me mantém perto de Ti.

Meu objetivo é *levar cativo todo pensamento para torná-lo obediente a Ti*. Quando a minha mente se afasta do Senhor, preciso capturar esses pensamentos e trazê-los à tua presença. Na tua luz radiante, os pensamentos ansiosos encolhem e murcham. O pensamento julgador é desmascarado enquanto me deleito no teu amor misericordioso. Ideias confusas são decifradas enquanto descanso na simplicidade da tua paz. A tua palavra me garante que *Tu guardarás em perfeita paz todos os que confiam em Ti, cujos propósitos estão firmes!*

Em teu nome reconfortante,<br>Amém

**Gênesis 1:27; 2 Coríntios 10:5;
Salmos 112:7; Isaías 26:3**

## 19 de abril

Deus onisciente,
*Tu me sondas e me conheces. De longe percebes os meus pensamentos e todos os meus caminhos são bem conhecidos por Ti.* Como sou grato por ser *plenamente conhecido* por Ti! Tudo em mim é visível para o Senhor, incluindo os meus pensamentos e sentimentos mais secretos. Essa transparência me aterrorizaria se eu não fosse teu filho amado. Contudo, não tenho nada a temer porque a tua justiça perfeita foi creditada a mim através da minha fé no Senhor. Sou muito grato por ser um membro permanente da tua família real!

Tenho aprendido que o meu relacionamento íntimo com o Senhor é um poderoso antídoto para os sentimentos de solidão. Por favor, lembra-me de expressar as minhas orações ao Senhor sempre que estiver me sentindo sozinho ou com medo. Sei que o Senhor também ouve as minhas orações silenciosas, mas penso com mais clareza quando sussurro minhas palavras ou as falo em voz alta. Porque o Senhor me entende e entende as minhas circunstâncias perfeitamente, eu não preciso explicar as coisas para Ti. Posso mergulhar de cabeça, pedindo ao Senhor que me ajude a lidar com as coisas que estou enfrentando. E posso passar o tempo apenas relaxando contigo, inspirando na *alegria da tua presença*.

Em teu nome real, Jesus,
Amém

**Salmos 139:1–3; 1 Coríntios 13:12;
Romanos 3:22; Salmos 21:6**

## 20 de abril

Deus Todo-poderoso,

A tua palavra me diz que *o Senhor lutará por mim; tão somente eu me acalme*. Senhor, Tu sabes como estou cansado. Tenho lutado apenas para não afundar e minha força está acabando. Preciso parar de tentar tanto e apenas deixar que o Senhor lute por mim.

Isso é muito difícil para mim porque os meus sentimentos me dizem que devo continuar lutando para sobreviver. Porém, sei que o Senhor está trabalhando em meu nome e está me chamando para descansar contigo. Então, por favor, ajuda-me *a parar de lutar e saber que o Senhor é Deus*.

Tentar acalmar a minha mente é ainda mais desafiador do que aquietar o meu corpo. Na minha batalha para me sentir seguro, confiei demais no meu próprio pensamento. Enquanto lutava para me sentir no controle, involuntariamente elevei a minha mente a uma posição de autoconfiança. Perdão, Senhor! Preciso desesperadamente do teu Espírito Santo para trabalhar dentro de mim, controlando a minha mente cada vez mais, me acalmando de dentro para fora. Enquanto passo o tempo *descansando à sombra da tua presença toda-poderosa*, regozijo-me porque Tu estás lutando por mim.

Em teu nome invencível, Jesus,<br>Amém

**Êxodo 14:14; Salmos 46:10;
Romanos 8:6; Salmos 91:1**

## 21 de abril

Senhor Jesus restaurador,

Venho a Ti para descanso e repouso. Minha jornada foi uma subida extenuante e árdua, e estou exausto. Ajuda-me a não me envergonhar da minha exaustão, mas a vê-la como uma oportunidade para confiar mais plenamente em Ti.

Por favor, continue me lembrando que o *Senhor age em todas as coisas de acordo com o seu propósito*, incluindo as coisas que eu gostaria que fossem diferentes. Preciso apenas começar de onde estou agora, aceitando que é aqui que o Senhor pretende que eu esteja. Ao me apoiar em Ti, posso passar por este dia, um passo, um momento de cada vez.

Minha principal responsabilidade é permanecer atento a Ti, pedindo que me guies nas muitas decisões que devo tomar. Parece uma tarefa fácil, mas acho bastante desafiadora. Meu desejo de viver consciente da tua presença vai contra a natureza do mundo, da carne e do diabo. Muito do meu cansaço resulta da minha batalha constante com esses oponentes. Porém, não vou desistir! Em vez disso, *porei minha esperança em Ti, confiando que ainda te louvarei pela ajuda da tua presença*.

Em teu nome valioso,
Amém

**Romanos 8:28; Provérbios 3:5;
Salmos 42:5**

## 22 de abril

Querido Deus,

Ajuda-me a ser *forte e corajoso*, confiando que *o Senhor estará comigo* não importa o que aconteça. Aprendi que posso escolher ser forte e corajoso mesmo quando me sinto muito fraco. No entanto, quanto mais fraco me sinto, mais esforço é necessário para fazer essa escolha. Tudo depende da minha perspectiva. Se eu me concentrar em mim e nos meus problemas, a minha coragem se desfaz. Mas se, através dos olhos da fé, eu vejo *o Senhor* no caminho à frente, me chamando, um passo de cada vez, eu sou fortalecido. A escolha de ser ousado repousa na minha confiança de que o Senhor está *comigo* e *para* mim.

Mesmo quando tudo parece estar dando errado, posso lutar contra o desânimo por meio da minha confiança em Ti. Sei que o Senhor é um Deus de surpresas, não limitado pela forma como as coisas são ou pelas possibilidades insignificantes que posso ver. *Todas as coisas são possíveis contigo* porque o Senhor é infinitamente criativo e poderoso! Quanto mais espero que minhas orações sejam respondidas, mais perto estou de uma evolução. Enquanto isso, descobri que esperar por Ti, ciente da tua presença amorosa, é uma maneira abençoada de viver. A tua palavra me garante que *o Senhor é bom para aqueles cuja esperança está em Ti*.

Em teu nome arrebatador, Jesus,<br>Amém

**Josué 1:9; Mateus 19:26;  
Lamentações 3:25–26**

## 23 de abril

Senhor Jesus querido,
Ajuda-me a confiar no teu *amor leal*, agradecendo-te pelo bem que não posso ver. Quando o mal parece estar florescendo no mundo ao meu redor, parece que as coisas estão saindo do controle. Porém, sei que *o Senhor* não está ansioso e impotente, imaginando o que fazer a seguir. O Senhor está completamente no controle, trabalhando a bondade nos bastidores em meio à turbulência. Por isso, com fé, eu te agradeço não apenas pelas bênçãos que posso ver, mas pelas que não posso ver.

A sua sabedoria e conhecimento são mais profundos e ricos do que as minhas palavras jamais poderiam expressar. *Os seus juízos são insondáveis e os seus caminhos inescrutáveis!* Portanto, a minha escolha mais sábia é confiar em Ti o tempo todo, mesmo quando o meu mundo parece instável e não entendo os teus caminhos.

Preciso lembrar que *o Senhor está sempre comigo, me segurando pela minha mão direita. E depois Tu me receberás com honras*. Ao refletir sobre este tesouro escondido, minha herança celestial, te agradeço por essa gloriosa bênção que ainda não posso ver!

Em teu nome sagrado,<br>Amém

**Isaías 54:10; Romanos 11:33;
Salmos 62:8; Salmos 73:23–24**

## 24 de abril

Jesus sempre presente,

Regozijo-me porque o Senhor está comigo em tudo o que faço, mesmo na tarefa mais sem importância. É tão reconfortante saber que o Senhor está sempre ciente de mim, preocupado com cada detalhe da minha vida. Nada sobre mim escapa à tua atenção, nem mesmo *os cabelos da minha cabeça*. No entanto, confesso que a minha consciência da tua presença vacila; como resultado, minha experiência de vida muitas vezes parece fragmentada. Quando o meu foco é amplo o suficiente para incluir o Senhor nos meus pensamentos, me sinto seguro e completo. Porém, quando o meu foco se estreita para que problemas e detalhes preencham a minha mente, perco o Senhor de vista. Como resultado, me sinto vazio e incompleto.

Senhor, por favor, ensina-me a olhar firmemente para Ti em todos os meus momentos e todas as minhas circunstâncias. Embora este mundo seja instável e em fluxo, posso experimentar a continuidade permanecendo ciente da tua presença constante. Ajuda-me *a fixar meus olhos naquilo que não se vê*, especialmente em *Ti*, mesmo quando o mundo visível desfila diante dos meus olhos.

Em teu nome fiel,<br>Amém

**Mateus 10:29–31; Hebreus 11:27;
2 Coríntios 4:18**

## 25 de abril

Jesus digno de confiança,
Ajuda-me a acolher os momentos desafiadores como oportunidades para confiar em Ti. Tenho o Senhor ao meu lado e o seu Espírito Santo dentro de mim, então nenhum conjunto de circunstâncias é realmente demais para mim. No entanto, confesso que quando o caminho à minha frente é pontilhado de dificuldades, geralmente começo a medir minhas forças contra esses desafios. Claro, esse cálculo invariavelmente me enche de ansiedade. Sem a sua ajuda, eu não conseguiria passar do primeiro obstáculo!

O Senhor tem me ensinado o caminho *certo* para passar por dias difíceis, segurando sua mão com força e mantendo uma comunicação próxima contigo. Além disso, aprendi que lido muito melhor com as demandas do meu dia quando adiciono gratidão e confiança aos meus pensamentos e palavras.

Em vez de me preocupar com todos os meus problemas, quero colocar a minha energia em *pensar cuidadosamente em Ti*. A tua palavra me garante que *o Senhor me guardará em perfeita paz na medida em que minha mente estiver focada no Senhor, confiando em Ti*.

Em teu nome grandioso,<br>Amém

**Tiago 1:2; Filipenses 4:13 (ARC);
Hebreus 3:1 (NBV); Isaías 26:3**

## 26 de abril

Salvador fiel,
Quero viver o mais próximo possível de Ti, momento a momento. Porém, às vezes deixo as dificuldades me distraírem da tua presença comigo.

Eu costumava pensar que as minhas circunstâncias determinavam a qualidade da minha vida. Por isso, dediquei a minha energia a tentar controlar essas situações. Eu me sentia feliz quando as coisas estavam indo bem e triste ou chateado quando as coisas não aconteciam do meu jeito. Não questionei essa correlação entre as minhas circunstâncias e os meus sentimentos. Contudo, a Bíblia me diz que é possível *estar contente em toda e qualquer situação*.

Ajuda-me a colocar mais energia em confiar em Ti e desfrutar da tua presença. Em vez de deixar a minha felicidade depender das minhas circunstâncias, anseio conectar a minha alegria a Ti e às tuas preciosas promessas, enquanto o Senhor fala comigo por meio da tua palavra:

*"Estou com você e cuidarei de você, aonde quer que vá.*

*Suprirei todas as suas necessidades de acordo com as minhas gloriosas riquezas.*

*Nada na criação será capaz de separá-lo do meu amor."*

Em teu amado nome, Jesus,<br>Amém

**Filipenses 4:12; Gênesis 28:15;
Filipenses 4:19; Romanos 8:39**

## 27 de abril

Jesus misericordioso,
Venho alegremente à tua presença, desfrutando do luxo de ser totalmente compreendido e perfeitamente amado. Ajuda-me a me ver como Tu me vês: radiante na tua justiça, purificado por teu sangue. Sou grato pelo Senhor me ver como aquele que me criou para ser, aquele que *realmente* serei quando o céu se tornar o meu lar. É a tua vida dentro de mim que está me transformando *com glória cada vez maior*! Alegro-me com este misterioso milagre.

Enquanto me sento calmamente na tua presença, a minha consciência da tua vida dentro de mim aumenta. Tu és *Cristo em mim, a esperança da glória*. Sou grato que o Senhor, aquele que caminha ao meu lado, me segurando pela mão, é o mesmo que vive dentro de mim. Este é um mistério glorioso e insondável. A luz da tua presença brilha dentro de mim e também sobre mim. Estamos entrelaçados em uma intimidade que envolve cada fibra do meu ser. O Senhor está em mim e eu estou em Ti. Isso significa que nada no céu ou na terra pode me separar do Senhor. Aleluia!

Em teu nome magnífico,<br>Amém

**Salmos 34:5; 2 Coríntios 5:21;
2 Coríntios 3:18;
Colossenses 1:27**

## 28 de abril

Salvador supremo,
Ajuda-me a desistir da ilusão de que mereço uma vida sem problemas. Parte de mim ainda anseia pela resolução de todas as minhas dificuldades, mas percebo que é uma falsa esperança. A tua palavra afirma claramente que *neste mundo terei aflições*. Devo ligar a minha esperança não à solução de problemas nesta vida, mas à promessa de uma vida eterna livre de problemas com o Senhor no céu. Em vez de buscar a perfeição neste mundo decadente, quero colocar a minha energia em buscar a *Ti*, o perfeito.

O Senhor me mostrou que é possível glorificá-lo em meio a circunstâncias adversas. A tua luz brilha intensamente através dos que creem e confiam em Ti no escuro. Essa é a confiança sobrenatural, produzida pelo teu Espírito Santo que habita em nós.

Senhor, eu te convido a me transformar cada vez mais na pessoa que o Senhor me projetou para ser. Quero me render ao teu trabalho criativo em mim, sem resistir nem tentar acelerá-lo. Anseio por desfrutar o ritmo de uma vida inspirada por Deus, com *o Senhor* marcando o ritmo. Sou grato pelo *Senhor me tomar pela minha mão direita, me dirigir com o teu conselho e depois me receber com honras*.

Em teu nome triunfante, Jesus,
Amém

**João 16:33; 2 Coríntios 3:18;
Salmos 73:23–24**

## 29 de abril

Jesus glorioso,
Ajuda-me a esquecer os meus problemas por tempo suficiente para olhar para Ti. Às vezes me imagino à beira de um oceano magnífico, em uma praia coberta de pedrinhas. As pedrinhas representam problemas (meus, da minha família, dos meus amigos, do mundo). Quando pego essas pedrinhas e as coloco perto dos olhos, examinando seus detalhes, a minha visão da grandeza ao meu redor é bloqueada. Normalmente, assim que me livro de um "pedrinha problema", pego outra. Dessa maneira, deixo de desfrutar a beleza da tua presença e a bênção do teu *amor leal*.

O oceano representa o Senhor, infinitamente glorioso e continuamente presente comigo. Quero me livrar de *todas* as pedrinhas para que eu possa experimentar a tua presença amorosa. Enquanto espero contigo, quase posso ouvir-te sussurrando: "Escolha-*me*, amado. Escolha me ver e me encontrar nos seus momentos".

Anseio pelo dia em que buscar-te continuamente será um hábito, um hábito agradável que me manterá perto de Ti no *caminho da vida*.

Em teu nome primoroso,<br>Amém

**Hebreus 12:2; Salmos 33:5;
Hebreus 11:27; Salmos 16:11 (KJA)**

## 30 de abril

Meu Deus grandioso,
*O Senhor é minha força e o meu escudo!* Sou grato pelo Senhor estar continuamente trabalhando na minha vida, às vezes de maneiras maravilhosas, para me fortalecer e proteger. Estou descobrindo que quanto mais confio plenamente em Ti, mais o *meu coração exulta de alegria*!

Ajuda-me a confiar em Ti de todo o coração, descansando no seu controle soberano sobre o universo. Quando as circunstâncias parecem estar fora de controle, preciso me agarrar a Ti, agarrando-me à verdade de que o Senhor sabe o que está fazendo. Enquanto estou no meio da adversidade, o meu maior desafio é continuar confiando que o Senhor é soberano e bom. Porém, percebo que não posso esperar entender os teus caminhos, *pois assim como os céus são mais altos do que a terra, também os teus caminhos são mais altos que os meus*.

Quero agradar-te respondendo aos problemas com gratidão, confiando que o Senhor pode produzir coisas boas das situações mais difíceis. Quando eu respondo dessa maneira, o Senhor é glorificado e eu sou fortalecido. Ó Senhor, *com o meu cântico te dou graças*.

Em teu nome alegre, Jesus,
Amém

**Salmos 28:7; Salmos 18:1–2;
Isaías 55:9; Romanos 8:28**

# Maio

*"Venham a mim, todos os que estão cansados e sobrecarregados, e eu darei descanso a vocês".*

MATEUS 11:28

## 1º de maio

Jesus precioso,
Ajuda-me a encontrar a alegria mesmo nos lugares mais improváveis. Sei que isso requer esforço da minha parte, procurar o bem e me recusar a deixar as minhas respostas naturais me cegarem para o que está lá. Por favor, abre os meus olhos para ver além do óbvio para que eu possa descobrir tesouros escondidos nos meus problemas.

O Senhor tem me ensinado que viver alegremente é uma escolha. Por habitar um mundo tão pecaminoso e decadente, devo fazer o esforço de escolher a alegria muitas vezes ao dia. Isto é especialmente verdade durante os meus momentos difíceis. A tua palavra me diz para *considerar motivo de grande alegria sempre que eu passar por diversas provações*. Este versículo me mostra que quando encontro diversas dificuldades, estou sendo posto à prova. Essas provações podem fortalecer a minha fé, que é *muito mais preciosa que ouro*, e provar que ela é verdadeira.

Obrigado, Jesus, por tomar a decisão excruciante de *suportar a cruz pela alegria que lhe fora proposta*, o prazer eterno de *levar muitos filhos à glória*. Por favor, permite-me escolher a alegria *tendo os olhos fitos em Ti* e procurando por tesouros nas minhas provações.

Em teu nome corajoso,<br>Amém

**Tiago 1:2–3; 1 Pedro 1:6–7 (KJA);
Hebreus 12:2; Hebreus 2:10**

## 2 de maio

Deus bondoso,

Às vezes eu ouço o Senhor sussurrando em meu coração: *"Eu me alegro em você"*. É difícil para mim receber essa bênção, mas sei que é baseada no amor incondicional que o Senhor tem por todos os seus filhos. Por favor, ajuda-me a relaxar na luz da tua presença, dedicando tempo para mergulhar no teu amor luminoso. Anseio sentar-me em silêncio contigo enquanto o Senhor *me renova com o seu amor*.

Acho terrivelmente desafiador viver em um mundo decadente. Há tanta decadência ao meu redor, assim como dentro de mim. Mas posso escolher, momento a momento, focar no que está errado ou *buscar a tua face* e desfrutar da tua aprovação.

Preciso lembrar que a tua alegria em mim é baseada na tua obra consumada na cruz. Esta lembrança me protege de cair na armadilha de tentar merecer o teu amor. Ensina-me a viver como quem realmente sou, o teu filho amado, *salvo pela graça por meio da fé*. Assim a minha gratidão me manterá perto de Ti, ansioso para seguir aonde quer que o Senhor me conduza.

Em teu nome extraordinário, Jesus,<br>Amém

**Sofonias 3:17; Sofonias 3:17 (NBV); Salmos 27:8;
Números 6:25–26 (ARC); Efésios 2:8**

## 3 de maio

Senhor compassivo,

A tua palavra me diz que *o Senhor deixou livre o meu caminho para que não se torçam os meus tornozelos*. Isso me mostra quão intrincadamente o Senhor está envolvido na minha jornada de vida. O Senhor sabe exatamente o que está à minha frente e pode alterar as partes perigosas do meu caminho antes que eu chegue lá, tornando o meu caminho mais fácil. Às vezes, o Senhor me permite ver o que fez em meu nome. Outras vezes, Tu me poupas das dificuldades sem me mostrares o teu trabalho protetor. De qualquer forma, o teu trabalho vigilante em meu favor demonstra o teu envolvimento amoroso na minha vida.

Da minha limitada perspectiva humana, os teus caminhos são muitas vezes misteriosos. O Senhor não me protege (nem a ninguém) de *todas* as adversidades. O Senhor também não foi protegido das dificuldades durante os seus trinta e três anos de vida neste mundo. Pelo contrário, o Senhor voluntariamente sofreu dor, humilhação e agonia inimagináveis na cruz por minha causa! Quando o teu Pai se afastou de Ti, o Senhor experimentou um sofrimento indescritível. Entretanto, porque o Senhor estava disposto a suportar aquele isolamento excruciante, eu *nunca* tenho que sofrer sozinho. Por favor, ajuda-me a lembrar e me alegrar na gloriosa verdade de que *o Senhor está sempre comigo*, e a ser grato!

Em teu nome maravilhoso, Jesus,<br>Amém

**Salmos 18:36; Salmos 121:3;
Mateus 27:46; Mateus 28:20**

## 4 de maio

Querido Jesus,
Ajuda-me a estar disposto a me arriscar contigo. Se é para onde o Senhor está liderando, sei que é o lugar mais seguro para eu estar.

O Senhor tem me mostrado que o meu desejo de viver uma vida sem riscos é realmente uma forma de incredulidade. Cada vez mais, reconheço que o meu desejo de viver perto de Ti está em desacordo com as minhas tentativas de minimizar os riscos. Parece que estou me aproximando de uma encruzilhada na minha jornada de vida. A fim de seguir-te de todo o coração, devo abandonar a minha tendência de não me arriscar. À medida que procuro sair da minha zona de conforto, preciso me agarrar firmemente à tua mão para obter apoio e orientação.

Senhor, por favor, guia-me passo a passo neste dia e em todos os meus dias. Descobri que quando mantenho o meu foco em Ti, posso andar por caminhos perigosos sem ter medo. Espero que em algum momento eu aprenda a relaxar e realmente aproveite a aventura da nossa jornada juntos. A Bíblia me diz que a tua presença protetora *cuidará de mim aonde quer que eu vá*. Portanto, a minha parte nesta aventura é continuar olhando para Ti com confiança.

Em teu nome vigilante,<br>Amém

**Salmos 23:4; João 12:26;
Salmos 9:10; Gênesis 28:15**

## 5 de maio

Salvador glorioso,

Ajuda-me a viver no presente, *não me preocupando com o dia de amanhã, pois o Senhor cuidará do dia de amanhã também*. No entanto, confesso que confiar os meus amanhãs a Ti vai contra a essência da minha natureza humana, contra o meu forte desejo de me sentir no controle. A verdade é que perco muito tempo pensando no futuro.

Descobri que tentar não pensar em algo geralmente é ineficaz e contraproducente. Meu esforço para parar de pensar sobre o assunto me mantém acorrentado a esses pensamentos. No entanto, posso me libertar concentrando a minha atenção em Ti e no que está fazendo na minha vida. Tu és o meu Senhor vivo e estás sempre fazendo *novas coisas*.

A principal coisa que me mantém acorrentado a pensamentos futuros é o meu medo do que o amanhã pode trazer, me perguntando se serei ou não capaz de lidar com isso. Apesar disso, a tua palavra me tranquiliza: *Você me ajudará a lidar com quaisquer coisas difíceis que surgirem, quando chegar a hora*.

Em teu nome misericordioso, Jesus,
Amém

**Mateus 6:34 (NBV);
Hebreus 12:2; Isaías 42:9**

## 6 de maio

Meu amado Senhor,

O Senhor me convida continuamente a me aproximar de Ti, sussurrando no meu coração: *"Venha a mim*, amado. *Eu o amei com amor eterno; com amor leal a atraí para mim mesmo"*. Eu respondo ao teu lindo convite permanecendo na tua presença, relaxando e *fixando os meus pensamentos em Ti*. E medito na gloriosa verdade de que *Tu estás sempre comigo*. Essa realidade sólida como uma rocha oferece uma base sólida para minha vida.

O mundo em que habito está em constante mudança, não consigo encontrar uma base sólida aqui. Por isso, eu preciso desesperadamente ficar ciente de *Ti* enquanto vivo o meu dia. Sei que não serei capaz de fazer isso perfeitamente, mas posso voltar a Ti repetidamente, orando: "Jesus, me mantenha ciente da tua presença amorosa". Gosto de deixar esta oração ecoar continuamente no meu coração e mente, me atraindo de volta a Ti quando os meus pensamentos começam a se afastar.

Descobri que quanto mais do Senhor tenho na minha vida ao viver perto de Ti, mais feliz fico. Isso abençoa não apenas a mim, mas também a outros, à medida que a tua alegria flui através de mim para eles.

Em teu nome bendito, Jesus,<br>Amém

**Mateus 11:28; Jeremias 31:3;<br>Hebreus 3:1; Salmos 73:23**

## 7 de maio

Salvador todo suficiente,

Ajuda-me a aceitar e acolher a minha inadequação, pois ela é o elo perfeito para a tua suficiência infinita. Quando os meus recursos parecem escassos, a minha inclinação natural é me preocupar. A melhor maneira que encontrei para resistir a essa tentação é reconhecer abertamente as minhas insuficiências e agradecer por elas. Isso me protege de tentar ser o que não sou: meu próprio Salvador e Provedor. Por ser fraco e pecador, preciso de um Salvador que seja forte e perfeito, um Provedor que possa *suprir todas as minhas necessidades*.

O Senhor tem me ensinado a acessar os seus recursos ilimitados sendo ao mesmo tempo imóvel e ativo. Passar um tempo sozinho contigo, esperando na tua presença, aumenta a minha conexão com o Senhor. Além disso, *o Senhor trabalha para aqueles que esperam em Ti*, fazendo o que não posso fazer por mim mesmo. Mas percebo que há muitas coisas que *posso* fazer. Quando realizo as minhas atividades confiando *na força que o Senhor me provê, o Senhor é glorificado* e eu sou abençoado.

Por favor, lembra-me de recorrer a Ti sempre que estiver me sentindo inadequado. Este lugar de carência é onde o Senhor me encontra graciosa e amorosamente.

Em teu nome redentor, Jesus,
Amém

**Filipenses 4:19; Isaías 64:4;
1 Pedro 4:11; 2 Coríntios 12:9**

## 8 de maio

Deus poderoso,
*O Senhor fortalece o cansado e dá grande vigor ao que está sem forças.* Por favor, ajuda-me a não desanimar com a minha fragilidade. Tenho vários tipos de fraquezas, espirituais, emocionais e físicas. O Senhor as usa para me tornar humilde e me ensinar a esperar por Ti em uma dependência confiante. A tua palavra me garante que *aqueles que esperam em Ti renovam as forças.*

Percebo que esse modo de vida dependente não é algo que eu deveria praticar apenas algumas vezes. O Senhor me projetou para olhar para Ti continuamente, vivenciando o Senhor como *Aquele que me vê.*

Esperar pelo Senhor está intimamente relacionado a confiar em Ti. Quanto mais tempo eu passo focando em Ti, mais eu confio no Senhor. E quanto mais eu confio em Ti, mais eu quero passar tempo contigo. Esperar por Ti em meio aos meus momentos também aumenta a minha esperança no Senhor. Essa esperança me abençoa de inúmeras maneiras, elevando-me acima das minhas circunstâncias, envolvendo-me no teu *amor leal.*

Em teu nome esperançoso, Jesus,
Amém

**Isaías 40:29; Isaías 40:30–31;
Gênesis 16:14; Salmos 33:20–22**

## 9 de maio

Jesus amado,

Quero viver em contínua consciência da tua presença e da tua paz. Sei que esses são dons de proporções sobrenaturais. Desde a sua ressurreição, o Senhor tem confortado os seus seguidores com estas mensagens maravilhosas: *"Eu estarei sempre com vocês"* e *"A paz seja com vocês"*. Por favor, ajuda-me a ser cada vez mais receptivo a Ti, Senhor, enquanto me ofereces esses dons gloriosos. Estou aprendendo que a melhor maneira de receber a tua presença e paz é agradecer-te por elas.

Fico encantado que o Senhor me criou para glorificá-lo em primeiro lugar. Isso significa que agradecer e louvar a Ti nunca é demais. Descobri que a gratidão e o louvor me colocam em um relacionamento adequado contigo, abrindo o caminho para que a tua alegria flua para mim enquanto me aproximo de Ti em adoração.

Agradecer pela tua presença e pela tua paz é um sábio investimento de tempo, me permitindo receber mais de Ti e dos teus dons preciosos.

Em teu nome glorioso,
Amém

**Mateus 28:20; Lucas 24:36;
Hebreus 13:15; 2 Coríntios 9:15 (KJA)**

## 10 de maio

Deus fiel,

Meu relacionamento contigo transcende todas as minhas circunstâncias! Assim, desejo louvar-te e desfrutar da tua presença mesmo durante os meus momentos de luta mais profunda. Mas, para encontrá-lo nessas horas, tenho que me esforçar para exercer a minha fé.

Acho desafiador viver em dois planos simultaneamente: o mundo natural, onde há muitas situações adversas, e o mundo sobrenatural, onde o Senhor reina supremo. Para experimentar a tua presença comigo mesmo nos momentos mais difíceis, preciso de fortes músculos de confiança. Sou grato que as provações podem fortalecer a minha fé e me mostrar o quanto (ou quão pouco) eu realmente confio em Ti.

Percebo que tenho que trabalhar para fortalecer os meus músculos da confiança, enchendo a minha mente e coração com a Sagrada Escritura, *buscando continuamente a tua face*. Por favor, lembra-me de continuar voltando os meus pensamentos para Ti e afirmando a minha fé no Senhor, esteja eu me sentindo confiante ou inadequado. E ajuda-me a realmente acreditar, nas profundezas do meu ser, que a minha adequação está no meu relacionamento contigo, Senhor. *Posso fazer todas as coisas que o Senhor me pede com a força que Tu me dás*!

Em teu nome confiável, Jesus,<br>Amém

**Tiago 1:2–3; Salmos 105:4;
Filipenses 4:13 (NBV)**

## 11 de maio

Deus misericordioso,
Não quero *temer más notícias*. Por favor, ajuda-me a ter *um coração firme, confiante em Ti*. Neste mundo há certamente um excesso de más notícias. Contudo, em vez de ter medo do que está acontecendo, quero depositar a minha confiança em Ti. Refletir sobre a tua morte em sacrifício na cruz e a tua milagrosa ressurreição me enche de esperança e gratidão. Alegro-me porque Tu, meu Salvador vivo, és o Deus todo-poderoso! E encontro conforto na verdade de que o Senhor é *soberano* sobre os eventos globais, o Senhor está no controle.

Quando as coisas ao meu redor ou as coisas no mundo parecem estar fora de controle, posso vir a Ti e *derramar o meu coração*. Em vez de me preocupar e me enfurecer, posso colocar essa energia da preocupação na comunicação contigo.

Senhor, venho a Ti não apenas para conforto, mas para orientação. Quando passo tempo esperando na tua presença, Tu me mostras o caminho certo a seguir.

Não tenho que temer más notícias ou deixar que me assustem porque eu pertenço a Ti. Em vez disso, posso manter meu coração firme e calmo confiando corajosamente no Senhor.

Em teu nome inabalável, Jesus,
Amém

**Salmos 112:7; Isaías 9:6;
Isaías 40:10 (NBV); Salmos 62:8**

## 12 de maio

Jesus, minha esperança,

Sempre que sou tentado a me entregar à autopiedade ou a fugir para a irrealidade, confiar em Ti de todo o coração é a minha única esperança. No meio da adversidade, acho difícil pensar com clareza e fazer escolhas sábias. Às vezes parece que uma variedade vertiginosa de escolhas está girando ao meu redor, esperando que eu pegue a certa. Mas sei que há uma escolha que é sempre apropriada e eficaz: a decisão de *confiar em Ti com todo o meu coração e mente*.

Se eu me encontrar caindo no desânimo ou na autopiedade, posso pisar no freio declarando a minha confiança em Ti, sussurrando, falando, até mesmo gritando! Ao pensar nas muitas razões que tenho para *confiar em* Ti, me regozijo no teu *amor leal*.

Quando me sentir tentado a atenuar a minha dor fugindo para a irrealidade, ajuda-me a me aproximar de Ti, expressando a minha confiança no Senhor. Isso me coloca em contato com a realidade *suprema*! Adoro confiar em Ti porque o Senhor sabe tudo sobre mim *e* sobre as minhas circunstâncias. Ó Senhor, Tu és infinitamente sábio e compreensivo.

Em teu nome encorajador,<br>
Amém

**Provérbios 3:5; Salmos 52:8; Romanos 11:33**

## 13 de maio

Jesus amado,
Sou muito grato pelo Senhor estar comprometido com a *renovação da minha mente*. Confesso que quando os meus pensamentos fluem livremente, muitas vezes eles se movem em direção aos problemas. Meu foco fica preso em um problema incômodo e dou voltas e mais voltas em tentativas fúteis de resolvê-lo. Enquanto isso, esse foco negativo drena a minha energia de outros assuntos que precisam da minha atenção. Pior de tudo, eu perco *o Senhor* de vista.

Aprendi que uma mente renovada é focada na presença. Por favor, ajuda-me a lembrar que o Senhor está sempre perto e treine minha mente para *buscá-lo* em todos os momentos, em todas as situações. Às vezes encontro lembretes da tua presença ao meu redor: o canto dos pássaros, o sorriso de um ente querido, a luz dourada do sol. Outras vezes, eu me aproximo para encontrar o Senhor no meu espírito, onde o teu Espírito Santo habita. Sei que o lugar mais importante para *buscar-te* é na tua palavra. Enquanto o busco e me comunico contigo, o Senhor renova minha mente, me transformando!

Em teu nome magnífico,
Amém

**Romanos 12:2; Hebreus 3:1;
Salmos 105:4; Jeremias 29:13 (KJA)**

## 14 de maio

Meu Deus Salvador,

Quando muitas coisas parecerem estar dando errado e minha vida parecer cada vez mais fora de controle, ajuda-me a confiar no Senhor e agradecer-lhe. Essas são respostas sobrenaturais que podem me elevar acima das minhas circunstâncias. Se faço o que vem *naturalmente* diante das dificuldades, tendo a ser vítima do negativismo.

Mesmo algumas queixas podem obscurecer a minha perspectiva e me colocar em uma espiral descendente. Com essa atitude negativa me controlando, as reclamações fluem cada vez mais prontamente da minha boca. Cada uma me move mais para baixo na ladeira escorregadia, e quanto mais baixo eu desço, mais rápido eu deslizo. Mas sempre é possível pisar no freio clamando a Ti pelo nome, afirmando a minha confiança em Ti e *dando graças por tudo*. Embora isso pareça antinatural, aprendi que, se persistir nessas respostas, gradualmente voltarei a subir a encosta.

Depois de recuperar todo o meu terreno perdido, posso enfrentar as minhas circunstâncias de uma perspectiva humilde. Se eu escolher respostas sobrenaturais desta vez, confiando e agradecendo a Ti, *a tua paz que excede todo o entendimento guardará meu coração e minha mente*.

Em teu nome incomparável, Jesus,<br>Amém

**Salmos 13:5; Efésios 5:20;**
**Filipenses 4:6–7**

## 15 de maio

Querido Senhor Jesus,

Sempre que planos e problemas estão preocupando a minha mente, preciso me voltar para Ti e sussurrar o teu nome. Enquanto descanso em Ti e me alegro no teu *amor leal*, a luz da tua presença brilha sobre mim. Obrigado por cuidar de mim sempre e por me amar eternamente. Eu te amo, Jesus, e confio em Ti para iluminar o caminho à frente, me mostrando o que precisa e o que não precisa ser feito hoje. Ajuda-me a lidar com os problemas conforme necessário, me recusando a deixar que a preocupação ou o medo se tornem centrais nos meus pensamentos.

O Senhor ilumina a minha perspectiva enquanto continuo voltando a minha atenção para Ti. Uma maneira maravilhosa de focar em Ti é encher a minha mente e o meu coração com a Sagrada Escritura, lendo-a, estudando-a e memorizando versículos que são especialmente significativos para mim. *A tua palavra é lâmpada que ilumina os meus passos e luz que clareia o meu caminho.*

À medida que persevero nessas práticas, a minha preocupação com problemas e planos diminui. Isso deixa espaço na minha vida para mais de Ti. Senhor, peço que me *encha de alegria da tua presença*!

Em teu nome aprazível,
Amém

**Salmos 33:22; 1 Pedro 5:7 (ARC);
Salmos 119:105; Atos 2:28**

## 16 de maio

Jesus, meu Pastor,

A tua palavra me garante que *não há condenação para aqueles que estão em Ti*. Por meio da tua gloriosa obra de salvação, *a lei do Espírito de vida me libertou da lei do pecado e da morte*. Essa liberdade radical é meu direito de nascença como cristão, mas admito que luto para viver livre.

Para trilhar o caminho da liberdade, devo manter minha mente fixada em Ti com firmeza. Muitas vozes proclamam "Este é o caminho que você deve seguir", mas somente a *tua* voz me diz o verdadeiro caminho. Se eu seguir os caminhos do mundo, com todo o seu brilho e glamour, descerei cada vez mais fundo em um abismo. Até mesmo vozes cristãs podem me enganar, dizendo: "Faça isso!", "Não faça aquilo!", "Ore assim!", "Não ore assim!".

Quando ouço todas essas vozes, fico cada vez mais confuso. Por favor, ajuda-me a me contentar em ser uma simples "ovelha", ouvindo a tua voz e seguindo a Ti, meu fiel Pastor. *O Senhor me conduz a águas tranquilas e em verdes pastagens me faz repousar. Guia-me nas veredas da justiça.*

Em teu nome adorável,<br>Amém

**Romanos 8:1–2; Isaías 30:21;**
**João 10:27; Salmos 23:1–3**

## 17 de maio

Deus consolador,

Adoro ouvir o Senhor sussurrando na minha mente: *"Não tema, pois estou com você; não tenha medo, pois eu sou o seu Deus"*. Essas palavras amorosas são como um cobertor quente que me envolve, me protegendo da frieza do medo e do desânimo.

Quando o problema estiver me perseguindo, lembra-me de segurar a tua mão com força e permanecer em comunicação contigo. Posso *confiar e não temer porque o Senhor é a minha força e o meu cântico*. A tua presença poderosa está sempre comigo: não enfrento *nada* sozinho! Sou grato pelo Senhor ter prometido *me fortalecer e me ajudar*.

A tua mão forte me apoia nos bons e nos maus momentos. Quando as coisas estão indo bem na minha vida, posso estar menos atento à tua presença fiel. Mas quando estou *andando por um vale de trevas e morte*, estou profundamente ciente da minha necessidade de Ti. Nesses momentos, segurar a tua mão me mantém de pé e me permite colocar um pé na frente do outro.

Enquanto procuro suportar a adversidade confiando na dependência de Ti, por favor, abençoa-me com a paz e a alegria na tua presença.

Em teu nome confiável, Jesus,
Amém

**Isaías 41:10; Isaías 12:2;
Salmos 23:4**

## 18 de maio

Meu Criador,

*Este é o dia que o Senhor agiu! Ajuda-me a alegrar-me e a exultar neste dia.* Começo este dia com as mãos vazias de fé, pronto para receber tudo o que o Senhor está derramando nesta breve parte da minha vida. Já que o Senhor é o autor das minhas circunstâncias, preciso ter cuidado para não reclamar de nada, nem mesmo do clima.

Descobri que a melhor maneira de lidar com as circunstâncias indesejadas é agradecer a Ti por elas. Esse ato de fé me liberta do ressentimento e me permite buscar as bênçãos que emergem dos problemas. Às vezes, o Senhor me mostra o bem que está produzindo das dificuldades. Em *todos* os momentos, o Senhor me oferece o dom glorioso de si mesmo!

Percebo que viver dentro dos limites deste dia é vital para encontrar alegria nele. O Senhor sabia o que estava fazendo quando dividiu o tempo em segmentos de vinte e quatro horas. O Senhor tem a perfeita compreensão da fragilidade humana e sabe que só posso lidar com o problema de um dia de cada vez.

Não quero *me preocupar com o amanhã* ou ficar preso no passado. Em vez disso, procuro desfrutar da vida abundante na tua presença hoje!

Em teu nome alegre, Jesus,<br>Amém

**Salmos 118:24; Hebreus 3:13;
Hebreus 4:15; Mateus 6:34**

### 19 de maio

Jesus precioso,

Toda vez que algo frustra os meus planos ou desejos, enfrento uma escolha importante: me debater em frustração ou me comunicar contigo. Quando escolho falar com o Senhor sobre a situação, sou abençoado de várias maneiras. Primeiro, me comunicar contigo, em todas as circunstâncias, fortalece o meu relacionamento com o Senhor. Além disso, as minhas decepções, em vez de me arrastarem para baixo, podem ser transformadas em oportunidades para o bem. Essa transformação remove a dor das circunstâncias difíceis, tornando possível que eu seja alegre em meio à adversidade.

Por favor, ajuda-me a praticar esta disciplina em todas as pequenas decepções da vida diária. Muitas vezes são esses pequenos contratempos que me afastam da tua presença. No entanto, descobri que, quando reformulo os *contratempos* como *oportunidades*, ganho muito mais do que perco. Algum dia espero chegar ao lugar onde possa aceitar grandes perdas dessa maneira positiva. Meu objetivo é alcançar a perspectiva do apóstolo Paulo, que escreveu que considerava tudo o que havia perdido como *esterco comparado à grandeza suprema do teu conhecimento*!

Em teu nome maravilhoso,
Amém

**Provérbios 19:21; Colossenses 4:2;
Filipenses 3:7–8**

## 20 de maio

Bendito Jesus,
Deleito-me ao ouvir-te sussurrar ao meu coração: *"Eu estou com você. Eu estou com você. Eu estou com você"*. Essas palavras de conforto são como uma rede de segurança para o meu espírito, protegendo-me de cair no desespero. Tenho muitos altos e baixos na minha experiência de vida porque sou humano. Contudo, a promessa da tua presença limita até onde posso cair. Por isso, por favor, aumenta a minha consciência da tua presença amorosa que está sempre comigo.

Admito que às vezes me sinto como se estivesse em queda livre, especialmente quando pessoas ou coisas com as quais eu contava me decepcionam. No entanto, assim que me lembro de que o Senhor está comigo, a minha perspectiva muda radicalmente. Em vez de lamentar as minhas circunstâncias e ficar remoendo-as, recorro a Ti em busca de ajuda. Lembro-me de que o Senhor não apenas *está comigo*, mas *me toma pela minha mão direita. Tu me diriges com o teu conselho, e depois me receberás com honras.* Esta é exatamente a perspectiva que eu preciso: a certeza da tua presença permanente e a promessa da glória eterna do céu!

Em teu nome exaltado,<br>Amém

**Mateus 28:20 (NBV); Sofonias 3:17;
Salmos 73:23–24**

## 21 de maio

Meu Salvador inabalável,
Protege-me da armadilha de me olhar pelos olhos das outras pessoas. Percebo que essa prática é prejudicial de várias maneiras. Em primeiro lugar, é quase impossível discernir o que os outros realmente pensam de mim. Além disso, suas opiniões sobre mim são variáveis, sujeitas ao estado espiritual, emocional e físico de cada pessoa no momento. Mas o principal problema em deixar os outros me definirem é que é uma forma de idolatria. Buscar agradar as pessoas diminui o meu desejo de agradar a Ti, meu Criador. Perdoa-me por essa preocupação idólatra com a visão dos outros sobre mim.

O Senhor tem me mostrado que é muito mais real me ver através dos *seus* olhos. O seu olhar sobre mim é firme e seguro, absolutamente imaculado pelo pecado ou por uma natureza mutável. Senhor, ajuda-me a ver a mim mesmo e aos outros da tua perspectiva. Ao passar tempo na tua presença, posso experimentar a realidade de ser perfeita e eternamente amado. Enquanto descanso no teu olhar amoroso, o Senhor me enche de profunda paz. Quero responder à tua gloriosa presença *adorando-te em espírito e em verdade*.

Em teu nome grandioso, Jesus,<br>Amém

**Provérbios 29:25; Hebreus 11:6;
Romanos 5:5; João 4:23–24**

## 22 de maio

Jesus, minha rocha,
Alegro-me na minha dependência de Ti! Descobri que este é um lugar de segurança maravilhosa. Descobri da maneira mais difícil que depender de mim mesmo, dos outros, ou das circunstâncias, era como construir a minha vida sobre uma base de areia. Quando as tempestades vieram, percebi como minha fundação era frágil; era totalmente inadequada para me sustentar. Agora estou procurando construir a minha vida sobre *a rocha*, uma fundação que é mais do que suficiente para me sustentar durante as tempestades da vida.

Senhor, ajuda-me a depender de Ti não apenas em circunstâncias de tempestade, mas também quando o céu está claro e minha vida está calma. Esta é uma disciplina diária, preparando-me para *o que* está por vir. Descobri que também é uma fonte de grande alegria! Confiar em Ti envolve permanecer em comunicação contigo, um privilégio extraordinário! Essa rica bênção me dá força, encorajamento e orientação. Quando estou em contato contigo, posso lidar com as dificuldades porque *sei* que não estou sozinho. Enquanto eu *ando na luz da tua presença*, Tu me capacitas *a exultar no teu nome o dia todo*. Depender de Ti é uma maneira alegre e abençoada de viver.

Em teu nome jubiloso,
Amém

Mateus 7:24–27; Salmos 89:15–16;
1 Tessalonicenses 5:16

## 23 de maio

Meu poderoso Pastor,
Venho a Ti com todas as minhas fraquezas: espirituais, emocionais e físicas. Enquanto descanso no conforto da tua presença, lembro-me de que *nada é impossível para Ti* e *me regozijo no Senhor*!

Ajuda-me a afastar a minha mente dos meus problemas para que eu possa focar minha atenção mais plenamente em Ti. Senhor, Tu és aquele *que é capaz de fazer infinitamente mais do que tudo que eu peço ou penso*! Em vez de tentar orientá-lo a fazer isso e aquilo, quero me sintonizar com o que o Senhor *já* está fazendo.

Sempre que a ansiedade tentar invadir os meus pensamentos, por favor, lembra-me de que *o Senhor é meu pastor*. Já que está cuidando de mim, não preciso ter medo de nada! Em vez de tentar manter o controle sobre a minha vida, quero me abandonar a Ti. Mesmo que isso pareça assustador e precário, sei que o lugar mais seguro para se estar é bem ao seu lado.

Em teu nome reconfortante, Jesus,<br/>Amém

**Lucas 1:37; Filipenses 4:4;
Efésios 3:20–21; Salmos 23:1 (ARC)**

## 24 de maio

Gentil e amoroso Jesus,
Ajuda-me a *alegrar-me sempre em Ti, seja a minha amabilidade conhecida por todos*. Descobri que alegrar-me em Ti me protege da tentação de reclamar. Quando as minhas circunstâncias são estressantes, é muito fácil para mim ficar irritado. Mas o Senhor está me ensinando a demonstrar amabilidade, não irritabilidade, com os outros. Isso é possível na medida em que encontro a alegria em Ti. Sempre há muito para me alegrar porque *o Senhor é o mesmo ontem, hoje e para sempre*.

Posso ficar especialmente alegre por saber que *perto está o Senhor*. Quando um homem e uma mulher estão profundamente apaixonados, eles tendem a trazer o melhor um do outro. Apenas estar com a pessoa amada pode aliviar irritações e aumentar a felicidade. *O Senhor* é aquele que ama e está sempre próximo, invisível, mas ternamente presente. Quando tiro um tempo para me conectar à tua presença amorosa, o Senhor acalma as minhas frustrações e me enche de alegria.

Por favor, lembra-me de agradecer-te frequentemente pela sua presença contínua e o seu *amor leal*. Quando as circunstâncias estão me derrubando, preciso voltar a minha atenção para Ti e *meditar no teu amor* por mim!

Em teu nome glorioso,<br>Amém

**Filipenses 4:4–5; Gálatas 5:22–23;
Hebreus 13:8; Salmos 107:43 (NTLH)**

## 25 de maio

Meu Senhor encantador,
*Este é o dia que o Senhor agiu!* Ao me alegrar neste dia de vida, ele renderá dons preciosos e ensinamentos benéficos. Quero caminhar contigo ao longo da estrada de gratidão, descobrindo todos os encantos que o Senhor preparou para mim.

Para proteger a minha gratidão, preciso lembrar que resido em um mundo decadente onde bênçãos e tristezas se misturam livremente. Quando estou muito focado em problemas, passo por um dia repleto de beleza e brilho enquanto vejo apenas o cinza dos meus pensamentos. Negligenciar a prática de agradecer obscurece a minha mente e ofusca a minha visão.

Senhor, por favor, esclarece a minha visão, ajudando-me a lembrar de te agradecer em todos os momentos. Quando sou grato, posso caminhar pelos dias mais sombrios com alegria no meu coração, porque sei que *a luz da tua presença* ainda está brilhando em mim. Então *eu me alegro em Ti*, meu companheiro encantador e constante.

Em teu nome brilhante e resplandecente, Jesus,
Amém

**Salmos 118:24; Colossenses 4:2;
Salmos 118:1; Salmos 89:15–16**

## 26 de maio

Rei Jesus,

*A luz do evangelho da tua glória* é um tesouro surpreendentemente rico! O que torna o evangelho uma notícia tão maravilhosamente boa é que ele abre o caminho para que eu conheça *o Senhor* na sua glória majestosa.

Quando confiei em Ti como o meu Salvador, o Senhor colocou os meus pés no caminho para o céu. O perdão dos pecados e um futuro no céu são presentes maravilhosos, mas o Senhor proveu ainda mais! *O Senhor fez brilhar a tua luz no meu coração para me dar a iluminação do conhecimento da glória da tua face*. Ajuda-me a buscar a tua face de todo o coração, deleitando-me no conhecimento radiante da tua presença gloriosa.

Um dos significados de *conhecimento* é "consciência adquirida pela experiência ou estudo". Conhecer-te envolve a consciência de Ti, experimentar a tua presença através do Espírito Santo. Também envolve estudar a Bíblia para aprender mais e mais sobre o Senhor. Embora *o deus desta era tenha cegado as mentes dos descrentes*, posso percebê-lo claramente ao pesquisar a Sagrada Escritura e ao desfrutar *da luz do evangelho da tua glória*.

Em teu nome maravilhoso,<br>
Amém

2 Coríntios 4:4;<br>
2 Coríntios 4:6; Salmos 27:8

## 27 de maio

Meu Deus sempre próximo,

Às vezes me sinto como se estivesse em um lugar desolado, desprovido da tua companhia amorosa. Mas quer eu sinta a tua presença ou não, posso clamar a Ti e *saber* que Tu estás comigo. A Bíblia promete que *o Senhor está perto de todos que o invocam*. Enquanto sussurro o teu nome com terna confiança, ajuda-me a lançar as minhas dúvidas ao vento!

Preciso passar algum tempo contando ao Senhor sobre os meus problemas e buscando a tua orientação. Por isso, mudarei o assunto para *Ti*, louvando-te pela tua grandeza e majestade, pelo teu poder e glória. Eu agradecerei pelas muitas coisas boas que fez e está fazendo na minha vida. Senhor, Tu estás ricamente presente no meu louvor e ação de graças!

A tua palavra me instrui a *provar e ver que o Senhor é bom*. Quanto mais me concentro em Ti e nas tuas bênçãos, mais plenamente posso provar a tua bondade. A doçura do teu *amor leal* me encanta. O vigor da tua força poderosa me encoraja. Satisfazes a fome do meu coração com a alegria e a paz da tua presença, assegurando-me: "*Eu estou com você e cuidarei de você aonde quer que vá*".

Em teu nome generoso, Jesus,<br/>Amém

**Salmos 145:18; Salmos 34:8;
Isaías 54:10; Gênesis 28:15**

## 28 de maio

Jesus querido,
Ajuda-me a lembrar que as circunstâncias desafiadoras vêm e vão, mas *o Senhor está sempre comigo*. A constância da tua presença é um tesouro glorioso!

É reconfortante saber que o Senhor está escrevendo a história da minha vida, nos bons momentos *e* também nos difíceis. O Senhor pode ver a situação como um todo: desde antes do meu nascimento até o além-túmulo. E sabe exatamente como serei quando o céu se tornar o meu lar eterno. Além disso, o Senhor está constantemente trabalhando em mim, me transformando na pessoa que me projetou para ser. A tua palavra me garante que sou realeza no teu reino.

Uma das minhas maneiras favoritas de me aproximar de Ti é falar amorosamente o teu nome. Essa simples oração expressa a minha confiança de que o Senhor está realmente comigo e está cuidando de mim. Tu, *o Deus da esperança, enches-me de toda alegria e paz por minha confiança em Ti*.

Não importa quão pesados sejam os meus fardos, a realidade da tua presença comigo supera todas as minhas dificuldades. Quando espero em silêncio contigo, posso ouvir-te sussurrar: *"Venham a mim, todos os que estão cansados e sobrecarregados, e eu darei descanso a vocês"*.

Em teu nome renovador,<br>Amém

**Salmos 73:23; 1 Pedro 2:9;
Romanos 15:13; Mateus 11:28**

## 29 de maio

Meu amado Senhor,

Faz-me *ouvir do teu amor leal pela manhã*. Ajuda-me a *confiar em Ti* e desfrutar do teu amor que brilha sobre mim, mesmo em meio aos meus problemas. Quando estou lutando contra o desânimo, preciso afirmar a minha confiança em Ti e lembrar quem Tu és: Criador e Sustentador do universo, bem como meu Salvador, Senhor e amigo. Sei que posso contar contigo porque o teu amor é ilimitado e constante. Nunca se esgota ou obscurece, e não depende de quão bem estou me saindo. O teu amor perfeito nunca muda porque *o Senhor é o mesmo ontem, hoje e sempre*.

Sou abençoado quando tiro um tempo para *elevar minha alma a Ti*, esperando na tua presença sem pretensão e sem exigências. Enquanto dedico tempo para adorar e esperar, o Senhor trabalha dentro de mim e me prepara para o dia. Então o Senhor *me mostra o caminho que devo seguir*, passo a passo. Sou grato pelo Senhor ser *o meu Deus para todo o sempre; o Senhor será o meu guia até o fim*!

Em teu nome orientador, Jesus,
Amém

**Salmos 143:8; Hebreus 1:2–3;
Hebreus 13:8; Salmos 48:14**

## 30 de maio

Jesus majestoso,

*O teu amor é melhor do que a vida!* Sou grato por não haver limite para o teu amor, em qualidade, quantidade ou duração. *Como é precioso o teu amor!* É infinitamente melhor do que qualquer coisa que este mundo possa oferecer e nunca acabará. Esse amor é tão precioso que vale a pena perder tudo o mais para protegê-lo.

Apesar de achar que para ganhar o teu amor valha a pena perder a minha vida, este presente glorioso a *enriquece* muito. O teu amor inabalável oferece uma base firme para eu construir. Saber que sou perfeita e eternamente amado melhora o meu relacionamento com os outros e me ajuda a crescer na pessoa que o Senhor me projetou para ser. Além disso, *compreender a largura, o comprimento, a altura e a profundidade do teu amor* por mim me leva à adoração. É aqui que a minha intimidade contigo cresce a passos largos, enquanto celebro alegremente a tua presença magnífica!

O meu coração ecoa as palavras do salmista: *Tudo o que tem vida louve o Senhor*. Aleluia!

Em teu nome louvável,<br>Amém

**Salmos 63:3; Salmos 36:7;
Efésios 3:16–18; Salmos 150:6**

## 31 de maio

Salvador esplêndido,

A tua palavra me diz: *se houver algo excelente ou digno de louvor, pensem nessas coisas*. Isso parece fácil, mas colocar em prática é muito difícil para mim.

Vi como é contracultural focar em coisas admiráveis. As pessoas que trabalham na mídia quase sempre colocam os seus holofotes em notícias negativas. Eles raramente se preocupam em relatar coisas boas que estão acontecendo, especialmente as muitas coisas boas que o teu povo está fazendo.

Admito que ter um foco positivo não é apenas contracultural, mas contrário à minha natureza decadente. Quando Adão e Eva se rebelaram contra Ti, *tudo* foi prejudicado pela Queda, inclusive a minha mente. Como resultado, focar em coisas excelentes e admiráveis não é nada natural para mim. Requer esforço persistente, tentando fazer a escolha certa repetidamente. Senhor, por favor, ajuda-me a escolher o que é bom (diariamente, momento a momento).

Apesar dos enormes problemas deste mundo, há muitas coisas dignas de louvor. Alegro-me porque Tu, o mais louvável, estás *sempre comigo*, mais perto do que os meus pensamentos!

Em teu nome excelente e admirável, Jesus,
Amém

**Filipenses 4:8; Gênesis 3:6;
Filipenses 4:4; Salmos 73:23**

# Junho

*Este Deus é o nosso Deus*
*para todo o sempre; ele será*
*o nosso guia até o fim.*

SALMOS 48:14

## 1º de junho

Jesus, meu guia fiel,
Deleito-me em passar o tempo contigo, *meditando em teu amor leal. Este Deus é o meu Deus para todo o sempre*. Por favor, ajuda-me, por meio do teu Espírito Santo, a trazer a minha mente de volta a Ti sempre que ela divagar.

Encontro grande encorajamento nas palavras de Jacó: "*Sem dúvida o Senhor está neste lugar*". Não importa onde eu esteja, Tu estás comigo. Sou muito grato pelo Senhor ser o meu Deus para sempre, hoje, amanhã e por toda a eternidade!

O Senhor também é o *meu guia*. É fácil me assustar com o futuro quando esqueço que o Senhor está me guiando a cada passo ao longo do meu caminho da vida. No entanto, a tua presença orientadora está disponível para mim desde que confiei em Ti como o meu Salvador. O Senhor tem me ensinado a estar cada vez mais consciente de Ti enquanto faço as minhas atividades diárias. Uma maneira que estou aprendendo a me aproximar de Ti é sussurrando o seu nome. Isso me lembra que o Senhor está perto de mim. Em vez de *andar ansioso por qualquer coisa*, posso apresentar a Ti os meus pedidos *por meio de oração e súplicas e com ação de graças*. Como me alegro na maravilhosa certeza de que *o Senhor será o meu guia até o fim*!

Em teu nome bendito e eterno,
Amém

**Salmos 48:9–10, 14; Gênesis 28:16;
Filipenses 4:6**

## 2 de junho

Jesus gentil,

Às vezes preciso da tua ajuda até para pedir ajuda. Enquanto tento fazer várias coisas ao mesmo tempo, percebo que estou me movendo cada vez mais rápido, interrompendo uma coisa para fazer outra. Se meu telefone tocar nesse momento, o meu nível de estresse aumenta ainda mais. Somente quando *paro* tudo, respiro fundo algumas vezes e sussurro o teu nome, começo a me acalmar. Assim posso reconhecer a minha necessidade de que o Senhor me guie ao longo do dia. O Senhor prometeu *me guiar nas veredas da justiça por amor do seu nome*.

Quando estou me preparando para fazer algo desafiador, costumo reservar um tempo para pedir a tua ajuda. Porém, quando faço tarefas cotidianas, tendo a me movimentar sem ajuda, agindo como se pudesse lidar com esses assuntos sozinho. No entanto, é muito melhor abordar *tudo* na humilde dependência de Ti. Sempre que me sinto tentado a mergulhar de cabeça, preciso parar e me voltar para Ti, pedindo que me mostre o caminho a seguir. Enquanto espero na tua presença amorosa, me deleito ao ouvir-te dizer estas palavras de segurança: "*Eu lhe ensinarei o caminho por onde você deve ir*".

Em teu nome tranquilizador,
Amém

**Salmos 23:3; Atos 17:27; Salmos 32:8 (NTLH)**

## 3 de junho

Deus da graça,
Venho a Ti para entender, pois Tu me conheces muito melhor do que eu mesmo. O Senhor me compreende em toda a minha complexidade, nenhum detalhe da minha vida está escondido de Ti. No entanto, não preciso temer a sua consciência íntima de mim porque sei que me vês com olhos da graça. Senhor, quero que a luz da tua presença curadora brilhe nas profundezas do meu ser, limpando, curando, revigorando e renovando.

Ajuda-me a confiar em Ti o suficiente para aceitar o perdão total que o Senhor me oferece continuamente. Este presente glorioso custou a tua vida e é meu por toda a eternidade! Sou grato que o perdão está no cerne da tua presença permanente. O Senhor me garante por meio da sua palavra: *"Nunca o deixarei, nunca o abandonarei"*.

Quando ninguém mais parece me entender, posso simplesmente me aproximar de Ti, regozijando-me naquele que me entende por completo e me ama de maneira perfeita. À medida que o Senhor me enche com o seu amor, desejo me tornar um reservatório de amor que transborda na vida de outras pessoas.

Em teu nome amável, Jesus,
Amém

**Salmos 139:1–4; João 1:16–17; Josué 1:5**

## 4 de junho

Salvador compassivo,
*Venho a Ti* me sentindo *cansado e sobrecarregado*, por isso peço que o Senhor *me dê descanso*. Só Tu conheces a profundidade e a amplitude do meu cansaço. Nada está escondido de Ti! O Senhor tem me mostrado que há um tempo para continuar me esforçando e há um tempo para parar de trabalhar e apenas descansar. Mesmo o Senhor, que tem energia infinita, descansou no sétimo dia depois de completar o seu trabalho de criação.

Quero passar o tempo permanecendo na tua presença amorosa enquanto *o teu rosto resplandece sobre mim*. À medida que as minhas escrituras favoritas percorrem o meu cérebro, elas revigoram o meu coração e o meu espírito. Quando algo que não quero esquecer me vem à mente, anoto e volto minha atenção a Ti. Que o teu amor mergulhe nas profundezas do meu ser enquanto estou relaxando contigo. Deleito-me em expressar o meu amor ao *Senhor*, em sussurros, palavras faladas e canções.

Ajuda-me a acreditar que Tu me aprovas e Tu aprovas o descanso. Enquanto relaxo na tua presença, confiando na tua obra consumada na cruz, sinto-me profundamente revigorado.

Em teu nome revigorante, Jesus,<br/>Amém

**Mateus 11:28; Gênesis 2:2;<br/>Números 6:25–26**

## 5 de junho

Jesus precioso,

Às vezes sinto a luz da tua glória brilhando sobre mim. Ao olhar para Ti com adoração no meu coração, o esplendor do teu amor cai sobre mim, penetrando nas profundezas do meu ser. Como eu valorizo esses momentos contigo! Por favor, use-os para me tornar mais parecido com o Senhor. Estou aprendendo que quanto mais eu *conservo os meus olhos em Ti*, em momentos de meditação *e* em momentos de agitação, melhor posso *refletir a tua glória* para as outras pessoas.

Admito que me manter consciente de Ti quando estou ocupado é muito desafiador para mim. Felizmente, o Senhor me criou com uma mente que pode funcionar em mais de uma "pista" ao mesmo tempo. Ajuda-me a permanecer atento a Ti dedicando uma dessas pistas à tua presença comigo. Essa prática me beneficia de várias maneiras: quando estou ciente de que o Senhor está presente comigo, é menos provável que faça ou diga algo que o desagrade. Sempre que estou enfrentando circunstâncias difíceis ou sentimentos dolorosos, a consciência da tua presença me traz conforto e encorajamento.

Sei que o Senhor pode usar *todas as coisas* na minha vida para o bem, *transformando-me segundo a tua imagem com glória cada vez maior*!

Em teu nome glorioso,
Amém

**Hebreus 12:2 (NTLH); 2 Coríntios 3:18;
Romanos 8:28**

## 6 de junho

Meu Deus grandioso,
Nos dias em que o meu objetivo principal é agradar a mim mesmo, a minha vida fica cheia de frustração. A atitude de que as coisas devem acontecer do meu jeito é baseada em uma premissa falha: que eu sou o centro do meu mundo. A verdade é que o *Senhor* é o centro e tudo gira em torno de Ti. Por isso, preciso fazer os meus planos provisoriamente, *buscando a tua face* e a tua vontade em tudo o que faço. Esta é realmente uma situação boa para ambos os lados. Se as coisas correrem de acordo com os meus planos, posso agradecer a Ti e regozijar-me. Quando os meus desejos são frustrados, posso permanecer em comunicação contigo e subordinar a minha vontade à tua, confiando que *o teu caminho é perfeito*.

Por favor, ajuda-me a lembrar que *não sou meu*; eu pertenço a Ti. Esta consciência de que sou teu, teu amado, é um grande alívio. Isso muda o meu foco para longe de mim e do que eu quero. Em vez de me esforçar para fazer as coisas acontecerem do meu jeito, o meu objetivo principal é agradar a *Ti*. Apesar disso soar pesado, é realmente muito libertador porque o *teu jugo é suave e o teu fardo é leve*. Além disso, saber que pertenço a Ti proporciona um *descanso* profundo e satisfatório *para a minha alma*.

Em teu nome renovador, Jesus,<br>Amém

**Salmos 105:4 (ARC); Salmos 18:30;
1 Coríntios 6:19; Mateus 11:29-30**

## 7 de junho

Alegre Senhor Jesus,

Em Ti encontrei *alegria indizível e gloriosa*! Esta alegria incrível não está disponível em nenhum outro lugar, apenas a encontro no meu relacionamento contigo. Senhor, ajuda-me a confiar em Ti de todo o coração e a caminhar confiante contigo ao longo do meu caminho da vida. Ao caminharmos juntos, sei que encontrarei muitos obstáculos e alguns deles serão bem difíceis de superar.

A tua palavra me ensina que *basta a cada dia o seu próprio mal*. Portanto, devo esperar dificuldades diárias e não deixar que elas me tirem do curso, recusando-me a deixar que a adversidade me impeça de desfrutar da tua presença. Minha vida contigo é uma aventura e sempre há alguns perigos envolvidos nas jornadas de aventura. Por favor, dá-me coragem para enfrentar os problemas com confiança e perseverança.

Minha esperança precisa estar firmada em Ti e na recompensa celestial que o Senhor preparou para mim. Sei que a minha alegria se expandirá acima do comum, além de qualquer coisa que eu possa imaginar, quando eu chegar ao meu lar eterno. Lá te verei *face a face* e a minha alegria não terá limites!

Em teu nome triunfante,
Amém

1 Pedro 1:8; Mateus 6:34;
1 Coríntios 13:12

## 8 de junho

Meu Senhor vivo,
Tu és tudo que eu poderia precisar em um Deus Salvador e *Tu vives em mim*! O Senhor me enche de vida e amor radiantes. Quero que a tua vida em mim transborde e impacte outras pessoas. Por favor, viva através de mim e ame através de mim enquanto interajo com os outros. Peço que o teu amor enfeite as minhas palavras e a tua luz reflita no meu comportamento enquanto vivo em alegre dependência de Ti.

Neste mundo muitas vezes me sinto insuficiente, mas sei que *sou pleno em Ti*, Senhor. Tudo o que preciso para a minha salvação e crescimento espiritual se encontra em Ti. Pelo *teu poder divino* tenho tudo o que é necessário para perseverar na minha jornada rumo ao céu. O Senhor me abençoa com um *conhecimento* íntimo *de Ti* e me convida a me abrir e compartilhar com o Senhor nos níveis mais profundos, tanto as minhas lutas quanto as minhas alegrias.

A tua obra consumada na cruz proporciona descanso profundo para a minha alma, Senhor Jesus. Sou muito grato por estar eternamente seguro em Ti, meu Salvador vivo e meu amigo para sempre.

Em teu nome vitorioso, Jesus,
Amém

**Gálatas 2:20;
Colossenses 2:9–10; 2 Pedro 1:3**

## 9 de junho

Jesus confiável,
Trago a Ti todos os meus sentimentos, incluindo aqueles que eu gostaria de não ter. Confesso que o medo e a ansiedade muitas vezes me atormentam, tentando me concentrar em mim mesmo em vez de confiar em Ti. Projéteis ardentes de medo voam na minha direção dia e noite, esses ataques do maligno vêm a mim de maneira implacável. Ensina-me a usar o *meu escudo da fé* de forma eficaz, *apagando aquelas setas inflamadas.*

Senhor, por favor, permite-me continuar afirmando a minha fé, independentemente de como me sinto. Vi que, quando persisto em declarar a minha confiança em Ti, os meus sentimentos acabam se alinhando com a minha fé.

Não quero me esconder do meu medo ou fingir que ele não existe. Se escondo a ansiedade nos recônditos do meu coração, isso dá origem ao medo do medo, uma mutação monstruosa. Em vez disso, escolho trazer as minhas ansiedades para a luz da tua presença amorosa, onde o Senhor pode me mostrar como lidar com elas. Ajuda-me a perseverar na confiança e a viver perto de Ti. Dessa maneira, o medo gradualmente perderá o apoio em mim.

Em teu nome fiel,
Amém

**Efésios 6:16; 1 João 1:5–7;
Isaías 12:2**

## 10 de junho

Agradável Jesus,

A tua palavra me diz para *lançar sobre Ti toda a minha ansiedade, porque o Senhor cuida de mim*. Sei que o Senhor é um excelente Recebedor, por isso, quero apenas jogar todas as minhas preocupações, minhas ansiedades e inquietações, para Ti. Enquanto libero essas coisas preocupantes, relaxo na tua presença e dou um suspiro de alívio. Preciso continuar fazendo isso durante todo o dia e, às vezes, durante a noite também. Felizmente, o Senhor está sempre acordado, pronto para pegar as minhas preocupações e *suportar as minhas cargas*.

Suportar as minhas cargas não pesa sobre Ti porque Tu és infinitamente poderoso. Descobri que "brincar de jogar a bola" contigo tem um efeito animador em mim, aliviando a minha carga e elevando o meu espírito. Não importa o quanto eu jogue em Ti, o Senhor nunca perde uma pegada! Por isso, em vez de deixar as preocupações me pesarem, vou me alegrar porque o Senhor está comigo, pronto para me ajudar com o que eu estiver enfrentando.

Sempre que compreendo que estou refletindo sobre um problema, posso olhar para Ti com alegria e lançar a minha preocupação nas tuas mãos fortes e esperançosas. Obrigado, Jesus, por sempre *cuidar de mim* e receber as minhas preocupações!

Em teu nome vigilante e cuidadoso,<br/>Amém

1 Pedro 5:7; Salmos 139:23;
Salmos 68:19; Salmos 121:5-6

## 11 de junho

Jesus, meu companheiro fiel,

Quero andar alegremente contigo pelo hoje, segurando a tua mão com confiança e em dependência. Contigo ao meu lado, posso saborear as satisfações e suportar as dificuldades que este dia trará. Ajuda-me a apreciar tudo o que o Senhor preparou para mim: belas paisagens, ventos estimulantes de aventura, recantos protegidos para descansar quando estou cansado e muito mais. Sou grato não apenas pelo Senhor ser o meu companheiro fiel, mas também por ser o meu guia. Tu conheces cada passo da jornada à minha frente, todo o caminho para o céu.

Não tenho que escolher entre ficar perto de Ti e permanecer no rumo. Já que *o Senhor é o caminho*, estar perto de Ti é estar no rumo. Ao *fixar os meus pensamentos em Ti*, confio no Senhor para me guiar momento a momento ao longo da jornada de hoje. Ajuda-me a não me preocupar com o que encontrarei na estrada à frente. E, por favor, continue me lembrando que o Senhor está sempre ao meu lado. Isso me deixa livre para me concentrar em desfrutar da tua presença e a permanecer em sintonia contigo.

Em teu nome alegre,
Amém

**Filipenses 4:13; Isaías 58:11;
João 14:6; Hebreus 3:1**

## 12 de junho

Deus amado,
Eu me aproximo de Ti neste momento de meditação, buscando desfrutar da tua presença no presente. Aprendi que a confiança e a gratidão são excelentes aliadas nessa busca.

Se eu me afundo no passado ou me preocupo com o futuro, a minha consciência de Ti fica turva. Quanto mais confio em Ti, mais plenamente posso viver no presente, onde a tua presença me espera.

O Senhor tem me treinado para me comunicar continuamente contigo. Orações curtas como "Eu confio em Ti, Jesus" e *"Eu te amo, ó Senhor, minha força"* me mantêm perto de Ti. Elas também aumentam a minha confiança de que o Senhor está cuidando de mim amorosamente.

O Senhor me mostrou que ter uma atitude de gratidão é essencial para a intimidade contigo. Uma atitude ingrata te desonra e enfraquece o meu relacionamento com o Senhor. Ajuda-me a lembrar que *estou recebendo um Reino inabalável*, não importa o que esteja acontecendo na minha vida ou no mundo. Isso me dá uma razão constante e inabalável para *ser agradecido*. Quero ficar perto de Ti e desfrutar da tua presença amorosa *dando graças em todas as circunstâncias*.

Em teu nome precioso, Jesus,<br>Amém

**Salmos 18:1; Hebreus 12:28–29;
1 Tessalonicenses 5:18**

## 13 de junho

Deus fiel,

Ajuda-me a *aprender o segredo de viver contente em toda e qualquer situação*. Percebo que o treinamento de contentamento é um processo desafiador, aprendido ao suportar uma ampla gama de dificuldades. Eu achava que estava bastante avançado neste treinamento, mas então as circunstâncias da minha vida ficaram mais difíceis. Em alguns dias, sou capaz de lidar muito bem com todo o estresse. Nos outros dias eu só quero *fugir*! Por favor, ensina-me a lidar com os "outros dias".

Sou muito grato por poder *derramar diante de Ti o meu coração*, reconhecendo o quanto estou frustrado e chateado. Apenas liberar esses sentimentos reprimidos na tua presença me faz muito bem. Saber que o Senhor entende completamente a mim e as minhas circunstâncias me encoraja ainda mais.

Senhor, poderia por favor aprofundar a minha consciência da tua presença contínua comigo? Sei que preciso me manter em comunicação contigo, falando com o Senhor, inundando a minha mente e o meu coração nas escrituras que falam da minha situação. E cantar louvores a Ti eleva o meu espírito como nada mais! *Como é bom cantar louvores ao teu nome, anunciar de manhã o teu amor leal e de noite a tua fidelidade*.

Em teu nome amoroso, Jesus,<br>Amém

**Filipenses 4:12; Salmos 62:8;
Salmos 92:1–2**

## 14 de junho

Salvador poderoso,
O Senhor me diz na sua palavra *que é capaz de fazer infinitamente mais do que tudo o que peço ou penso*. Assim, eu venho a Ti com expectativas positivas, sabendo que não há limite para o que Tu podes realizar!

Confesso, porém, que às vezes me sinto desencorajado porque muitas das minhas orações de longo prazo ainda não foram respondidas. Por favor, ajuda-me a esperar pacientemente, confiando em Ti em meio à incerteza. O Senhor prometeu que aqueles que esperam em Ti renovam as forças, e eu definitivamente preciso disso.

Em vez de deixar as dificuldades me preocuparem, estou tentando vê-las como o cenário para a tua gloriosa intervenção. O Senhor me mostrou que quanto mais extremas forem as minhas circunstâncias, maior a probabilidade de eu ver o teu *poder e a tua glória* em ação na situação. Senhor, desejo viver com os meus olhos e a minha mente totalmente abertos, contemplando tudo o que o Senhor está fazendo na minha vida!

Em teu santo nome, Jesus,<br>Amém

**Efésios 3:20–21; Isaías 40:30–31;
Salmos 63:2**

## 15 de junho

*Meu Deus amoroso,*

O Senhor é a *minha força*! Começo este dia me sentindo fraco e cansado, mas tudo bem. Minha fraqueza é um lembrete da minha dependência de Ti. Preciso lembrar que o Senhor está continuamente comigo e *vai me ajudar* no meu caminho. Por isso, seguro a tua mão com alegre confiança, pedindo que o Senhor *me fortaleça* e me guie. Deleito-me na tua presença amorosa!

Sempre que me sinto inadequado para a tarefa à frente, é crucial que eu pare e pense nos meus recursos. O Senhor, a *minha força*, é infinito: nunca fica sem nada! Portanto, quando trabalho em colaboração contigo, não devo estabelecer limites para o que pode ser realizado. Em vez disso, dependerei de Ti para me dar tudo o que preciso para este esforço. Quer eu alcance a meta rápida ou gradualmente, sei que chegarei lá no teu tempo perfeito. Assim, posso me recusar a deixar que atrasos ou desvios me desencorajem.

Ajuda-me a seguir em frente passo a passo e a confiar de todo o coração que o Senhor sabe o que está fazendo. Estou aprendendo que perseverança e confiança são uma combinação potente!

Em teu nome poderoso, Jesus,
Amém

**Salmos 59:16–17; Isaías 41:13;
Filipenses 4:13; Isaías 40:28–29**

## 16 de junho

Senhor soberano,
Ensina-me a confiar em Ti, realmente confiar em Ti, com todo o meu ser! Se eu aprender esta lição vital, então nada poderá me separar da tua paz. Sei que Tu és soberano sobre cada detalhe da minha vida. Isso significa que *tudo* que eu suporto pode ser bem usado: me treinando para confiar mais em Ti. É assim que posso frustrar as obras do mal, crescendo em graça através da própria adversidade que deveria me prejudicar. Adoro a história de José no Velho Testamento. Ele foi um excelente exemplo dessa reversão divina declarando a seus irmãos que o venderam como escravo: *"Vocês planejaram o mal contra mim, mas Deus o tornou em bem"*.

Compreendo que quanto mais confio em Ti, menos medo terei. Enquanto me concentro em confiar no Senhor, por favor, ajuda-me a relaxar na sua soberania, lembrando que o Senhor vai à minha frente e ao mesmo tempo comigo, a cada dia. Portanto, não preciso temer o que este dia, ou qualquer outro, pode trazer no meu caminho.

*Não temerei perigo algum*, pois sei que o Senhor pode tirar coisas boas de todas as situações que encontrarei!

No nome exaltado de Jesus,<br>Amém

**Isaías 26:4; Gênesis 50:20;
2 Coríntios 4:17; Salmos 23:4**

## 17 de junho

*Meu pastor,*
Desejo *repousar em verdes pastagens* de paz. Por favor, ajuda-me a relaxar, descansando na presença do *meu pastor*, o Senhor! Esta era eletrônica me mantém "ligado" a maior parte do tempo, muito tenso para encontrá-lo no meio dos momentos do meu dia. No entanto, o Senhor construiu em meu próprio ser a necessidade de descanso.

O mundo está tão distorcido e decadente que é fácil para mim me sentir culpado por satisfazer a minha necessidade inata de descanso. Como resultado, perco tempo e energia me mantendo ocupado em vez de passar um tempo contigo, encontrando renovação na tua presença e buscando a tua orientação para a minha vida.

Senhor Jesus, quero andar contigo no caminho da paz, abrindo caminho para outros que desejam viver na tua presença pacífica. Sei que não são as minhas forças que me prepararam para esta aventura, mas as minhas fraquezas, que ampliam a minha necessidade de Ti. Descobri que quanto mais dependo de Ti, mais Tu derramas a paz no meu caminho. Obrigado, Senhor!

Em teu nome terno, Jesus,<br>Amém

**Salmos 23:1–3; Gênesis 2:2–3; Lucas 1:79**

## 18 de junho

Meu Deus Salvador,

Alegro-me porque *o Senhor me vestiu com as vestes da salvação*: o teu *manto da justiça* é meu eternamente! A tua perfeita justiça nunca pode ser tirada de mim porque Tu és o meu Salvador para sempre. Isso significa que não preciso ter medo de enfrentar os meus pecados, ou lidar com eles. À medida que me conscientizo do pecado na minha vida, posso confessá-lo e receber o teu perdão em plena medida.

Ajuda-me também a me perdoar. Sei que me odiar não é nada saudável para mim e *não* é agradável para Ti. Para evitar essa armadilha dolorosa, estou aprendendo a olhar para Ti a cada vez que olho para os meus pecados e falhas.

Deleito-me nas tuas garantias de que sou precioso aos teus olhos. Sou muito grato por não ter que provar o meu valor tentando ser bom o suficiente. O Senhor viveu uma vida perfeita em meu nome porque sabia que eu não poderia fazê-lo. Agora eu quero viver nesta gloriosa liberdade de ser teu seguidor totalmente perdoado, lembrando que *não há condenação para aqueles que estão em Ti*!

Em teu nome clemente, Jesus,
Amém

**Isaías 61:10; Mateus 1:21;
1 João 1:9; Romanos 8:1**

## 19 de junho

Jesus corajoso,

O Senhor é *o autor e consumador da minha fé*. Tu tens me ensinado que quanto mais cheia de problemas a minha vida se torna, mais importante é para mim *ter os meus olhos fitos em Ti*. Se eu olhar por muito tempo para os meus problemas ou para eventos mundiais que me incomodam, é provável que eu fique desanimado. Sempre que me sentir sobrecarregado ou desanimado, por favor, lembra-me de recorrer a Ti. Sou grato pelo Senhor estar continuamente comigo e sempre ouvir as minhas orações. Em vez de apenas deixar os meus pensamentos correrem livremente, quero continuar direcionando-os a Ti. Isso dá força ao meu pensamento e me aproxima do Senhor.

Ajuda-me a descansar no teu abraço, desfrutando da proteção cuidadosa da tua presença. Ao examinar a paisagem deste mundo decadente, regozijo-me na tua promessa de que *nada será capaz de me separar do teu amor*! Não importa o quão sombrias as coisas pareçam, fico aliviado por saber que o Senhor ainda está no controle. Além disso, o Senhor, aquele que luta por mim, *põe-se a rir e caçoa* daqueles que pensam que podem derrotá-lo.

Senhor, eu te louvo porque *a tua bondade protege quem confia em Ti*. Eu confio em Ti, Jesus!

Em teu nome invencível,
Amém

**Hebreus 12:1–2; Romanos 8:38–39;
Salmos 2:4; Salmos 32:10**

## 20 de junho

Jesus, minha paz,
Ajuda-me a viver perto de Ti, lembrando que Tu és o meu lugar de descanso. Já que o Senhor, meu *Príncipe da Paz*, está comigo e dentro de mim, posso morar neste refúgio pacífico contigo.

Desejo ser capaz de me manter calmo em meio a situações estressantes, centrando-me em Ti. Podemos lidar com os meus problemas juntos, nós dois, então não há necessidade de eu entrar em pânico quando as coisas parecem fora de controle. Porém, confesso que, quanto mais difíceis forem as minhas circunstâncias, mais provável é que eu mude ansiosamente para uma marcha rápida, esquecendo a tua presença inabalável que *me fortalece*.

Assim que percebo que me afastei da tua presença, preciso retornar a Ti imediatamente. Sussurrar o teu nome me reconecta contigo e me acalma. Às vezes fico desanimado porque pareço me afastar de Ti com muita frequência. No entanto, estou me esforçando para formar um novo hábito e sei que isso leva tempo e esforço persistente. Obrigado por me mostrar que as recompensas deste treinamento vigoroso valem todo o esforço. Estou descobrindo que quanto mais volto para Ti, o meu lugar de descanso, mais pacífica e alegre a minha vida se torna.

Em teu nome maravilhoso,
Amém

**Isaías 9:6; Filipenses 4:13;
Provérbios 18:10; Mateus 11:28**

## 21 de junho

Deus glorioso,
A tua palavra ensina que, *segundo a tua imagem, estou sendo transformado com glória cada vez maior*. Acho este versículo reconfortante e emocionante! Sou grato por teu Espírito estar orquestrando esse trabalho imenso em mim. Quando enfrento dificuldades na minha vida, não quero desperdiçar essas circunstâncias desafiadoras. Em vez disso, posso convidar-te a usá-las para me transformar cada vez mais à tua semelhança. Este processo pode ser doloroso, mas sei que a tua sabedoria, os teus caminhos e a tua vontade são perfeitos. Preciso estar disposto *a participar dos teus sofrimentos, para que também participe da tua glória*.

Mesmo que os meus problemas às vezes pareçam pesados e intermináveis, compreendo que eles são realmente *leves e momentâneos* comparados com a *glória eterna que eles estão produzindo para mim*. Estou aprendendo a te agradecer pelos meus momentos difíceis e te louvar pelos problemas contínuos, independentemente de como estou me sentindo. Quero glorificar-te *dando graças constantemente*, mesmo em meio à adversidade, por causa de quem Tu és e tudo o que fizeste por mim. Além disso, uma atitude de gratidão me ajuda a progredir na minha transformação com glória cada vez maior!

Em teu lindo nome, Jesus,
Amém

**2 Coríntios 3:18; Romanos 8:17;
2 Coríntios 4:17; Efésios 5:19–20**

## 22 de junho

Deus poderoso,
Ajuda-me a confiar em Ti, entregando o controle nas tuas mãos, soltando-o, *sabendo que o Senhor é Deus*. Este é o *seu* mundo: o Senhor o fez e o controla. Minha parte na ladainha do amor é responder a Ti. O Senhor plantou na minha alma um dom de receptividade à tua presença. Quero guardar este dom e nutri-lo com a luz do teu amor.

Alegro-me pelo Senhor me encorajar a falar francamente contigo, *derramando o meu coração* ao expressar as minhas preocupações e trazer a Ti os meus pedidos. Depois de me abrir contigo, gosto de agradecer por responder as minhas orações, mesmo que eu ainda não veja os resultados. Quando os problemas vierem à mente novamente, por favor, lembra-me de continuar agradecendo a Ti pelas respostas que estão a caminho.

Descobri que, quando falo sobre as minhas preocupações repetidamente, vivo em um estado de tensão. Contudo, se eu agradecer pela maneira que o Senhor *está* respondendo as minhas orações, a minha mentalidade se torna muito mais positiva e pacífica. Orações de gratidão mantêm o meu foco na tua presença e nas *tuas grandiosas e preciosas promessas*.

Em teu nome excelente, Jesus,<br>Amém

**Salmos 46:10; Salmos 62:8;
Colossenses 4:2; 2 Pedro 1:4**

## 23 de junho

Deus onisciente,

*Quando o meu espírito desanima, és Tu quem conhece o caminho que devo seguir.* Este é um dos benefícios da fraqueza, destaca a realidade de que não posso encontrar o meu caminho sem a tua orientação. Sempre que me sinto cansado ou confuso, posso optar por desviar o olhar desses sentimentos e me voltar de todo o coração para Ti. Ao derramar o meu coração a Ti, encontro descanso na presença daquele que conhece o meu caminho perfeitamente, todo o caminho para o céu.

Ajuda-me a continuar esta prática de olhar para Ti mesmo durante os momentos em que estou me sentindo confiante e forte. É quando estou mais em risco de ir na direção errada. Em vez de presumir que sei o próximo passo da minha jornada, estou aprendendo a fazer os meus planos na tua presença, pedindo que o Senhor me guie.

Por favor, lembra-me com frequência que *os seus caminhos e pensamentos são mais altos do que os meus, assim como os céus são mais altos do que a terra.* Lembrar dessa grande verdade me leva a adorar a Ti, *o Alto e Sublime que vive para sempre.* Eu me alegro porque, embora *habite num lugar alto e santo*, o Senhor estende a mão para me mostrar o caminho que devo seguir.

Em teu nome exaltado, Jesus,
Amém

**Salmos 142:3; Isaías 55:9; Isaías 57:15**

## 24 de junho

Jesus amado,

A tua palavra me diz para *cantar ao Senhor pelo bem que me tem feito*. Confesso que às vezes cantar louvores é a última coisa que tenho vontade de fazer, mas é quando mais preciso. O Senhor realmente *fez muito bem* para mim, mesmo quando não parece assim. Estive em uma jornada difícil contigo e estou ficando cansado. Anseio por alguns dias fáceis, por um caminho que não seja tão íngreme. Porém, percebo que são as subidas extenuantes que me levam cada vez mais para cima, cada vez mais perto do cume.

Ajuda-me a lembrar que a dificuldade das minhas circunstâncias *não* é um erro. É uma questão da tua vontade soberana e, até certo ponto, dos meus próprios objetivos. Desejo viver perto de Ti e crescer mais plenamente na pessoa que Tu me criaste para ser. Perseguir esses objetivos me colocou em uma trilha aventureira onde abundam as dificuldades e os perigos.

Às vezes comparo o meu caminho de vida com o de pessoas cuja vida parece mais fácil que a minha. Entretanto, não compreendo completamente os problemas que elas enfrentam, nem sei o que o futuro lhes reserva. Em vez de comparar as minhas circunstâncias com as dos outros, preciso me voltar para Ti e ouvir a tua instrução: *"Venha comigo!"*

Em teu nome generoso,
Amém

**Salmos 13:6; 2 Samuel 22:33–34;
João 21:22 (NTLH)**

### 25 de junho

Jesus misericordioso,

Quero me apoiar em Ti cada vez mais. Só *Tu* conheces toda a extensão da minha fraqueza e a tua presença poderosa me encontra nesse mesmo lugar. A tua força e a minha fraqueza se encaixam perfeitamente, em um belo padrão projetado muito antes do meu nascimento. Na verdade, a tua palavra me diz que *o teu poder se aperfeiçoa na fraqueza*.

Sempre que me sinto inadequado ou sobrecarregado, adoro poder me apoiar em Ti, Senhor. Tu me lembras que sou mais do que adequado quando confio em Ti para *me fortalecer*. Alegro-me com as tuas palavras encorajadoras da Sagrada Escritura: *Eu o seguro pela mão direita e digo: "Não tema; eu o ajudarei"*.

Mesmo quando me sinto competente para lidar com alguma coisa, preciso depender de Ti. Sei que o Senhor é infinitamente sábio! Por favor, guia o meu pensamento enquanto faço planos e tomo decisões. Sou grato porque confiar em Ti cria laços de intimidade com o Senhor, aquele que *nunca me deixará ou me abandonará*.

Em teu nome sábio e reconfortante,<br>
Amém

2 Coríntios 12:9; Filipenses 4:13;
Isaías 41:13; Deuteronômio 31:6

## 26 de junho

Senhor Jesus compassivo,

O Senhor tem me ensinado a *me alegrar sempre*, unindo a minha alegria a Ti em primeiro lugar. Conforta-me lembrar que o Senhor me ama em todos os momentos e em todas as circunstâncias. Como a tua palavra me garante: *embora os montes sejam sacudidos e as colunas sejam removidas, ainda assim a minha fidelidade para contigo não será abalada*. Portanto, não devo ceder à tentação de duvidar da tua fidelidade quando as coisas não saem como eu gostaria ou quando falhei de alguma forma. A tua presença amorosa é a rocha sólida sobre a qual *sempre* posso me apoiar, sabendo que em Ti estou eternamente seguro. Sou grato porque Tu és *o Senhor que tem compaixão de mim*!

Descobri que *dar graças em todas as circunstâncias* aumenta imensamente a minha alegria. Por favor, ajuda-me a cada vez mais ver a minha vida através de uma grade de gratidão. Mesmo durante os meus momentos mais difíceis, posso buscar as tuas bênçãos espalhadas ao longo do meu caminho e agradecer por cada uma que encontro. Para olhar com firmeza através das lentes da gratidão, preciso pensar em tudo que é bom e merece elogios, tudo que é verdadeiro, digno, correto, puro, agradável e decente.

Em teu nome primoroso,
Amém

1 Tessalonicenses 5:16–18;
Isaías 54:10; Filipenses 4:8 (NTLH)

## 27 de junho

Senhor glorioso,

O Senhor está me treinando não apenas para suportar as minhas dificuldades, mas para colaborar contigo enquanto as transforma com glória. Este é um feito sobrenatural, requer a ajuda do teu Espírito. Quando os problemas estão pesando sobre mim, a minha tendência natural é acelerar o passo, procurando freneticamente por respostas. Mas o que eu realmente preciso nessas horas é desacelerar, *buscar a tua face* e discutir as minhas dificuldades contigo. A tua palavra me instrui a *te apresentar o meu clamor e aguardar com esperança*.

Mesmo que eu esteja esperando com expectativa, compreendo que o Senhor pode não responder às minhas orações por um longo tempo. O Senhor está sempre fazendo algo importante na minha vida, muito além de simplesmente resolver os meus problemas. Tu tens me mostrado que as minhas lutas fazem parte de uma batalha muito maior, e a maneira como eu lido com elas pode contribuir para resultados significativos. Quero glorificá-lo confiando em Ti e orando com *ação de graças*. Além disso, essa prática de orar persistentemente acabará por fazer a diferença em *mim*, à medida que o teu Espírito trabalha *para me transformar segundo a sua imagem com glória cada vez maior*!

Em teu nome extraordinário, Jesus,<br>Amém

**Salmos 105:4 (ARC); Salmos 5:3;
Filipenses 4:6; 2 Coríntios 3:18**

## 28 de junho

Querido Jesus,
O Senhor é o ressuscitado, o meu *Deus vivo*. Celebro a alegria de servir a um Salvador que está tão exuberantemente vivo! Alegro-me também na tua promessa de estar comigo continuamente, por todo o tempo e eternidade. Essas verdades podem me sustentar durante as minhas piores provações e decepções mais profundas. Portanto, ajuda-me a caminhar corajosamente contigo ao longo do caminho da vida, confiando com fé de que o Senhor nunca soltará a minha mão.

Deleito-me em pensar em tudo o que o Senhor me oferece: a sua presença amorosa, o perdão completo dos meus pecados e as alegrias eternas no céu. Isso tudo é tão extravagante e luxuoso que eu não consigo nem começar a compreender! É por isso que te adorar é tão importante para mim. É uma maneira poderosa de me conectar contigo que transcende a minha compreensão tão limitada.

Gosto de adorar-te de várias maneiras: cantando hinos e cânticos de louvor, estudando e memorizando a tua palavra, orando individualmente e com outros, glorificando as maravilhas da tua criação. Outra maneira de adorar a Ti é servindo aos outros e amando-os com o teu amor. *O que quer que eu faça*, Senhor, quero *fazer tudo para a tua glória*!

Em teu nome vitorioso,<br>
Amém

**Mateus 28:5–6; Salmos 42:2;
Colossenses 2:3; 1 Coríntios 10:31**

## 29 de junho

Deus triunfante,

A tua palavra apresenta a pergunta retórica: *"Se Deus é por nós, quem será contra nós?"*. Confio que o Senhor é realmente *por mim*, já que sou seu seguidor. Percebo que este versículo não significa que ninguém jamais se oporá a mim. Significa que ter o Senhor ao meu lado é o fato mais importante da minha existência.

Independentemente das perdas que sofro, estou do lado vencedor. O Senhor já conquistou a vitória decisiva por meio da sua morte e ressurreição! O Senhor é o eterno vencedor e eu compartilho do seu triunfo porque pertenço a Ti para sempre. Não importa quanta adversidade eu encontre na minha jornada para o céu, nada pode prevalecer contra mim!

Saber que o meu futuro está totalmente seguro está mudando a minha perspectiva drasticamente. Em vez de viver no modo defensivo, lutando para me proteger do sofrimento, estou aprendendo a segui-lo com confiança, onde quer que o Senhor me leve. Tu estás me ensinando não apenas a *buscar a tua face* e seguir a tua liderança, mas a desfrutar desta aventura de me abandonar em Ti. Eu me alegro porque estás comigo continuamente e és aquela ajuda na qual se pode confiar no dia da angústia.

Em teu nome magnífico, Jesus,
Amém

**Romanos 8:31; Salmos 27:8;
Salmos 46:1 (NBV)**

## 30 de junho

Deus que tudo satisfaz,
*A minha alma tem sede de Ti, do Deus vivo.* Os anseios mais profundos do meu coração são por intimidade contigo, Senhor. Sou grato por ter me projetado para desejar-te e me deleito em *buscar a tua face*. Ajuda-me a não me sentir culpado por demorar tanto tempo para parar de lutar na tua presença. Estou simplesmente respondendo aos esforços do teu Espírito dentro de mim. O Senhor me fez à sua imagem e escondeu o céu no meu coração. Meu anseio por Ti é uma forma de nostalgia, um anseio pelo meu verdadeiro lar no céu.

Compreendo que a minha jornada é diferente da de outras pessoas e preciso de coragem para perseverar. No entanto, confio que o caminho que o Senhor me chamou para viajar contigo é perfeitamente certo para mim. Descobri que quanto mais de perto eu sigo a tua liderança, mais plenamente o Senhor desenvolve os meus dons. Para seguir-te de todo o coração, preciso renunciar ao meu desejo de agradar aos outros. Ainda assim, a minha proximidade contigo pode ser uma fonte de bênção para outras pessoas, pois o Senhor me permite *refletir a sua glória* neste mundo sombrio.

Em teu nome brilhante e resplandecente, Jesus,<br>
Amém

**Salmos 42:1-2; 1 Crônicas 16:11;
Salmos 34:5; 2 Coríntios 3:18**

# Julho

*Portanto, agora já não
há condenação para os que
estão em Cristo Jesus.*

ROMANOS 8:1

## 1º de julho

Deus infinitamente sábio,
Sei que o Senhor é bom, mas os seus caminhos são muitas vezes misteriosos. Quando olho para os eventos mundiais, com tanta maldade desenfreada, é fácil para mim sentir medo e desânimo. Acho impossível entender por que o Senhor permite tanta crueldade e sofrimento. Claro, reconheço que Tu és infinito e eu não. Há tantas coisas que estão simplesmente além da minha capacidade de compreender.

Felizmente, toda vez que chego aos limites da minha compreensão, posso seguir em frente dependendo da minha confiança em Ti. Ajuda-me a permanecer em comunicação contigo por meio de orações silenciosas e faladas, *confiando em Ti de todo o meu coração* em vez de me *apoiar em meu entendimento*.

Não quero ficar preso em uma postura presunçosa de exigir saber por que as coisas acontecem como acontecem. Percebo que é muito melhor perguntar: "Como o Senhor quer que eu veja essa situação?" e "O que o Senhor quer que eu faça agora?". Embora eu não possa mudar o passado, posso começar com o momento presente e procurar encontrar o seu caminho a seguir.

Senhor, ensina-me a confiar em Ti um dia de cada vez. Deixe-me ouvir-te sussurrando esta preciosa certeza: *"Não tema; eu o ajudarei"*.

Em teu nome confiável, Jesus,
Amém

**Salmos 37:12–13; Provérbios 3:5; Isaías 41:13**

## 2 de julho

Salvador glorioso,
Sou grato pelo Senhor estar *em meu meio* e ser poderoso. Assim como o sol está no centro do sistema solar, *o Senhor* está no centro de todo o meu ser (físico, emocional e espiritual). Tu, *o Poderoso* que criou o universo, *vive em mim*! Quero ter tempo para absorver essa verdade incrível, deixá-la reverberar na minha mente e penetrar no mais profundo do meu ser.

Eu me deleito em refletir sobre o que significa ter tanto poder habitando dentro de mim. Ao pensar na sua presença poderosa, percebo que não preciso me preocupar com a minha falta de força. Além disso, sinto-me aliviado por saber que *a tua graça me basta porque o teu poder se aperfeiçoa na fraqueza*.

Jesus, por favor, lembra-me frequentemente que o Senhor vive em mim e é poderoso! Peço que a minha consciência da tua presença interior possa expulsar o desânimo e me encher de alegria. Estou tão agradecido por sua vida fluir em mim continuamente, me fortalecendo com o seu poder divino.

Em teu nome poderoso, Jesus,<br>Amém

**Sofonias 3:17; Gálatas 2:20;
Efésios 3:20; 2 Coríntios 12:9 (ARC)**

## 3 de julho

Jesus precioso,

Ajuda-me a procurar pelo Senhor, e encontrá-lo, nos momentos difíceis da minha vida. É fácil para mim encontrá-lo em uma oração respondida, na beleza e na alegria sincera. Porém, sei que também estás ternamente presente nas minhas dificuldades. Ensina-me a ver os meus problemas como oportunidades para crescer na graça, experimentando a tua presença amorosa com maior profundidade e amplitude. Devo buscar-te nos meus momentos sombrios, tanto no passado quanto no presente. Quando estiver preocupado com pensamentos de experiências dolorosas no meu passado, procurarei por Ti nessas memórias dolorosas. O Senhor sabe tudo sobre elas e está pronto para me encontrar lá. Posso convidá-lo para esses lugares quebrados e colaborar com o Senhor para juntar os fragmentos de *novas* maneiras.

Quando eu estiver passando por momentos difíceis no presente, por favor, lembra-me de continuar agarrado à tua mão. Contra o pano de fundo obscuro da adversidade, a luz da tua presença brilha em um esplendor transcendente. Esta luz me abençoa abundantemente. Ela oferece conforto e orientação, iluminando o caminho a seguir, passo a passo. À medida que procuro andar perto de Ti, por favor, atrai-me para uma intimidade mais profunda e rica contigo.

Em teu nome compassivo,<br>Amém

Salmos 139:11–12;<br>João 1:5 (NBV); Salmos 73:23–24

## 4 de julho

Jesus invencível,

O teu amor me conquistou e *me libertou*! O poder do teu amor é tão grande que me escravizou a Ti. *Eu não sou de mim mesmo; fui comprado por um alto preço*: o teu sangue sagrado. Por causa do teu incrível sacrifício por mim, quero servir-te com todas as fibras do meu ser. Sei que o meu serviço é lamentavelmente inadequado. No entanto, quando me entrego à tua vontade, Tu me abençoas com alegria.

Porque o Senhor é perfeito em todos os seus caminhos, posso me entregar de todo o coração a Ti sem medo de que possa tirar vantagem de mim. Na verdade, ser conquistado por Ti me protege e me torna verdadeiramente livre. O Senhor invadiu o âmago mais íntimo do meu ser e o seu Espírito está tomando cada vez mais território dentro de mim. Como a tua palavra ensina, *onde está o Espírito do Senhor, ali há liberdade*. Alegro-me com a liberdade que encontrei em Ti, Jesus. E me entrego de bom grado ao teu amor conquistador!

Em teu nome poderoso e amoroso,
Amém

Romanos 6:17–18;
1 Coríntios 6:19–20;
2 Coríntios 3:17

## 5 de julho

Deus gracioso,
O Senhor é tão grande, glorioso e compassivo que é impossível louvar ou agradecer o suficiente! *O Senhor habita entre os louvores do seu povo* e eu me deleito em me aproximar de Ti por meio da adoração. Às vezes, a minha adoração é um transbordamento espontâneo de alegria, em resposta às ricas bênçãos ou beleza radiante. Outras vezes, o meu louvor é mais disciplinado e medido, um ato da minha vontade. Sou grato pelo Senhor habitar nos dois tipos de louvor.

Descobri que a gratidão é uma maneira maravilhosa de desfrutar da tua presença. Um coração agradecido tem muito espaço para Ti. Quando te agradeço pelas muitas boas dádivas que Tu concedes, afirmo que Tu és aquele de quem todas as bênçãos fluem. Ajuda-me a agradecer-te também em meio à adversidade, confiando na tua bondade *e* na tua soberania.

Por favor, ensina-me a preencher os momentos livres da minha vida com louvor e ação de graças. Essa alegre disciplina me capacitará a viver na intimidade da tua presença amorosa.

Em teu nome louvável, Jesus,
Amém

**Salmos 22:3 (ARC); Salmos 146:1–2;
1 Tessalonicenses 5:18; Salmos 100:4**

## 6 de julho

Jesus majestoso,
Venho alegremente à tua presença, meu *Príncipe da Paz*. Adoro te ouvir sussurrar as palavras que falaste aos teus discípulos temerosos: "*Paz seja com vocês!*". Alegro-me que a tua paz esteja sempre comigo porque Tu és o meu companheiro constante. Quando mantenho o meu foco em Ti, posso experimentar a tua presença e a tua paz. O Senhor é digno de toda a minha adoração, pois é o Rei dos reis, o Senhor dos senhores e o Príncipe da Paz.

Preciso da tua paz a cada momento para cumprir os teus propósitos na minha vida. Confesso que às vezes fico tentado a pegar atalhos para alcançar os meus objetivos o mais rápido possível. Contudo, estou aprendendo que se os atalhos envolvem me afastar da tua presença pacífica, devo escolher o caminho mais longo.

Senhor, por favor, ajuda-me a continuar caminhando contigo ao longo *do caminho da paz*, desfrutando da jornada na tua presença.

Em teu nome valioso,<br>Amém

**Isaías 9:6; João 20:19;
Salmos 25:4; Lucas 1:79**

## 7 de julho

Deus eterno,
O Senhor, o Criador do universo, está *comigo* e *por mim*. O Senhor é tudo que eu preciso! Quando sinto que algo está faltando, é porque não estou me conectando contigo em um nível profundo. Tu me ofereces vida abundante. Ajuda-me a responder à tua abundância recebendo as tuas bênçãos com gratidão, confiando na tua provisão e me recusando a ficar preocupado com qualquer coisa.

Estou aprendendo que não são principalmente os eventos adversos no meu mundo que me deixam ansioso; o principal culpado são os meus pensamentos sobre esses eventos. Quando algo me incomoda, a minha mente começa a trabalhar arduamente para assumir o controle da situação, esforçando-se para trazer o resultado que desejo. Os meus pensamentos se aproximam do problema como lobos famintos. Determinado a fazer as coisas acontecerem do meu jeito, esqueço que *o Senhor* está no comando da minha vida. Nesses momentos, preciso desesperadamente mudar o meu foco do problema para a tua presença. Ensina-me como parar o meu esforço ansioso e *colocar a minha esperança em Ti* para ver o que o Senhor fará. Tu és *Deus, o meu Salvador*!

Em teu nome redentor, Jesus,
Amém

**Isaías 41:10; Romanos 8:31–32;
João 10:10; Miqueias 7:7 (NTLH)**

## 8 de julho

Meu Senhor amado,
*O Senhor é bom e o seu amor dura para sempre!* A melhor resposta a esta promessa é dar *graças a Ti e bendizer o teu nome*. Por favor, me ajuda a fazer isso de forma mais consistente.

Senhor, sou muito grato pela sua bondade! Se houvesse mesmo uma partícula de maldade em Ti, eu estaria em perigo extremo. Porém, a sua bondade absoluta garante que o Senhor sempre faça o que é melhor. Digo isso como uma declaração de fé porque vivo em um mundo esfacelado e decadente. Portanto, é essencial que eu *viva por fé e não pelo que nos é possível ver*, enquanto caminho pelo deserto deste mundo.

Agradecer e bendizer o teu nome são maneiras de encontrar forças para a minha jornada. Ação de graças e adoração elevam a minha perspectiva, das minhas preocupações e aflições para o tesouro glorioso que tenho em Ti, Jesus. A gratidão me coloca em alinhamento adequado contigo, o meu Criador e Salvador. A adoração aprofunda e enriquece a minha intimidade com o Senhor. Alegro-me porque quanto mais te louvo, mais perto de Ti me aproximo. À medida que passo tempo adorando-te, deleito-me em lembrar que *o teu amor dura para sempre*!

Em teu nome fiel, Jesus,<br>Amém

**Salmos 100:4–5; 2 Coríntios 5:7 (KJA);**
**Salmos 136:1**

## 9 de julho

Jesus amado,
*Venho a Ti* me sentindo *cansado e sobrecarregado*. Por favor, dá-me descanso e me renova na paz da tua presença. Sou grato pela *tua paz*, que *excede todo o entendimento*, estar disponível em todos os momentos e em todas as circunstâncias.

Ensina-me a *me esconder no abrigo da tua presença*, mesmo enquanto cumpro os meus deveres no mundo. Porque o Senhor é ilimitado pelo tempo e espaço, é capaz de caminhar ao meu lado passo a passo, enquanto vai à minha frente para abrir o caminho a seguir. Nunca poderia haver outro companheiro tão fiel e maravilhoso como o Senhor!

Como Tu és meu companheiro constante, desejo que haja uma leveza nos meus passos que seja observável pelos outros. Ajuda-me a não ser sobrecarregado com problemas e questões não resolvidas. Em vez disso, quero trazer meus fardos para Ti, pedindo que o Senhor os carregue. Tu me dizes na tua palavra que *nesse mundo terei aflições*, mas não tenho que deixar os problemas me derrubarem. *O Senhor venceu o mundo. Em Ti posso ter a paz.*

Em teu nome conquistador,
Amém

**Mateus 11:28; Filipenses 4:7;
Salmos 31:20; João 16:33**

## 10 de julho

Agradável Senhor,

*O teu consolo trouxe alívio à minha alma.* Este mundo me apresenta *ansiedades* muito numerosas para contar. Para onde quer que olhe, vejo problemas e aborrecimentos. No meio de toda essa confusão, preciso olhar para Ti repetidamente. Quando eu sussurro o teu nome, "Jesus", a minha consciência da tua presença é renovada. A minha perspectiva muda drasticamente à medida que a tua presença ilumina a minha mente, iluminando a minha visão de mundo. O teu consolo alegra a minha alma e acalma o meu coração perturbado.

Percebo que nunca experimentaria a satisfação de receber consolo de Ti se o mundo fosse perfeito. Então, em vez de deixar os problemas me desencorajarem, posso optar por vê-los como lembretes para buscar *o Senhor*, a sua presença, a sua paz, o seu amor. Essas realidades invisíveis estão sempre disponíveis para mim e proporcionam uma *alegria que ninguém tirará de mim*.

Sou abençoado e encorajado pelo teu convite consolador: *"Venham a mim, todos os que estão cansados e sobrecarregados, e eu darei descanso a vocês"*. Senhor Jesus, eu venho a Ti.

Em teu nome maravilhoso, Jesus,
Amém

**Salmos 94:19; João 16:21–22;
Mateus 11:28**

## 11 de julho

Deus poderoso,
Sou grato pelo *Senhor ser capaz de fazer infinitamente mais do que tudo o que peço ou penso*. Gosto de pensar grande quando oro, mas sei que Tu sempre pensas muito maior! Tu estás continuamente trabalhando na minha vida, mesmo quando não consigo ver nada acontecendo.

Costumo me sentir preso em situações que gostaria de mudar porque só consigo ver o momento presente. Mas *o Senhor* olha para a situação como um todo, todos os momentos da minha vida, e está fazendo muito mais do que posso compreender.

Por favor, ajuda-me a permanecer em comunicação contigo enquanto passo por este dia. Quero começar o dia em alegre consciência da tua presença, trazendo-te os meus louvores e pedidos. Este momento de focar a minha atenção em Ti torna mais fácil continuar falando com o Senhor enquanto faço as minhas atividades.

Aprendi que quanto mais espero para começar a me comunicar contigo, mais esforço é necessário. Por isso, gosto de ir a Ti cedo, enquanto o dia é jovem e as distrações são poucas. Às vezes acho que não tenho tempo para isso, mas depois lembro que não faço as minhas tarefas sozinho. Trabalho ao lado daquele *capaz de fazer infinitamente mais do que tudo o que peço ou penso*!

Em teu nome glorioso, Jesus,<br>Amém

**Efésios 3:20; Mateus 19:26;
Salmos 139:16; Salmos 5:3**

## 12 de julho

Meu Jesus,

Ajuda-me a *ser alegre sempre e orar continuamente*. Aprendi que a única maneira de continuar me regozijando é encontrar satisfação a cada momento no meu relacionamento contigo, aquele que está sempre comigo. Esse relacionamento é tão cheio de conforto e encorajamento que é possível para mim ser *alegre na esperança*, mesmo quando estou lutando com a adversidade.

A tua palavra me instrui a *dar graças em todas as circunstâncias*. Achei imensamente benéfico orar: "Obrigado, Jesus". Esta oração de duas palavras é apropriada para todos os momentos e circunstâncias por causa do teu sacrifício supremo por mim, para todos que o reconhecem como Salvador. O Senhor tem me ensinado a louvá-lo por todas as coisas boas assim que eu tomar consciência delas. E eu vi como essa prática adiciona um brilho às minhas bênçãos.

Quando estou triste ou desanimado, ainda é um bom momento para agradecer a Ti. Isso ilumina a minha perspectiva e demonstra a minha confiança em Ti. Agradecer ao Senhor em todas as situações fortalece o meu relacionamento contigo e aumenta a minha alegria.

Em teu nome alegre,<br>
Amém

**1 Tessalonicenses 5:16–18; Romanos 12:12;
Efésios 1:7–8; Salmos 95:2**

## 13 de julho

Meu guia perfeito,
*O Senhor é o meu pastor e me dá tudo de que preciso.* O Senhor é o pastor perfeito e seu cuidado por mim é maravilhosamente completo: me ama com *amor* infinito. O Senhor sabe *tudo* sobre mim, as minhas fraquezas e limitações, as minhas lutas e pecados, as minhas forças e habilidades. Por isso, o Senhor é capaz de me pastorear como nenhum outro!

Ajuda-me a caminhar por este mundo perigoso confiando na dependência de Ti. Sei que Tu vais à minha frente e abres o caminho, preparando cuidadosamente o caminho que seguirei. Conto contigo para remover muitos perigos e obstáculos do caminho à frente e fornecer tudo o que preciso para lidar com as dificuldades que perduram.

*Mesmo quando eu andar por vale de trevas e morte, não temerei perigo algum, pois Tu estás comigo.* A tua proximidade me conforta e me encanta. Enquanto permaneço em comunicação contigo, confio no Senhor para me guiar fielmente durante este dia, e todos os meus dias. *Pois Tu és o meu Deus para todo o sempre; Tu serás o meu guia até o fim.*

Em teu nome reconfortante, Jesus,
Amém

**Salmos 23:1 (NBV); Êxodo 15:13;
Salmos 23:4; Salmos 48:14**

## 14 de julho

Jesus bendito,
Convido o Senhor a permear os meus momentos com a sua presença para que eu possa ver as coisas da sua perspectiva. Quando estou perto de alguém que me irrita, fico propenso a focar nas falhas dessa pessoa. Em vez desse foco negativo, preciso olhar para *Ti* com os olhos do meu coração e deixar que essa irritação me invada sem me afundar. Sei que julgar as outras pessoas é uma armadilha pecaminosa e isso me afasta de Ti. Quão melhor é simplesmente *estar alegre em Ti, o Deus da minha salvação*!

*Força e alegria na tua habitação.* Quanto mais *tenho os meus olhos fitos em Ti*, mais o Senhor me fortalece e me enche de alegria. Por favor, treina a minha mente para ficar ciente de Ti mesmo quando outras coisas estão exigindo a minha atenção. Obrigado por me criar com um cérebro incrível que pode estar consciente de várias coisas ao mesmo tempo. Quero manter meus olhos em Ti, Senhor, desfrutando da luz da tua presença continuamente.

Em teu nome poderoso,
Amém

**Mateus 7:1; Habacuque 3:18;
1 Crônicas 16:27; Hebreus 12:2**

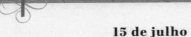

## 15 de julho

Senhor Santo,
Ajuda-me a adorar-te *no esplendor da tua santidade*. Há uma beleza magnífica no mundo ao meu redor, mas nada disso é perfeitamente sagrado. Portanto, *o esplendor da tua santidade* é algo que conheço apenas em parte, por enquanto. Contudo, um dia *conhecerei plenamente, da mesma forma com que sou plenamente conhecido.*

Mesmo agora, a consciência da tua santidade me atrai para a adoração. Refletir sobre as suas perfeições, sem mancha de pecado, me encanta e me enche de admiração. Quero juntar-me aos anjos na proclamação: *"Santo, santo, santo é o Senhor dos Exércitos, a terra inteira está cheia da sua glória!"*.

Estou descobrindo que adorar bem ao Senhor é transformador, isso me transforma cada vez mais naquele que me projetou para ser. Percebo que conhecê-lo corretamente é vital para a adoração genuína. Embora eu não possa compreendê-lo perfeita ou completamente, posso me esforçar para conhecê-lo com precisão, como o Senhor é revelado na Bíblia. Por meio do estudo da tua palavra e do aprofundamento da minha compreensão de Ti, sou transformado e Tu és glorificado em uma bela adoração!

Em teu nome espetacular, Jesus,
Amém

Salmos 29:2 (KJA);
1 Coríntios 13:12; Isaías 6:3

## 16 de julho

Jesus amado,

Ajuda-me a descansar na tua presença, confiando que *nada será capaz de me separar do teu amor*. Essa promessa me garante que a pior coisa imaginável na minha vida (que o Senhor pode parar de me amar) não está nem no reino da possibilidade. Sou grato por não ter que me apresentar em um determinado padrão para ganhar o teu amor *ou* mantê-lo. Em vez disso, posso receber esse amor como puro dom, fluindo da tua própria justiça perfeita. Isso significa que a minha conexão contigo é segura por toda a eternidade!

Já que perder o teu amor não é possível, posso relaxar e viver *mais plenamente*. Quando as coisas estão indo bem, quero aproveitar esses bons momentos livremente, sem me preocupar com o que está por vir. Quando estou enfrentando momentos difíceis, sei que posso contar contigo para me fortalecer com o teu amor. Vivo em um mundo onde os problemas são inevitáveis, mas estou aprendendo que *em Ti posso ter paz*. O Senhor tem me ensinado a *ter ânimo* em meio às dificuldades, encontrando esperança nas tuas poderosas palavras de segurança: "*Eu venci o mundo*".

Em teu nome vitorioso,<br>Amém

**Romanos 8:38–39;
João 10:10; João 16:33**

## 17 de julho

Meu Deus grandioso,
Às vezes hesito em receber alegria de Ti, mesmo sabendo que Tu tens suprimentos ilimitados dela. Por favor, ajuda-me a receber a tua alegria em plena medida, abrindo bem os meus braços na tua presença. Descobri que quanto mais descanso em Ti, mais livremente as tuas bênçãos fluem para mim. Na luz do teu amor, *estou gradualmente sendo transformado com glória cada vez maior*. Ao passar tempo contigo, começo a compreender *a largura, o comprimento, a altura e a profundidade do teu amor* por mim.

Às vezes, o relacionamento que o Senhor me oferece parece bom demais para ser verdade. O Senhor derrama a sua própria vida em mim e tudo o que tenho que fazer é recebê-la. Em um mundo caracterizado por trabalhar e receber, a sua orientação para descansar e receber parece fácil demais. No entanto, descobri que há uma relação próxima entre acreditar e receber. À medida que confio mais plenamente em Ti, sou capaz de receber a Ti e as tuas bênçãos abundantemente.

Ó Senhor, desejo *parar de lutar* na tua presença e saber que *Tu és Deus*.

Em teu nome bendito, Jesus,<br>Amém

**2 Coríntios 3:18;
Efésios 3:16–18; João 1:12; Salmos 46:10**

## 18 de julho

Meu pastor,

Por favor, ajuda-me a relaxar e aproveitar este dia. É fácil para mim ficar tão focado nos meus objetivos que me esforço demais e negligencio a minha necessidade de descanso. Eu tendo a me julgar com base no quanto estou realizando. Sei que é importante para mim usar as oportunidades e habilidades que o Senhor oferece, mas quero aprender a me aceitar tanto quando estou relaxando como quando estou realizando.

Ensina-me a descansar profundamente na verdade de que sou um filho amado de Deus, *salvo pela graça por meio da fé* em Ti. Sei que *esta* é a minha identidade final (e fundamental). Alegro-me por ter sido adotado na tua família real para sempre! Em vez de lutar e me esforçar, preciso ficar atento a quem realmente sou.

Descobri que sou mais eficaz no teu reino quando estou confortável o suficiente na minha verdadeira identidade para equilibrar trabalho e descanso. Com a mente renovada, sou capaz de pensar de forma mais clara e bíblica. E um *vigor restaurado* me permite ser mais amoroso com as outras pessoas.

Senhor, desejo passar um tempo relaxando na tua presença hoje, desfrutando das *verdes pastagens e das águas tranquilas* que Tu forneces.

Em teu nome renovador, Jesus,<br>Amém

**Efésios 2:8–9; Salmos 62:5;
Salmos 23:3 (KJA); Salmos 23:2**

## 19 de julho

Deus sempre presente,
Este é um momento da minha vida em que devo aprender a me desapegar (dos entes queridos, das posses, do controle). Para deixar de lado as coisas que são preciosas para mim, preciso descansar na tua presença, onde sou completo. À medida que reservo tempo para me aquecer na luz do teu amor, sou capaz de relaxar mais, de maneira mais completa. Assim, a minha mão se abre gradualmente, liberando o meu bem precioso aos teus cuidados.

O Senhor tem me ensinado que é possível sentir-se seguro mesmo em meio às circunstâncias mais difíceis e dolorosas, ao me manter ciente da tua presença contínua comigo. Alegro-me porque o Senhor está sempre comigo *e* nunca muda. *O Senhor é o mesmo ontem, hoje e para sempre!* À medida que entrego mais e mais coisas aos teus cuidados, sou abençoado pela tua garantia de que o Senhor nunca solta minha mão. Adoro ouvir o Senhor falando comigo por meio da sua palavra: "*Eu sou o Senhor, o seu Deus, que o segura pela mão direita e diz a você: Não tema; eu o ajudarei*". Obrigado por ser a minha base firme e segura que ninguém e nenhuma circunstância pode tirar de mim.

Em teu nome inabalável e amoroso, Jesus,
Amém

**Salmos 89:15; Hebreus 13:8; Isaías 41:13**

## 20 de julho

Jesus gentil,
Venho a Ti com o meu vazio escancarado, sabendo que em Ti estou completo. Enquanto descanso tranquilamente na tua presença, a tua luz gloriosa brilha dentro de mim. O Senhor tem me ensinado que enfrentar o vazio dentro de mim é o começo para ser preenchido com a sua plenitude. Para que eu possa me alegrar nos dias em que tenho que me arrastar para fora da cama, sentindo-me lento e inadequado. Estou aprendendo que esse tipo de dia é uma oportunidade perfeita para depender de Ti com confiança infantil.

Por favor, ajuda-me a perseverar nessa postura dependente ao longo do dia. Se eu continuar caminhando com confiança em Ti, na hora de dormir descubro que a alegria e a paz se tornaram minhas companheiras. Normalmente, não consigo identificar a hora em que essas amigas encantadoras se juntaram a mim na minha jornada. Ainda assim, posso sentir os efeitos benéficos da companhia dela.

O final perfeito para um dia assim é uma doxologia da gratidão, louvando a Ti pelas tuas bênçãos abundantes! *Tudo o que tem vida louve o Senhor.*

Em teu nome exaltado,
Amém

2 Coríntios 4:6;
Colossenses 2:9–10; Tiago 1:4; Salmos 150:6

## 21 de julho

Meu Senhor vivo,

Ajuda-me a não ser tão duro comigo mesmo! Sei que o Senhor pode tirar o bem de tudo, até mesmo dos meus erros. Minha mente finita tende a olhar para trás, desejando desfazer decisões das quais me arrependi. Isso é um desperdício de tempo e energia, levando apenas à frustração! Em vez de remoer o passado, quero entregar meus erros a Ti. Ao olhar para Ti com confiança, tenho fé de que a tua criatividade infinita pode tecer as minhas boas e as minhas más escolhas em um belo projeto.

Sei que continuarei a cometer erros nesta vida porque sou apenas humano. O Senhor me mostrou que pensar que eu deveria viver uma vida livre de erros é um sintoma de orgulho. Meus fracassos podem realmente ser uma fonte de bênção, me deixando humilde e me dando empatia pelas outras pessoas nas fraquezas delas. Além disso, o fracasso destaca ativamente a minha dependência de Ti.

Sou grato pelo Senhor ser capaz de trazer beleza ao pântano dos meus erros. Minha parte é confiar em Ti e observar para ver o que Tu farás.

Em teu nome maravilhoso, Jesus,
Amém

**Romanos 8:28; Provérbios 11:2;
Provérbios 3:5; Miqueias 7:7**

## 22 de julho

Querido Jesus,
Ajuda-me a continuar escalando este alto monte contigo. Às vezes eu olho para trás com nostalgia em um estágio distante da minha jornada, ansiando por aquele momento mais fácil e menos complicado. Mas passei a reconhecê-lo pelo que era: um acampamento base. Era um momento e um lugar de preparação para a árdua aventura que estava à minha frente.

Este monte que estou escalando é extremamente alto, o topo está escondido nas nuvens. Portanto, é impossível para mim saber até onde já subi e até onde ainda tenho que ir. No entanto, quanto mais alto eu subo, melhor é a visão que tenho.

Embora cada dia seja um desafio e muitas vezes me sinta cansado, ainda posso desfrutar da paisagem magnífica. Esta jornada contigo está me treinando para enxergar de uma perspectiva celestial que transcende as minhas circunstâncias. Quanto mais alto subo nesta montanha, mais íngreme e desafiadora a trilha se torna, mas também maior é a minha aventura. Por favor, continua me lembrando que quanto mais alto eu vou contigo, mais perto fico do meu objetivo *final*: as alturas do céu, uma eternidade contigo!

Em teu nome arrebatador,
Amém

**Mateus 17:1–2;**
**Habacuque 3:19 (NBV); Filipenses 3:20–21**

## 23 de julho

Meu rei,

> *Pois os meus pensamentos não são os pensamentos de vocês, nem os seus caminhos são os meus caminhos. Assim como os céus são mais altos do que a terra, também os meus caminhos são mais altos do que os seus caminhos.*

Ajuda-me a me regozijar ao refletir quão grande Tu és. Eu me admiro com a maravilha de poder comungar contigo, o Rei do universo, a qualquer momento, em qualquer lugar! Sou grato por este incrível privilégio de oração.

Mesmo que o Senhor seja infinitamente maior e mais importante do que eu, está me treinando para pensar os seus pensamentos. Enquanto passo tempo na tua presença, lendo a tua palavra e orando, os seus pensamentos gradualmente se formam em minha mente. Percebo que o teu Espírito é o Diretor deste processo. Ele guia a minha mente enquanto espero na tua presença, fazendo planos ou remoendo problemas. Às vezes, Ele traz à mente versículos específicos da Bíblia exatamente quando preciso deles.

Essas comunicações me fortalecem e me preparam para o que quer que esteja diante de mim no meu caminho da vida. Senhor, passar tempo contigo me abençoou muito mais do que eu ousava pedir, ou mesmo imaginar!

Em teu nome majestoso, Jesus,
Amém

**Isaías 55:8–9; Colossenses 4:2;
João 14:26**

## 24 de julho

Meu Deus guia,
Obrigado por este dia de vida, eu o recebo como um presente precioso e único. E confio que o Senhor está comigo a cada momento, quer eu possa sentir a sua presença ou não. Ter uma atitude de gratidão e confiança me permite ver os eventos da minha vida da sua perspectiva. Por favor, aumenta a minha gratidão e confiança em Ti cada vez mais.

Ajuda-me a ver o hoje como uma aventura cuidadosamente planejada pelo Senhor, o meu guia. Em vez de olhar para este dia que está diante de mim, tentando fazê-lo seguir a minha vontade, quero estar atento ao Senhor e a tudo o que preparou para mim.

Sou grato que uma vida vivida perto de Ti nunca é monótona ou previsível. Posso esperar encontrar algumas surpresas a cada dia. Em vez de seguir a minha tendência natural (procurar o caminho mais fácil ao longo do dia), quero seguir-te, aonde quer que me leve. Não importa quão íngreme ou traiçoeiro seja o caminho que está diante de mim, não preciso ter medo. O Senhor está sempre perto.

Em teu nome protetor, Jesus,<br>Amém

Salmos 118:24; Isaías 41:10;
Salmos 56:3; Salmos 145:18

## 25 de julho

Deus eterno,
Eu venho a Ti desejando descansar nos *teus braços eternos*. Estou tentando ver a minha fraqueza como uma oportunidade para crescer forte na consciência da tua presença todo-poderosa. Quando a minha energia me falta, tendo a olhar para dentro e lamentar a falta que encontro lá. Em vez disso, ajuda-me a olhar para Ti e para a tua suficiência, regozijando-me nas tuas riquezas radiantes que estão abundantemente disponíveis para mim.

Preciso passar suavemente por este dia, apoiando-me em Ti e desfrutando da tua presença. Estou aprendendo a agradecer a Ti por minha necessidade, percebendo que aceitar a minha insuficiência está construindo laços de confiança entre nós. Ao olhar para trás na minha jornada de vida até agora, sinto-me encorajado ao ver que os dias de extrema fraqueza foram alguns dos meus momentos mais preciosos. Minhas lembranças desses dias estão ricamente entrelaçadas com fios dourados da tua presença íntima.

Em teu nome glorioso, Jesus,<br>Amém

**Deuteronômio 33:27; Romanos 8:26;
Filipenses 4:19; Salmos 27:13–14**

## 26 de julho

Jesus justo,

A tua palavra me diz que *a vereda do justo é como a luz da alvorada, que brilha cada vez mais até a plena claridade do dia*. Este belo versículo se aplica a *mim* porque o Senhor me vestiu com a sua justiça perfeita. As *vestes da salvação* que o Senhor ofereceu não são algo que possa ser removido, nem jamais se desgastarão. Este *manto da justiça* é meu para sempre, assim como sou *teu* para sempre!

Enquanto percorro este caminho, anseio por estar ciente da tua presença amorosa comigo. É difícil seguir às vezes e eu sou fraco. Ajuda-me a caminhar perto de Ti e manter os meus olhos no objetivo: o meu lar celestial. Agora mesmo, meu vislumbre da glória é turvo, como a luz da alvorada. Mas à medida que persevero nesta trilha contigo, confio que estou me aproximando cada vez mais da meta gloriosa.

Alegro-me em saber que a tua luz gradualmente brilhará cada vez mais forte durante esta árdua jornada. E finalmente, no teu tempo perfeito, eu experimentarei a *plena claridade do dia*!

Em teu nome brilhante e resplandecente,
Amém

**Provérbios 4:18; Isaías 61:10 (NBV)
Salmos 23:3; Filipenses 3:14**

## 27 de julho

Salvador maravilhoso,

Como sou grato por ser *filho de Deus*! Um dia *te verei como és*: estarei face a face contigo na glória! Agora, porém, estou em treinamento, *me despindo do velho homem e sendo renovado no modo de pensar*. Embora o meu novo eu esteja sendo adequado à tua imagem, sou grato por esse processo não apagar a essência de quem eu sou. Pelo contrário, quanto mais me torno *como Ti*, mais me desenvolvo na pessoa única que o Senhor me criou para ser.

Desde que confiei em Ti como o meu Salvador, sou membro da tua família real. Além disso, sou *um coerdeiro de Ti*, compartilhando a tua herança magnífica. No entanto, a tua palavra me diz que devo *participar dos teus sofrimentos para que também participe da tua glória*. Quando eu passar por momentos difíceis, ajuda-me a voltar-me para o Senhor e encontrá-lo amorosamente presente comigo nos meus problemas. Por favor, permite-me sofrer bem, de uma maneira digna da sua casa real. Percebo que tudo o que suporto pode me treinar para me tornar mais como o Senhor.

O salmista descreve o meu objetivo final soberbamente: *feita a justiça, verei a tua face e ficarei satisfeito*!

Em teu nome real, Jesus,
Amém

1 João 3:2; Efésios 4:22–24;
Romanos 8:17; Salmos 17:15

## 28 de julho

Jesus compassivo,

*Venho a Ti*, sentindo-me fraco e cansado, procurando descansar na tua presença revigorante. Sei que Tu estás sempre ao meu lado, mas às vezes me esqueço da tua proximidade. Confesso que me distraio facilmente com as expectativas dos outros. Se as tuas exigências sobre mim são muito numerosas e pesadas, em algum momento me sinto como se estivesse carregando uma carga esmagadora.

Hoje eu me vejo afundando sob *pesadas cargas*, então estou vindo a Ti em busca de ajuda. Peço que levantes os pesos dos meus ombros e os carregues para mim. Enquanto eu falo contigo sobre os assuntos que me preocupam, por favor, ilumine a luz da tua presença em cada um, mostrando-me o caminho a seguir. Que esta mesma luz que ilumina o meu caminho penetre nas profundezas do meu ser, me acalmando e me fortalecendo.

Senhor, eu abro o meu coração para a tua cura, presença santa. Eu *levanto as minhas mãos* em alegre adoração, ansioso para que a tua abundância flua livremente em mim.

Eu te desejo acima de tudo, pois *a minha alma descansa somente em Ti*. Sou grato pelo *Senhor dar força ao seu povo e dar ao seu povo a bênção da paz*.

Em teu nome pacífico e santo,<br>Amém

**Mateus 11:28 (NTLH); Salmos 134:2;<br>Salmos 62:1; Salmos 29:11**

## 29 de julho

Jesus sempre presente,

A tua palavra me garante que, mesmo nas circunstâncias mais desesperadoras, *não terei medo de nada, pois Tu estás comigo, Tu me proteges e me diriges*. No entanto, confesso que muitas vezes desconheço a tua presença, embora estejas sempre comigo.

Sempre que eu começar a sentir medo, ajuda-me a usar essa emoção como um alerta para o meu coração, alertando-me para me reconectar contigo. Em vez de ceder à ansiedade crescente, posso me voltar para Ti e deixar a luz da tua presença brilhar sobre mim (e dentro de mim). Enquanto descanso no calor da tua luz de amor, o medo frio e rígido gradualmente se derrete. Experimentar este amor maravilhoso aumenta o meu amor e a minha confiança em Ti.

Sou grato pelo Senhor estar *me protegendo e me dirigindo*. O Senhor me protege do mal com mais frequência do que posso imaginar e guarda a minha alma. Porque sou teu seguidor, minha alma está eternamente segura em Ti, *ninguém pode me arrancar da tua mão*! Além disso, ao seguir o caminho para o céu, regozijo-me na certeza de que o *Senhor será o meu guia até o fim*.

Em teu nome que protege e dirige,<br>
Amém

**Salmos 23:4 (NTLH); João 10:28; Salmos 48:14**

## 30 de julho

Deus todo-poderoso,
O Senhor é a *rocha que é mais alta do que eu*. O Senhor é a *minha* rocha em quem posso *me refugiar*, a qualquer momento, em qualquer lugar. Ó Senhor, venho a Ti, buscando descansar na paz da tua presença. Anseio por fazer uma pausa de tentar descobrir tudo.

Percebo que muitas coisas estão completamente além da minha compreensão e do meu controle. Isso não deveria me surpreender porque a tua palavra ensina que *os teus caminhos e pensamentos são mais altos que os meus, assim como os céus são mais altos que a terra*.

Quando o mundo ao meu redor parecer confuso e o mal parecer estar vencendo, ajuda-me a encontrar esperança em Ti, a luz que continua brilhando em todas as situações. Já que sou teu seguidor, quero brilhar neste mundo conturbado, dizendo aos outros as *boas novas de grande alegria*: que Tu és o nosso *Salvador, Cristo, o Senhor*.

Sussurrar o teu nome e cantar canções de louvor são maneiras pelas quais gosto de me aproximar do Senhor. Enquanto continuo olhando para Ti, a tua presença ilumina o meu caminho.

Em teu nome luminoso, Jesus,
Amém

**Salmos 61:2; Salmos 18:2;
Isaías 55:9; Lucas 2:10–11**

A ESCUTA DE JESUS

## 31 de julho

Meu Deus Salvador,
*A minha alma apega-se a Ti, a tua mão direita me sustém.* Sei que o Senhor usa os momentos difíceis para me fortalecer espiritualmente. Assim como o ouro é refinado pelo fogo, a *minha fé* é refinada pelas provações, para demonstrar que é genuína. À medida que me agarro a Ti em meio à adversidade, a minha fé fica mais forte e encontro conforto em Ti. Quando suporto as provações na dependência de Ti, ganho confiança de que posso lidar com as dificuldades futuras. Cada vez mais, posso confiar que o Senhor sempre me ajudará no meu momento de necessidade.

No meio da noite ou em meio a momentos difíceis, lembro que a tua mão direita está me amparando. Esta mão que me sustenta é superforte, não há limite para quanto suporte o Senhor pode fornecer. Por isso, quando estiver me sentindo sobrecarregado, não vou desistir. Em vez disso, *recorrerei ao Senhor e ao seu poder*.

A sua mão não é apenas poderosa, mas *vitoriosa*. Adoro a certeza que o Senhor me dá na sua palavra: "*Não tema, pois estou com você; não tenha medo, pois sou o seu Deus. Eu o fortalecerei e o ajudarei; eu o segurarei com a minha mão direita vitoriosa*".

Em teu nome poderoso, Jesus,
Amém

**Salmos 63:6, 8; 1 Pedro 1:7;
Salmos 105:4; Isaías 41:10**

# Agosto

*"Vocês me procurarão e me
acharão quando me procurarem
de todo o coração."*

JEREMIAS 29:13

## 1º de agosto

*Luz do mundo,*

Anseio andar na *luz da tua presença, sem cessar exultando o teu nome, e alegrando-me na tua retidão*. Este mundo está cada vez mais sombrio, mas a luz da tua presença está mais brilhante do que nunca. Contra o pano de fundo obscuro do mal, a tua glória brilha de maneira esplêndida! Quando a tua bondade colide com a vileza mundana, essa colisão de opostos espirituais cria condições favoráveis para as tuas poderosas intervenções. Assim, estarei à procura de milagres, observando o que Tu farás.

Sempre que estou no meio de circunstâncias difíceis, é crucial para mim continuar *exultando o teu nome*. A essência de tudo o que Tu és está condensada nesta bela palavra: *Jesus*. Adoro usar o teu nome como uma oração sussurrada, um louvor, uma proteção. Ela nunca perde o poder.

Posso *me alegrar na tua retidão* mesmo nas situações mais sombrias. Nada pode manchar a tua justiça gloriosa, que o Senhor teceu em *vestes da salvação* para eu usar para sempre. É assim que ando na tua luz, fazendo bom uso do teu santo nome e vestindo com alegria o teu *manto da justiça*!

Em teu nome justo, Jesus,
Amém

João 8:12; Salmos 89:15–16;
Atos 4:12; Isaías 61:10

## 2 de agosto

Jesus gracioso,
Obrigado pelo presente deste novo dia! Quero nutrir bem a minha gratidão, é o caminho real para a alegria. Na verdade, descobri que nenhum prazer é realmente completo sem expressar gratidão por ele. Sei que é bom agradecer às pessoas por meio das quais recebo bênçãos, mas preciso lembrar que o Senhor é aquele de quem todas as bênçãos fluem. Por favor, lembra-me de louvar e agradecer ao Senhor com frequência ao longo do dia. Essa disciplina agradável nutre a minha alma e melhora o meu relacionamento contigo, proporcionando uma maneira fácil de me aproximar de Ti.

O Senhor me abençoou com o glorioso dom da graça, favor injusto e imerecido. Alegro-me que ninguém e nenhum conjunto de circunstâncias pode me despojar desse presente generoso. Eu pertenço a Ti para sempre! *Nada na criação será capaz de me separar da tua presença amorosa.*

Por favor, mantém-me ciente da tua presença enquanto caminho contigo neste dia. Ajuda-me a ficar alerta para que eu possa encontrar as bênçãos e as satisfações que o Senhor espalha ao longo do meu caminho. O maior tesouro és *Tu*, Jesus, pois Tu és o *dom indescritível*!

Em teu nome precioso,
Amém

**Salmos 95:2; Efésios 2:8–9;
Romanos 8:38–39; 2 Coríntios 9:15 (KJA)**

## 3 de agosto

Salvador precioso,
O Senhor tem me ajudado a entender que a alegria é uma escolha. Não tenho muito controle sobre as minhas circunstâncias, mas ainda posso escolher ser alegre.

Tu me fizeste *um pouco menor do que os seres celestiais* e me deu uma mente incrível, com a capacidade de pensar nas coisas e tomar decisões. Aprendi que os meus pensamentos são extremamente importantes porque influenciam fortemente as minhas emoções e comportamento. Por isso, o empenho em fazer boas escolhas de pensamento faz valer a pena os meus esforços.

Sempre que estou me sentindo sem alegria, preciso fazer uma pausa e lembrar que *o Senhor está comigo, cuidando de mim* continuamente. Obrigado, Senhor, por me amar com *amor leal* e por me dar o seu Espírito. Este Espírito Santo dentro de mim me ajuda a alinhar o meu pensamento com as verdades gloriosas da Sagrada Escritura. A tua presença contínua é uma promessa bíblica e anseio encontrar-te em meio às minhas circunstâncias. Enquanto busco a Ti, a princípio só consigo ver os meus problemas. Contudo, se eu continuar olhando, em algum momento verei a luz da tua presença brilhando sobre as minhas dificuldades, refletindo as faíscas de alegria de volta para mim!

Em teu nome esplêndido e alegre, Jesus,<br>Amém

**Salmos 8:5; Gênesis 28:15;
Salmos 107:8; Romanos 15:13**

## 4 de agosto

Jesus, meu *bom pastor*,

Quero que o Senhor seja o meu foco principal. Tu estás ao meu redor, ciente de mim constantemente, anotando cada pensamento e oração. Muitas e muitas coisas disputam a minha atenção, mas não devo deixá-las me atrapalharem. Dirigir minha mente a Ti requer muito pouca energia, mas me abençoa imensamente. Quanto mais eu me concentro em Ti, mais plenamente Tu vives em mim e trabalha através de mim.

Ajuda-me a lembrar que o Senhor está comigo a cada momento da minha vida, cuidando de mim com amor perfeito. A tua palavra ensina que *os que confiam em Ti são protegidos pelo teu amor*. O Senhor tem me treinado para estar cada vez mais consciente da sua presença amorosa, mesmo quando outras coisas exigem a minha atenção.

Senhor, *Tu* és a constante na minha vida que oferece estabilidade e direção em um ambiente imprevisível. *O Senhor é o mesmo ontem, hoje e para sempre*. Por isso, o Senhor é o ponto fixo perfeito para eu me concentrar enquanto faço o meu caminho por este mundo em constante mudança. Enquanto continuo redirecionando os meus pensamentos a Ti, por favor, mostra-me o caminho a seguir e *me dá a tua paz*.

Em teu nome inabalável,
Amém

**João 10:11; Salmos 32:10 (NTLH);
Hebreus 13:8; João 14:27 (KJA)**

## 5 de agosto

Meu Deus grandioso e amoroso,
Tu és o meu Senhor vivo, a *minha rocha*, o meu Deus Salvador! Ajuda-me a passar bastante tempo contigo, refletindo sobre a tua grandeza e o teu compromisso infinito comigo. Vivo em uma cultura em que muitas pessoas desconfiam de assumir compromissos. Mesmo aqueles que dizem "sim" muitas vezes mudam de ideia mais tarde e vão embora. O Senhor, no entanto, é o meu amigo para sempre e o eterno amante da minha alma. Estou totalmente seguro no teu amor!

Em vez de me concentrar nos problemas da minha vida e do mundo, quero pensar mais em quem Tu és. Não é apenas o meu Senhor vivo e a rocha imutável; o Senhor é o *Deus, meu Salvador*. A tua morte na cruz pelos meus pecados *me salva definitivamente* porque Tu és o *Deus eterno*. Não preciso me preocupar se deixarás de me amar se o meu desempenho não for bom o suficiente, é a *tua* bondade e a *tua* justiça que me mantém seguro no teu amor. O teu compromisso interminável comigo me fortalece e me conforta enquanto viajo por este mundo cheio de problemas. E aguardo ansiosamente o momento em que viverei contigo na glória!

Em teu nome arrebatador, Jesus,
Amém

**Salmos 18:46; Hebreus 7:25 (KJA);
Deuteronômio 33:27;
2 Coríntios 5:21**

## 6 de agosto

Querido Jesus,

Obrigado por eu estar seguro, protegido e completo em Ti. Ajuda-me a parar o meu esforço ansioso e apenas vir a Ti com os assuntos que estão no meu coração. Preciso confiar em Ti o suficiente para ser aberto e honesto ao te contar sobre as preocupações que me pesam. Posso *lançar a Ti toda a minha ansiedade, porque o Senhor tem cuidado de mim*, o Senhor se importa comigo! Encontro descanso *no abrigo da tua presença*.

Sempre que me afasto e te deixo fora da minha vida, já não me sinto completo. A inquietação que sinto nesses momentos é, na verdade, um presente teu, lembrando-me de voltar ao meu *primeiro amor*. Preciso colocar o Senhor no centro dos meus pensamentos e sentimentos, dos meus planos e ações. Quando o Senhor é o centro da minha vida, sou capaz de viver de forma significativa, de acordo com a sua vontade.

O Senhor colocou os meus pés no caminho para o céu e é o meu companheiro constante. Quando encontro problemas ao viajar contigo, adoro ouvir as tuas palavras de segurança: "*Tenham ânimo! Eu superei o mundo*".

Ó Senhor, na tua presença estou realmente seguro, protegido e completo!

Em teu nome vitorioso,
Amém

**1 Pedro 5:7; Salmos 31:20;
Apocalipse 2:4; João 16:33**

## 7 de agosto

Deus glorioso,
A tua palavra me garante que *são felizes todos os que em Ti esperam*. Esperar pacientemente não é fácil para mim, mas sei que vale a pena o esforço. Gosto de planejar com antecedência, tomar decisões definitivas e fazer as coisas *acontecerem*. Há um momento para isso, mas este parece ser um momento para esperar, sentar na tua presença, buscando confiar em Ti com todo o meu ser. Embora esta disciplina seja certamente um desafio para mim, também é bastante agradável. Além disso, traz uma riqueza de bênçãos.

Muitas das coisas boas que o Senhor me oferece residem no futuro. Enquanto passo tempo descansando na sua presença, o Senhor está me preparando para essas bênçãos que ainda não chegaram . Porque elas estão veladas no mistério do futuro, não posso vê-las claramente. Outras bênçãos são para o presente. Descobri que o próprio processo de esperar por Ti é altamente benéfico. Isso mantém a minha alma na expectativa enquanto olho para Ti com esperança, reconhecendo que o Senhor está no controle e é bom. Quando eu estiver lutando para entender por que tenho que esperar tanto, por favor, ajuda-me a mudar o meu foco de *me apoiar em meu próprio entendimento* para *confiar em Ti de todo o meu coração*.

Em teu nome cheio de esperança, Jesus,<br>Amém

**Isaías 30:18; Salmos 40:1;<br>Salmos 143:8; Provérbios 3:5**

## 8 de agosto

Senhor poderoso,

*O Senhor é o meu auxílio e a minha proteção.* Sou grato pelo pronome possessivo *meu*, o Senhor não é apenas *um* auxílio e *uma* proteção. O Senhor é *meu*, para todo o sempre e por toda a eternidade. Teu compromisso eterno comigo me fortalece e me encoraja enquanto caminho contigo ao longo deste dia. O Senhor prometeu que *nunca me deixará*. Posso depender de Ti!

Não preciso temer a minha inadequação porque Tu és *o meu auxílio*. Quando a tarefa que estou enfrentando parece assustadora, encontro esperança ao me voltar para Ti, admitindo abertamente a minha insuficiência e confiando na tua infinita suficiência. *Tudo posso naquele que me fortalece.*

Eu definitivamente preciso de Ti como *a minha proteção*. Sei que o Senhor me protege de muitos perigos (físicos, emocionais e espirituais). Às vezes, estou ciente do seu trabalho protetor em meu favor, mas tenho certeza de que o Senhor também me protege de perigos dos quais nem suspeito. Sinto grande alívio em saber que a sua presença poderosa está cuidando de mim. *Não temerei perigo algum, pois Tu estás comigo.*

Em teu nome protetor, Jesus,<br/>Amém

**Salmos 33:20; Deuteronômio 31:8;
Filipenses 4:13; Salmos 23:4**

## 9 de agosto

Jesus amoroso,

Alegro-me porque Tu me compreendes completamente e me amas com amor perfeito e sem fim! Lutei com o medo de que qualquer um que venha a me conhecer completamente possa me desprezar e me julgar. Portanto, a minha tendência natural é manter os outros a uma distância segura, revelando apenas as partes de mim que considero aceitáveis. Essa maneira de interagir com os outros parece mais segura, mas leva à solidão.

Sou grato pelo Senhor enxergar através das minhas defesas e fingimentos. Não há como me esconder de Ti! Tu sabes absolutamente tudo sobre mim. Por favor, ajuda-me a descansar na maravilha de ser *conhecido plenamente*, apesar de me deleitar com isso!

Em vez de me esforçar para ganhar o teu amor, posso relaxar na verdade de que nada jamais poderá impedir o Senhor de me amar. Porque sou teu, comprado com o teu precioso sangue, sou aceito para sempre. Preciso continuar me dizendo essa verdade repetidamente, até que ela penetre no íntimo do meu ser e mude a maneira como eu me vejo. O Senhor tem me mostrado que viver na consciência da sua aceitação é o caminho para a abnegação, que é o caminho para a alegria!

Em teu nome exultante,<br>
Amém

**Salmos 107:1,43; 1 Coríntios 13:12;
Salmos 149:4–5; Efésios 1:5–6**

## 10 de agosto

Jesus amado,
Este mundo está repleto de coisas negativas para eu pensar. Às vezes, os problemas (meus e dos outros) parecem gritar pela minha atenção. As dificuldades podem ocupar cada vez mais o meu pensamento, me *cansando e desanimando*. Quando isso acontecer, por favor, lembra-me de que posso *escolher* o assunto dos meus pensamentos. Em vez de chafurdar na escuridão do desânimo, posso me voltar para Ti e deixar a tua luz brilhar sobre mim.

Ajuda-me a não ser derrotado por escolhas erradas que fiz no passado. E não me deixe definir quem eu sou *agora* com base em decisões passadas que foram dolorosas. Cada momento oferece uma nova oportunidade para me aproximar de Ti e desfrutar da tua presença. Mesmo quando estou lutando, posso escolher buscar-te em meio aos meus problemas, em vez de me concentrar apenas nas dificuldades.

Adoro ouvir as tuas palavras de encorajamento: "*Para que em mim vocês tenham paz. Neste mundo vocês terão aflições; contudo, tenham ânimo! Eu venci o mundo*".

Em teu nome triunfante,
Amém

**Hebreus 12:3;
Salmos 34:6–7; João 16:33**

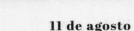

## 11 de agosto

Meu Deus vigilante,
Deleito-me com as tuas palavras reconfortantes: *"Estou com você e cuidarei de você, aonde quer que vá"*. Uma jornada de aventura me espera, mas estou antecipando isso com sentimentos contraditórios. De certa forma, estou ansioso para participar desta nova aventura, espero encontrar muitas bênçãos ao longo do caminho. No entanto, parte de mim teme deixar a minha rotina confortável e previsível. Quando pensamentos de medo me atacarem, por favor, lembra-me de que o Senhor estará cuidando de mim constantemente, aonde quer que eu esteja. Sou grato que o conforto da sua presença é uma promessa eterna!

O Senhor tem me ensinado que a preparação essencial para a jornada à frente é exercitar a sua presença todos os dias. Preciso continuar lembrando que o Senhor está comigo e está cuidando de mim. Enquanto ando contigo ao longo do meu caminho da vida, gosto de imaginar a sua mão forte segurando a minha. Ajuda-me a confiar em Ti, *meu guia*, para me mostrar o caminho a seguir passo a passo. Como o teu senso de direção é perfeito, não preciso me preocupar em me perder. Posso relaxar na tua presença, regozijando-me com a maravilha de compartilhar a minha vida inteira contigo!

Em teu nome reconfortante, Jesus,
Amém

**Gênesis 28:15; Josué 1:9;
Salmos 32:8; Salmos 48:14**

## 12 de agosto

Rei Jesus,

Quando começo um dia (ou uma tarefa) sentindo-me inadequado, preciso fazer uma pausa e ouvir-te dizer: *"Minha graça é suficiente a você, pois o meu poder se aperfeiçoa na fraqueza"*. O tempo presente do verbo destaca a disponibilidade contínua da tua graça maravilhosa. Não quero desperdiçar energia lamentando o quão fraco eu me sinto. Em vez disso, posso aceitar a minha insuficiência, regozijando-me porque isso me ajuda a perceber o quanto preciso de Ti. Ao chegar a Ti em fraqueza, deleito-me na tua infinita suficiência!

Quando executo uma tarefa em alegre dependência de Ti, muitas vezes me surpreendo com o quanto posso realizar. Além disso, a qualidade do meu trabalho é muito melhorada colaborando contigo. É um privilégio tão surpreendente viver e trabalhar ao teu lado, *o Rei dos reis e Senhor dos senhores*.

Ao buscar me alinhar com a tua vontade, quero ser *um sacrifício vivo, agradável a Ti*. A tua palavra diz que esta é uma forma de adoração e isso torna a minha vida significativa e alegre. Sei que isso é apenas uma pequena amostra da alegria indescritivelmente gloriosa que me espera no céu!

Em teu nome jubiloso,
Amém

2 Coríntios 12:9; Apocalipse 19:16;
Romanos 12:1; 1 Pedro 1:8

## 13 de agosto

Jesus magnífico,

Viver na dependência de Ti é uma aventura gloriosa! A maioria das pessoas corre atarefadamente, tentando realizar as coisas por meio da própria força e habilidade. Alguns conseguem de maneira magnífica; outros falham miseravelmente. Entretanto, ambos os grupos perdem o que a vida deve ser: viver e trabalhar em colaboração contigo. Por favor, treina-me para depender cada vez mais de Ti, Senhor.

Quando dependo de Ti, toda a minha perspectiva muda. Sou capaz de ver as tuas obras milagrosas, embora outros vejam apenas ocorrências naturais e "coincidências". Começo cada dia com alegre expectativa, ansioso para ver o que o Senhor fará. Aceito a fraqueza como um presente de Ti, sabendo que *a tua graça me basta porque o teu poder se aperfeiçoa na fraqueza*. Mantenho os meus planos provisórios, confiando que os teus planos são muito superiores. Eu conscientemente *vivo, me movo e existo em Ti*, regozijando-me por Tu viveres em mim.

Como é maravilhoso saber que *estou em Ti e Tu estás em mim*! Obrigado por esta aventura íntima de compartilhar a minha vida contigo.

Em teu nome revigorante,
Amém

**2 Coríntios 12:9 (ARC);
Atos 17:28; João 14:20**

## 14 de agosto

Jesus compassivo,
Ajuda-me a *lembrar de Ti quando me deitar, pensando em Ti durante as vigílias da noite*. Quando estou acordado à noite, os pensamentos podem voar para mim de todas as direções. A menos que eu tome conta deles, começo a me sentir ansioso. Descobri que a minha melhor estratégia durante essas vigílias noturnas é pensar em *Ti,* comunicar-me contigo sobre o que estiver na minha mente. A tua palavra me diz para *lançar toda a minha ansiedade sobre Ti porque Tu tens cuidado de mim*. Saber que o Senhor está cuidando de mim torna possível que eu relaxe na sua presença.

Ao me lembrar de Ti durante a noite, tento pensar em quem Tu realmente és. Eu reflito sobre as tuas perfeições: o teu amor, alegria e paz. Encontro conforto nos teus nomes: Pastor, Salvador, Emanuel, Príncipe da Paz. Eu me alegro na tua majestade, sabedoria, misericórdia e graça. Deleito-me no teu poder e glória, pois Tu és *Rei dos reis e Senhor dos senhores*! Assim eu te adoro e desfruto da tua presença. Esses pensamentos de Ti renovam todo o meu ser e limpam a minha mente, permitindo-me ver as coisas da tua perspectiva.

Em teu nome renovador,
Amém

**Salmos 63:6; 1 Pedro 5:7;
Apocalipse 19:16**

# 15 de agosto

Deus soberano,

Ajuda-me a *continuar vivendo na condição que o Senhor me designou* e a ficar satisfeito. Preciso tomar cuidado para não comparar a minha situação com a de outra pessoa, me sentindo insatisfeito por causa da comparação. Percebo que também é doloroso comparar as minhas circunstâncias atuais com como as coisas costumavam ser ou com fantasias que têm pouca semelhança com a realidade. Em vez disso, devo fazer todos os esforços para aceitar como o meu *chamado* à vida que o Senhor me designou. Essa perspectiva alivia as circunstâncias dolorosas e difíceis. Se o Senhor me chamou para uma situação, sei que me dará tudo o que preciso para suportá-la e até para encontrar alguma alegria no meio dela.

Por favor, treina a minha mente para confiar nos teus caminhos soberanos para mim, curvando-me diante da tua misteriosa e infinita inteligência. Preciso procurar por Ti nos detalhes do meu dia, o tempo todo esperando o bem para emergir dos problemas. Estou aprendendo a aceitar as coisas como são, sem perder a esperança de um futuro melhor. E eu me alegro na esperança do céu, sabendo que a vida indescritivelmente alegre é o meu chamado final!

Em teu nome supremamente sábio, Jesus,
Amém

**1 Coríntios 7:17;**
**Romanos 11:33–34; Filipenses 4:12**

## 16 de agosto

Salvador maravilhoso,
Ajuda-me a encontrar alegria em Ti, pois Tu és a *minha força*. Sei que manter a alegria viva é crucial, especialmente quando estou no meio da adversidade. Sempre que estou enfrentando dificuldades, preciso guardar os meus pensamentos e palavras com muito cuidado. Se eu me concentrar demais em todas as coisas que estão erradas, fico cada vez mais desanimado e as minhas forças são minadas. Assim que eu perceber o que está acontecendo, devo interromper esse processo doloroso imediatamente. O Senhor tem me treinado para me voltar rapidamente a Ti e pedir que *me mostre o caminho que devo seguir*.

Quando estou lutando, preciso ter tempo para te louvar, falando ou cantando palavras de adoração, lendo promessas e louvores na Sagrada Escritura. Ó minha força, canto louvores a Ti. Canto louvores ao teu glorioso nome!

É essencial para mim lembrar que os meus problemas são temporários, mas *Tu* és eterno, assim como o meu relacionamento contigo. À medida que encontro alegria em Ti, deleitando-me no teu *amor leal*, a minha força aumenta invariavelmente.

Em teu nome glorioso, Jesus,
Amém

**Salmos 59:17; Tiago 1:2;**
**Salmos 143:8; Salmos 66:1–2**

## 17 de agosto

Jesus gentil,
Quando eu estiver me sentindo sobrecarregado pelas minhas circunstâncias, por favor, lembra-me de passar um tempo focando em Ti e te ouvindo. Adoro ouvir o Senhor me dizendo: *"Coragem! Sou eu. Não tenham medo!"*.

Ouvir o Senhor enquanto estou estressado requer muita disciplina e confiança. Meus pensamentos acelerados tornam difícil ouvir o seu *murmúrio de brisa suave*. Então, sou grato pela ajuda do teu Espírito, que acalma a minha mente quando peço.

Regozijo-me porque o Senhor, o *Príncipe da Paz*, está comigo em todos os momentos. O Senhor não apenas está comigo, mas também está nas minhas circunstâncias. Está no controle de tudo o que acontece comigo! Sei que o Senhor nunca é o autor do mal, mas é capaz de pegar as coisas ruins e usá-las para o bem. Isso nem sempre remove o meu sofrimento, mas o *redime*, inspirando-lhe significado. Por isso, sempre que estiver em uma tempestade de dificuldades, ouvirei a tua voz dizendo: *"Tenha coragem! Sou eu"*. E procurarei sinais da tua presença permanente na tempestade. A tua palavra me garante que *te procurarei e acharei quando te procurar de todo o coração*.

Em teu nome tranquilizador,<br>Amém

**Mateus 14:27; 1 Reis 19:12;
Isaías 9:6; Jeremias 29:13**

## 18 de agosto

Deus maravilhoso,
Ajuda-me a *ter confiança e não temer*. Às vezes fico assustado com os eventos mundiais e as notícias. Porém, percebo que esses relatos são tendenciosos, apresentados como se o Senhor não existisse. As chamadas das notícias mostram pequenos pedaços de eventos atuais dos quais o fator mais importante foi cuidadosamente removido: a tua presença no mundo! À medida que os jornalistas vasculham grandes quantidades de informações, eles tendem a esgotar tudo sobre *Ti* e o que Tu estás realizando neste planeta.

Sempre que o meu mundo está parecendo um lugar assustador, preciso me voltar para Ti e encontrar encorajamento na tua presença. Inspiro-me no exemplo de Davi, *que se fortaleceu no Senhor* quando os seus homens ameaçaram apedrejá-lo. Assim como Davi, posso encontrar coragem ao lembrar de quem Tu és, refletindo sobre o seu poder e glória incríveis, deleitando-me na tua *bondade*. Alegro-me em saber que estou em uma jornada de aventura contigo e o meu destino final é o céu!

À medida que continuo focando em Ti e desfrutando do rico relacionamento que o Senhor oferece, o meu medo diminui gradualmente. *Terei confiança e não temerei, pois o Senhor é a minha força e o meu cântico.*

Em teu nome incomparável, Jesus,<br>Amém

Isaías 12:2;<br>1 Samuel 30:6; Salmos 33:5

## 19 de agosto

Jesus, meu redentor,

Adoro ouvir o Senhor falando estas palavras para mim por meio da Sagrada Escritura: *"Eu lhes dou a vida eterna, e elas jamais perecerão; ninguém as poderá arrancar da minha mão"*. Esta é uma notícia surpreendentemente boa! O Senhor me prometeu *uma herança guardada nos céus que nunca poderá perecer, macular-se ou perder o seu valor*.

Tua dádiva da vida eterna oferece uma luz que continua brilhando, mesmo durante os meus dias mais sombrios. Esse brilho me atrai para frente e me protege do desânimo. Assim, posso me recusar a deixar que as circunstâncias difíceis ou a maldade do mundo me derrubem. Em vez disso, vou olhar para a glória que me espera, brilhando à distância, logo além do horizonte.

Sei que terei que passar por algumas águas profundas na minha jornada em direção ao céu. Contudo, o Senhor me garantiu: *"Quando você atravessar as águas, estarei com você. Elas não o encobrirão"*. Ajuda-me a continuar segurando a tua mão em dependência confiante, com fé de que o Senhor me ama e que *nada será capaz de me separar de Ti*. Em vez de temer os momentos desafiadores à frente, quero aproveitar a aventura de viajar contigo por todos os dias da minha vida.

Em teu nome forte e confiável,
Amém

**João 10:27–28; 1 Pedro 1:3–4;
Isaías 43:2; Romanos 8:39**

## 20 de agosto

Jesus amado,
Ajuda-me a pensar cada vez mais os teus pensamentos. Quando as preocupações deste mundo estão me pressionando, preciso tirar um tempo para pensar nas coisas na tua presença. Enquanto eu relaxo contigo, os teus *braços eternos* me envolvem em paz. É uma bênção parar de ficar obcecado com as minhas preocupações e apenas aproveitar esse tempo *olhando para Ti*.

Gosto de intercalar a quietude com a leitura da Sagrada Escritura e falar ou cantar louvores a Ti. Obrigado por me guiar a usar versículos da Bíblia nas minhas orações e pedidos. Quando as minhas orações são permeadas pela Sagrada Escritura, sou capaz de orar com mais confiança.

Anseio *ser transformado pela renovação da minha mente*. O mundo exerce uma enorme pressão sobre mim por meio de comunicações eletrônicas sempre presentes. Em vez de deixar o mundo me moldar ao seu padrão, peço a Ti que transformes a maneira como penso. À medida que o Senhor renova gradualmente a minha mente, anseio que os meus pensamentos e atitudes reflitam *o Senhor* em medida cada vez maior.

Em teu nome transformador,
Amém

**Deuteronômio 33:27; Salmos 34:5;
Hebreus 4:12; Romanos 12:2**

## 21 de agosto

*Emanuel,*

A quietude é cada vez mais difícil de encontrar neste mundo inquieto e agitado. Eu realmente tenho que lutar para arranjar tempo para Ti. Distrações vêm de todos os lados quando tento sentar-me em silêncio contigo. Mas vale a pena lutar para ter uma conexão íntima contigo, então não vou desistir!

Por favor, ajuda-me na minha busca para reservar um tempo ininterrupto para passar contigo, concentrando-me em Ti e na tua palavra. Sou muito grato pelo Senhor ser *Emanuel, Deus conosco*. Enquanto relaxo na tua presença pacífica, deixando as minhas preocupações escaparem, posso ouvir-te sussurrando para mim: *"Pare de lutar! Saiba que eu sou Deus!"*.

Quanto mais eu olho para Ti, mais posso me alegrar nos teus esplendores majestosos e confiar no teu controle soberano. *O Senhor é o meu refúgio, ainda que a terra trema e os montes caiam no coração do mar*. Há estabilidade transcendente na tua presença, Senhor. Ao refletir sobre a vastidão do teu poder e glória, a minha perspectiva muda e os meus problemas parecem menores. Sei que *neste mundo terei aflições*, mas sou encorajado pela sua garantia de que *o Senhor venceu o mundo*.

Em teu nome conquistador, Jesus,
Amém

**Mateus 1:23; Salmos 46:10;
Salmos 46:1–2; João 16:33**

## 22 de agosto

Jesus precioso,
Ajuda-me a confiar em Ti no meio de um dia confuso. Não quero que a minha calma interior, a minha paz na tua presença, seja abalada pelo que está acontecendo ao meu redor. Embora eu viva em um mundo temporal, sei que o mais íntimo do meu ser está enraizado e fundamentado na eternidade. Quando começo a me sentir estressado, preciso me desapegar dos distúrbios ao meu redor. À medida que paro de me esforçar para manter o controle, o Senhor me permite relaxar no seu controle soberano e receber a *sua paz que excede todo o entendimento*.

A tua palavra me instrui a *buscar sempre a tua presença!* Por favor, compartilha a tua mente comigo e abre os meus olhos para ver as coisas da tua perspectiva cada vez mais. Adoro ouvir o Senhor me dizendo: *"Não se perturbe o seu coração, e nem tenham medo. Tenham ânimo! Eu venci o mundo".* Senhor, regozijo-me porque a paz que Tu me dás é suficiente para todas as minhas circunstâncias!

Em teu nome todo-poderoso,<br>Amém

**Filipenses 4:6–7; Salmos 105:4;
João 14:27; João 16:33**

## 23 de agosto

Jesus misericordioso,

Peço que alivies os emaranhados da minha vida, incluindo os da minha mente e do meu coração. Venho a Ti exatamente como sou, com todos os meus problemas complicados e pontas soltas. Muitas das minhas dificuldades são complicadas pelos problemas de outras pessoas. Portanto, é difícil distinguir quanto da bagunça é minha e quanto é deles. Quero assumir a responsabilidade pelos meus erros e pecados sem me sentir responsável pelas falhas pecaminosas dos outros. Por favor, ajuda-me a desvendar as minhas circunstâncias complexas e encontrar o melhor caminho a seguir.

Estou percebendo que o crescimento cristão tem tudo a ver com transformação, um processo ao longo da vida. Alguns dos nós do meu passado são muito difíceis de desatar, especialmente aqueles que envolvem pessoas que continuam me machucando. Em vez de ficar obcecado em como consertar as coisas, preciso continuar me voltando para Ti, *buscando a tua face* e a tua vontade. Enquanto espero contigo, ajuda-me a relaxar e confiar no teu tempo para suavizar as minhas complicações. Mostra-me como viver com problemas não resolvidos sem deixá-los me distrair de Ti. Eu me regozijo que a tua presença permanente é *minha porção* e a minha bênção sem limites!

Em teu nome magnífico,<br>Amém

**2 Coríntios 3:18; 1 Crônicas 16:11;
Lamentações 3:24**

## 24 de agosto

Deus triunfante,
*Se o Senhor é por mim, quem será contra mim?* Por favor, ajuda-me a entender, nas profundezas do meu ser, que Tu realmente és por mim. Quando as coisas não acontecem do meu jeito ou alguém em quem confio se volta contra mim, é fácil me sentir abandonado. Portanto, é essencial nesses momentos me lembrar da verdade: o Senhor não está apenas *comigo* sempre, está *por* mim o tempo todo. Isso é verdade nos dias em que tenho um bom desempenho e nos dias em que não, quando as pessoas me tratam bem e quando não o fazem.

Posso enfrentar a adversidade com mais calma e coragem confiando de todo o coração que o Senhor é *por mim*. Saber que o Senhor nunca se voltará contra mim me dá confiança para perseverar nos momentos difíceis. Porque eu pertenço a Ti para sempre, estou continuamente na sua presença de aprovação. Sou grato que, no final das contas, é a sua opinião sobre mim que importa e continuará a importar por toda a eternidade. E regozijo-me porque *nada na criação será capaz de nos separar do teu amor*!

Em teu nome invencível, Jesus,<br>Amém

**Romanos 8:31; Mateus 28:20 (NTLH);
Números 6:26; Romanos 8:39**

## 25 de agosto

Agradável Jesus,

Obrigado por me mostrar que o céu é tanto presente como futuro. Enquanto ando ao longo do meu caminho da vida segurando a tua mão, já estou em contato com a essência do céu, a proximidade contigo! Enquanto viajo com o Senhor, percebo as lindas dicas do céu. A terra está radiantemente viva com a tua presença. A luz do sol cintilante desperta o meu coração, gentilmente me lembrando da tua luz brilhante. Pássaros e flores, árvores e céus evocam louvores ao teu nome santo. Ajuda-me a estar totalmente aberto aos esplendores da tua criação enquanto caminho na luz do teu amor.

Alegro-me por haver uma entrada para o céu no final da minha jornada. Só *o Senhor* sabe quando chegarei a esse destino, mas confio que está me preparando para isso a cada passo do caminho. A certeza absoluta do meu lar eterno *me enche de toda alegria e paz*. Sei que chegarei a este glorioso refúgio no seu tempo perfeito, nem cedo nem tarde demais. Enquanto eu ando contigo no *caminho da vida*, a esperança segura do céu me fortalece e me encoraja!

Em teu nome celestial,<br>Amém

1 Coríntios 15:20–23; Hebreus 6:19;
Romanos 15:13; Salmos 16:11 (KJA)

## 26 de agosto

Senhor maravilhoso,
Este é um momento de abundância na minha vida, *o meu cálice transborda* de bênçãos. Depois de me arrastar morro acima por muitas semanas, agora me sinto como se estivesse perambulando por prados verdejantes banhados de sol. Ajuda-me a aproveitar ao máximo este tempo de tranquilidade e renovação. Obrigado por me oferecer isso!

Admito que às vezes hesito em receber as suas boas dádivas de mãos abertas. Sentimentos de falsa culpa se aproximam, me dizendo que não devo aceitar esses dons, já que não mereço ser tão ricamente abençoado. Mas percebo que esse é um pensamento confuso, porque ninguém *merece* nada de bom de Ti. Como me alegro que o teu reino *não* seja sobre ganhar e merecer! É sobre acreditar e receber.

Em vez de me recusar a aceitar as tuas dádivas graciosas, quero receber todas as tuas bênçãos com um coração agradecido. Assim, a tua satisfação em dar e a minha em receber podem fluir juntos alegremente.

Em teu nome generoso, Jesus,<br>Amém

**Salmos 23:5; João 3:16;
Lucas 11:9–10; Romanos 8:32**

## 27 de agosto

*Minha força,*
O Senhor tem me mostrado que viver na dependência de Ti é o caminho para desfrutar de uma vida abundante. Estou aprendendo a apreciar os momentos difíceis porque eles amplificam a minha consciência da tua presença. Tarefas que eu temia estão se tornando ricas oportunidades para desfrutar da tua proximidade. Tenho prazer em lembrar que o Senhor é a *minha força*, especialmente quando estou cansado. Apoiar-me em Ti está se tornando cada vez mais natural e prazeroso.

Por favor, ajuda-me a focar em Ti de forma mais consistente. Isso é muito mais fácil para mim quando estou sozinho. Confesso que, quando estou com outras pessoas, muitas vezes perco de vista a tua presença. Minha tendência de agradar as pessoas me coloca na posição de servidão aos outros, e eles se tornam o meu foco principal. Felizmente, posso voltar a Ti rapidamente sussurrando o teu nome, "Jesus". Este pequeno ato de confiança faz o Senhor virar prioridade na minha mente, onde deve estar. Enquanto relaxo na bênção da tua proximidade, a tua vida pode fluir através de mim para abençoar outras pessoas. O Senhor veio ao mundo *para que tenhamos vida e a tenhamos plenamente*!

Em teu nome generoso, Jesus,
Amém

**Salmos 18:1–2;
Provérbios 29:25; João 10:10**

## 28 de agosto

Deus fiel,

*O meu futuro está nas tuas mãos*, então a minha melhor resposta às circunstâncias que enfrento é *confiar em Ti*. O Senhor está me treinando para me sentir seguro em meio a mudanças e incertezas. Descobri que pode ser realmente um alívio perceber que não estou no controle da minha vida. Quando aceito esta condição humana enquanto descanso na tua soberania, fico cada vez mais livre.

Sei que é importante não ser passivo ou fatalista, mas usar a energia e as habilidades que o Senhor me deu *pela oração*. Tu tens me ensinado a orar sobre tudo e a buscá-lo nos meus momentos. Estou aprendendo a te procurar em lugares inesperados porque Tu és um Deus de surpresas!

Ajuda-me a me *alegrar neste dia que o Senhor preparou*. Por favor, orquestra os detalhes e eventos dele de acordo com tua vontade. Já que Tu tens o controle do *meu futuro*, não preciso ficar ansioso para tentar fazer as coisas acontecerem mais rápido. A pressa e a ansiedade andam de mãos dadas, e o Senhor me instruiu a *não ficar ansioso*. Portanto, convido o Senhor a definir o ritmo, abençoando-me com a *paz que excede todo o entendimento*.

Em teu nome confiável, Jesus,<br>Amém

**Salmos 31:14–15; Salmos 118:24 (NBV);<br>Filipenses 4:6–7**

## 29 de agosto

Bendito Jesus,
Por favor, ajuda-me a não ter medo de ser feliz. Às vezes, a ansiedade invade os meus momentos despreocupados. Começo a me perguntar se há coisas ou planos que devo fazer. Meu sentimento subentendido é que realmente não é seguro baixar a guarda e simplesmente saborear o momento. Mas eu sei que esse tipo de pensamento está errado. Porque eu pertenço a Ti, posso esperar experimentar uma medida de felicidade, mesmo neste mundo profundamente decadente.

A Bíblia me ensina a *parar de lutar* (deixar ir, relaxar) *e saber que Tu és Deus*. Eu costumava pensar que precisava ter tudo organizado antes de poder relaxar e desfrutar da tua presença. Mas então eu considerei o contexto geral deste comando: *ainda que a terra trema e os montes afundem no coração do mar*. O salmista que escreveu essas palavras estava descrevendo uma catástrofe terrível! Então eu não tenho que esperar até que todos os meus problemas sejam resolvidos antes de ousar ser feliz. Este exato momento é o momento perfeito para *me deleitar em Ti*.

Senhor Jesus, eu escolho desfrutar de Ti aqui e agora!

Em teu nome alegre,
Amém

**Salmos 144:15; Salmos 46:10;
Salmos 46:1–2; Salmos 37:4**

## 30 de agosto

Amado Senhor Jesus,
Ajuda-me a olhar na direção certa enquanto passo por este dia. No mundo ao meu redor, há paisagens de beleza radiante, bem como terrenos baldios escuros e feios. Quando olho para o caminho certo, em direção ao que é *verdadeiro, nobre, amável*, sou encorajado e fortalecido. O Senhor me criou com uma capacidade maravilhosa de desfrutar da beleza e da bondade. Minha alma ressoa com essas bênçãos e extrai força delas.

Todos os dias encontro algumas coisas que me fazem estremecer, coisas que são erradas e feias. Ajuda-me a lidar com essas coisas sem deixar que elas se tornem o meu foco. Preciso trazer esses assuntos para Ti e buscar a tua perspectiva. Assim, posso seguir o meu caminho com leveza. Sou abençoado por ouvir o Senhor dizer repetidas vezes: "Amado, olhe para o caminho *correto*".

Este mundo, na sua condição decadente, nunca poderá me satisfazer plenamente. Eu anseio pela perfeição e somente *o Senhor* é a realização desse desejo profundo. Tu és perfeito e santo, mas escolhe ficar perto de mim enquanto ando por este mundo manchado de pecado. Quando olho para o caminho correto, para as bênçãos, para Ti, *a alegria na tua presença* brilha intensamente sobre mim.

Em teu nome perfeito e santo,<br>Amém

**Filipenses 4:8; Números 6: 24–25; Atos 2:28**

## 31 de agosto

Jesus, meu companheiro esplêndido,
Desejo andar contigo em laços de amor íntimos e confiantes de alegre dependência. A companhia que o Senhor me oferece brilha com promessas preciosas da Bíblia: Tu me amas com *amor* perfeito e *eterno*. O Senhor está sempre comigo, em cada momento da minha vida. Tu sabes tudo sobre mim e já pagou a pena por todos os meus pecados. Minha herança, *guardada nos céus para mim, jamais poderá perecer, macular-se ou perder o seu valor*. Tu me guias ao longo da minha vida e *depois me receberás com honras*!

O Senhor me mostrou que a dependência é uma parte inevitável do ser humano, o Senhor me projetou para confiar em Ti continuamente. Ajuda-me a enxergar a minha constante necessidade de Ti como uma bênção. Quando aceito a minha condição de dependente e paro de me esforçar para ser autossuficiente, a minha consciência da tua presença amorosa aumenta. Aproxima-me de Ti, Senhor, para que eu possa desfrutar da tua companhia maravilhosa.

Deleito-me no teu convite para caminhar contigo em alegre dependência ao longo do caminho da minha vida. E adoro ouvir o Senhor sussurrar: "Amado, estou com você".

Em teu nome maravilhoso,
Amém

**Jeremias 31:3; Efésios 1:7–8;
1 Pedro 1:3–4; Salmos 73:24**

# Setembro

*"Pois eu sou o Senhor, o seu Deus, que o segura pela mão direita e diz a você: Não tema; eu o ajudarei."*

Isaías 41:13

## 1º de setembro

Salvador glorioso,
Por favor, encha-me com o teu amor, alegria e paz em medida cada vez maior! Estes são os dons da glória que fluem da tua presença viva. Sei que sou apenas um *vaso de barro*, mas me regozijo porque o Senhor me projetou para transbordar com o seu conteúdo celestial. Aprendi que a minha fraqueza não é um impedimento para ser cheio do seu Espírito. Pelo contrário, a minha inadequação oferece o cenário perfeito para que o seu poder brilhe mais.

Enquanto ando contigo ao longo deste dia, ajuda-me a continuar confiando em Ti para me dar a força de que preciso, momento a momento. Não quero desperdiçar a minha energia preciosa imaginando se tenho resistência suficiente para a jornada de hoje. Em vez disso, posso descansar sabendo que o teu Espírito dentro de mim é mais do que suficiente para lidar com o que quer que venha no meu caminho.

Senhor, Tu forneces tudo o que eu preciso. *Na quietude* (passando um tempo a sós contigo) *e na confiança* (confiando na sua adequação) *está o meu vigor*.

Em teu nome poderoso, Jesus,
Amém

2 Coríntios 4:7;
Efésios 3:16 (ARC); Isaías 30:15

## 2 de setembro

Querido Jesus,
A minha inclinação natural é me arrepender ou fugir das dificuldades da minha vida. Mas o Senhor tem me mostrado que esses problemas não são erros aleatórios; são bênçãos feitas sob medida para o meu benefício e crescimento. Por favor, ajuda-me a abraçar todas as circunstâncias que o Senhor permite na minha vida, confiando em Ti para tirar algo bom delas. Em vez de temer problemas, quero vê-los como oportunidades para confiar mais plenamente em Ti.

Sempre que começo a me sentir estressado, posso deixar que esses sentimentos me alertem para a minha necessidade do Senhor. Assim, as minhas lutas se tornam portas para uma dependência mais profunda de Ti, aumentando a minha intimidade contigo. Embora a autossuficiência seja aclamada no mundo, percebo que na verdade é uma forma de idolatria. Em vez de tentar ser autossuficiente, desejo me tornar cada vez mais dependente de Ti.

Senhor, eu te agradeço pelas dificuldades que encontro neste mundo decadente. E estou ansioso para passar a eternidade contigo, desfrutando de uma vida eterna sem problemas na tua gloriosa presença!

Em teu nome santo e maravilhoso,
Amém

João 15:5;
2 Coríntios 4:7–8; Efésios 5:20

## 3 de setembro

Meu Deus amoroso,
Tu és a *minha força*! Essa promessa é uma tábua de salvação cheia de encorajamento e esperança e está sempre disponível para mim. Nos dias em que estou me sentindo forte, aprecio essa verdade, mas ela não fala com tanta força para mim. É quando estou me sentindo fraco que me agarro a essa tábua de salvação segura com gratidão. Sei que posso clamar a Ti a qualquer momento: *"Senhor, salva-me!"*.

Sou grato pelo Senhor *me salvar por seu amor leal*. Se sinto que estou afundando nas minhas lutas, é crucial me apegar a algo que não me falhará, algo em que posso confiar a minha própria vida. A tua presença poderosa não apenas me fortalece, mas me mantém perto e não me deixa ir. Ajuda-me a lembrar que o Senhor tem um controle firme sobre mim em todos os momentos.

Porque o Senhor está sempre perto, não preciso temer ser fraco. Na verdade, a tua palavra me diz que *seu poder se aperfeiçoa na minha fraqueza*, as duas se encaixam perfeitamente. Por favor, permite-me ser grato pelas minhas fraquezas, confiando na tua força sempre presente.

Em teu nome poderoso, Jesus,
Amém

**Salmos 59:17; Mateus 14:30;
Salmos 31:16; 2 Coríntios 12:9**

## 4 de setembro

Deus todo-poderoso,
Meu mundo parece sombrio e ameaçador, então me aproximo de Ti. Eu *derramo meu coração diante de Ti*, confiando que o Senhor está ouvindo e se importa. Encontro muito conforto na tua soberania, sabendo que Tu estás no controle mesmo quando as coisas neste mundo decadente parecem terrivelmente fora de controle.

Quando estou lutando com a decadência deste mundo, encontro força e encorajamento na Sagrada Escritura. Estou especialmente reconfortado pelas palavras que o profeta Habacuque escreveu enquanto esperava a brutal invasão babilônica de Judá. Depois de descrever circunstâncias totalmente desesperadoras, ele concluiu: *"Ainda assim eu exultarei no Senhor e me alegrarei no Deus da minha salvação".*

Obrigado, Senhor, por me permitir lutar contigo contra as minhas profundas preocupações. Por favor, leva-me a um lugar de confiança e alegria transcendente, assim como fizeste com Habacuque. Não consigo entender os seus caminhos misteriosos, mas posso encontrar *esperança no Senhor* e *louvá-lo na salvação da sua presença. Tu és a minha força*!

Em teu nome esperançoso, Jesus,
Amém

**Salmos 62:8; Habacuque 3:17–19;
Salmos 42:5; Salmos 42:5 (ARC)**

## 5 de setembro

Jesus amado,

Minha vida é um dom precioso de Ti. Por isso, abro as minhas mãos e o meu coração para receber este dia de vida com gratidão. Adoro me relacionar contigo como meu amigo e salvador, mas preciso lembrar que o Senhor também é meu Deus Criador. A Bíblia proclama que *todas as coisas foram criadas por Ti e para Ti*. Ao passar por este dia que o Senhor me deu, ajuda-me a encontrar sinais da sua presença permanente ao longo do caminho. E, por favor, sintonize o meu coração para ouvir-te sussurrar: "*Eu estou com você e cuidarei de você, aonde quer que vá*".

Em dias iluminados e alegres, posso falar contigo sobre as alegrias que o Senhor proporciona. Agradecer por eles faz a minha alegria se expandir exponencialmente! Em dias difíceis e sombrios, posso segurar a sua mão com confiança e dependência, agarrando-me à sua promessa de que *o Senhor me ajudará*.

Minha vida física é um presente incrível, mas a minha vida espiritual é um tesouro de valor *infinito*. Porque eu pertenço a Ti, viverei contigo para sempre, desfrutando de um corpo glorificado que nunca ficará doente ou se cansará. Obrigado pelo dom inestimável da salvação *pela graça, por meio da fé*!

Em teu nome salvador,
Amém

**Colossenses 1:16; Gênesis 28:15;
Isaías 41:13; Efésios 2:8**

## 6 de setembro

Jesus confiável,

*Ajuda-me a vencer a minha incredulidade*! Estou tentando aprender um novo hábito, dizendo "Confio em Ti, Jesus" em resposta a qualquer coisa que aconteça comigo. Este não é um hábito fácil para mim, mas estou descobrindo que vale a pena o esforço. A prática de afirmar a minha fé em Ti me ajuda a ver-te em todas as situações.

Gosto de passar o tempo pensando em quão verdadeiramente confiável o Senhor é, deleitando-me no *seu amor leal* e refletindo sobre o *seu poder e a sua glória*. Ao reconhecer o teu controle soberano sobre tudo, posso ver os eventos através da luz da tua presença permanente. Então o medo perde o controle sobre mim. Circunstâncias adversas se tornam oportunidades de crescimento quando eu afirmo a minha confiança em Ti, não importa o que aconteça. E fico mais grato pelas bênçãos, percebendo que todas elas fluem da tua mão de graça.

Essa prática de expressar a minha confiança em Ti me mantém perto de Ti e fortalece nosso relacionamento. Eu confio em Ti, Jesus. Ajuda-me a confiar em Ti cada vez mais!

Em teu nome inabalável,
Amém

Marcos 9:24; Salmos 143:8;
Salmos 63:2; Isaías 40:10–11

## 7 de setembro

Ó Senhor,
*Tu és a minha lâmpada! O Senhor ilumina-me as trevas.*
O Senhor está comigo e dentro de mim e é a luz do mundo. Todos os dias, encontro escuridão no mundo e em meu próprio coração, mas *tenho ânimo*, sabendo que *o Senhor venceu o mundo*. Então, em vez de me concentrar em coisas erradas e prejudiciais, escolho me concentrar em Ti, o Vencedor magnífico.

Tu me chamaste para caminhar contigo *no caminho da paz*. No entanto, tantas distrações puxam a minha consciência e eu tenho responsabilidades muito reais na minha vida. Por favor, ajuda-me a voltar os meus pensamentos para Ti cada vez mais, desfrutando da paz da tua presença em momentos difíceis, bem como em bons momentos. Certamente não posso fazer isso perfeitamente, mas *posso* progredir, pouco a pouco. Enquanto dirijo minha atenção a Ti, Jesus, Tu afastas as trevas com a tua luz invencível! É assim que o Senhor *ilumina-me as trevas*.

Em teu nome esplêndido, Jesus,<br>Amém

2 Samuel 22:29; João 8:12;<br>João 16:33; Lucas 1:76,79

## 8 de setembro

Jesus amado,
O Senhor ensinou aos seus discípulos que *basta a cada dia o seu próprio mal*. Então eu posso esperar encontrar *alguns* problemas todos os dias. Por favor, ajuda-me a lidar, com calma e confiança, com as dificuldades que surgem no meu caminho. É reconfortante lembrar que o Senhor *não* se surpreende com os eventos que me surpreendem. Tu és *o Princípio e o Fim*; Tu sabes tudo! Além disso, o Senhor está continuamente comigo, para me guiar e confortar enquanto eu passo por momentos turbulentos.

Cada dia ter o seu *próprio* mal pode até ser uma bênção, manter-me focado no presente. Minha mente ativa procura desafios para mastigar. Se não tenho o suficiente para ocupar a minha mente hoje, é mais provável que me preocupe com o futuro.

Aprendi que as dificuldades podem me aproximar de Ti quando colaboro contigo para lidar com elas. À medida que nós dois lidamos com os meus problemas *juntos*, ganho confiança na minha capacidade de lidar com isso e desfruto da sua proximidade. O prazer da sua companhia me abençoa imensamente!

Em teu nome aprazível,<br>Amém

**Mateus 6:34; Apocalipse 21:6;
Romanos 12:12**

## 9 de setembro

Deus compassivo,

Como é reconfortante saber que *Tu deixaste livre o meu caminho para que não se torçam os meus tornozelos*. Porque o Senhor está no controle, não preciso me preocupar com o que vai acontecer ou me perguntar se serei capaz de lidar com isso. Percebo que só *o Senhor* sabe o que o meu futuro realmente reserva e Tu és o único que entende completamente do que sou capaz. Além disso, o Senhor pode alterar as minhas circunstâncias a qualquer momento, gradual ou dramaticamente. Na verdade, o Senhor pode até ampliar o caminho que estou trilhando agora.

Ajuda-me a realmente compreender como o Senhor está intrinsecamente envolvido em todos os aspectos da minha vida. Tu estás sempre cuidando de mim, ajustando as minhas circunstâncias para me proteger de dificuldades desnecessárias. A tua palavra diz que *o Senhor é um escudo para todos os que em Ti se refugiam*. Estou aprendendo que meu papel na nossa jornada aventureira é confiar em Ti, permanecer em comunicação e caminhar contigo em passos de alegre dependência.

Sei que não remove todas as adversidades da minha vida, mas sou grato pelo Senhor ir à minha frente e ampliar o meu caminho. Esta é uma das muitas maneiras pelas quais o Senhor me abençoa e me mantém seguro.

Em teu nome bendito, Jesus,
Amém

**Salmos 18:36; Salmos 18:30;
Números 6:24–26**

## 10 de setembro

Jesus precioso,
Ajuda-me a manter os meus olhos em Ti e a ter grandes pensamentos do Senhor. É fácil para mim ficar desanimado quando me concentro em coisas menos importantes (as notícias, a economia, os problemas dos entes queridos, os meus próprios problemas e assim por diante). Este mundo está cheio de problemas, mas não quero que as dificuldades sejam o meu foco principal. Por favor, continue me lembrando que o Senhor está comigo e *venceu o mundo*. O Senhor está mais perto do que o ar que respiro, mas é Deus infinito, *Rei dos reis e Senhor dos senhores*. O Senhor também é meu amoroso Salvador e amigo fiel. Em Ti tenho tudo o que preciso!

Uma das minhas maneiras favoritas de aumentar a minha consciência da tua grandeza é louvar-te. Isso me conecta contigo, Pai, Filho e Espírito, de uma maneira gloriosa! Adorar-te afasta as trevas, expandindo o teu reino de luz no mundo. Sou abençoado quando te louvo lendo ou cantando os Salmos. Preencher a minha mente com a verdade bíblica me fortalece e me equipa para resistir ao desânimo. À medida que os problemas surgem no meu caminho, é crucial que eu me aproxime de Ti e passe algum tempo pensando em quem Tu és, meu Salvador e amigo que é Deus *todo-poderoso*!

Em teu nome exaltado,<br>Amém

**João 16:33; Apocalipse 19:16;
Apocalipse 1:8**

## 11 de setembro

Meu Deus Salvador,

À medida que o mundo parece cada vez mais inseguro, preciso voltar cada vez mais minha atenção a Ti. Ajuda-me a lembrar que o Senhor está comigo em *todos* os momentos e já conquistou a vitória final. Porque *estou em Ti e Tu estás em mim*, tenho uma eternidade de vida livre de estresse me esperando no céu, onde não haverá nem mesmo um traço de medo ou preocupação. Em vez disso, experimentarei a paz perfeita e o amor ilimitado na sua presença. Mesmo agora, pensar neste glorioso futuro contigo, *o Rei da glória*, me enche de alegria!

Refletir sobre essa *esperança futura* me fortalece e me encoraja enquanto continuo a viver neste mundo profundamente decadente. Sempre que eu começar a me sentir ansioso sobre algo que vi, ouvi ou pensei, por favor, peça-me para trazer essa preocupação diretamente a Ti. Sei que o Senhor é o único que me dá segurança, não importa o que esteja acontecendo. Quando a minha mente se voltar para uma maneira idólatra de tentar me sentir seguro, lembra-me de falar a verdade para mim mesmo: "Não é *isso* que me deixa seguro". Isso me liberta para me voltar para Ti e pensar em quem Tu és, o Salvador vitorioso que também é meu amigo para sempre. Em Ti estou absolutamente seguro!

Em teu nome triunfante, Jesus,
Amém

**João 14:20; Salmos 24:7;
Provérbios 23:18; João 15:13**

## 12 de setembro

Meu Senhor vivo,
Ao concentrar a minha atenção em Ti, anseio que o orvalho da tua presença renove a minha mente e o meu coração. Tantas coisas disputam a minha atenção nestes tempos complexos de comunicação instantânea. O mundo mudou enormemente desde que o Senhor deu a primeira ordem: *"Parem de lutar! Saibam que eu sou Deus"*. No entanto, percebo que essa verdade atemporal é essencial para o bem-estar da minha alma. Assim como o orvalho renova a grama e as flores durante a quietude da noite, a tua presença me revitaliza enquanto passo o tempo sentado em silêncio contigo.

Quando a minha mente está renovada e revitalizada, sou capaz de distinguir o que é importante e o que não é. Na sua condição natural, a minha mente fica facilmente presa em assuntos triviais. Como as rodas de um carro presas na lama, as engrenagens do meu cérebro giram impotentes quando me concentro em algo insignificante. Mas assim que começo a me comunicar contigo sobre o assunto, os meus pensamentos ganham força e posso passar para preocupações mais importantes.

Por favor, coloque os seus pensamentos na minha mente cada vez mais. Ajuda-me a permanecer em comunicação contigo, Senhor.

Em teu nome renovador, Jesus,<br>Amém

**Hebreus 3:1; Salmos 46:10; Lucas 10:39–42**

## 13 de setembro

Jesus, meu refúgio,

A tua palavra diz que *Tu és escudo para todos os que se refugiam em Ti*. Ajuda-me a lembrar dessa promessa preciosa quando o meu mundo parecer ameaçador e inseguro. Como é reconfortante saber que o Senhor protege pessoalmente *todos* os que fazem de Ti um refúgio. O Senhor é um lugar seguro no meio dos problemas.

Refugiar-se em Ti envolve *confiar em Ti* e *derramar o meu coração diante de Ti*. Estou aprendendo que não importa o que esteja acontecendo na minha vida, é sempre o momento certo para expressar a minha confiança em Ti. É claro que às vezes preciso atender às exigências das minhas circunstâncias antes de fazer uma pausa para derramar o meu coração. Mas posso apenas sussurrar a minha confiança e esperar até encontrar a hora e o lugar certos para expressar as minhas emoções a Ti. Então, quando as circunstâncias permitirem, posso falar livremente na segurança da tua presença. Esta rica comunicação contigo me traz um alívio real. Também fortalece o meu relacionamento contigo e me ajuda a encontrar o caminho a seguir.

Alegro-me que a tua presença protetora esteja sempre disponível para mim. Sempre que estou com medo, gosto de me voltar para Ti e dizer: "Jesus, eu me refugio em Ti".

Em teu nome protetor,
Amém

2 Samuel 22:31; Salmos 46:1; Salmos 62:8

## 14 de setembro

Querido Jesus,

Tu és digno de toda a minha confiança, toda a minha fé! Então, em vez de deixar os eventos mundiais me assustarem, vou colocar a minha energia em confiar em Ti e procurar evidências da tua presença no mundo. Adoro sussurrar o teu nome para reconectar o meu coração e a minha mente a Ti. *O Senhor está perto de todos os que o invocam.* Por favor, envolva-me na tua presença permanente e me conforte com a sua paz.

Ajuda-me a lembrar que Tu és amoroso e fiel. *O teu amor chega até os céus; a tua fidelidade até as nuvens.* Isso significa que nunca poderei chegar ao fim do teu amor; ele é ilimitado e eterno! Além disso, posso me firmar na rocha da tua fidelidade, não importa quais circunstâncias eu esteja enfrentando.

Percebo que colocar minha confiança nas minhas habilidades, educação ou sucesso é inútil e desagrada a Ti. Ensina-me a colocar a minha confiança totalmente em *Ti*, o Salvador cuja morte em sacrifício e a ressurreição milagrosa abriram o caminho para mim para a *glória eterna*!

Em teu nome de arrebatador,<br>Amém

**Salmos 145:18; Salmos 36:5;
2 Coríntios 4:17**

## 15 de setembro

Deus fiel,

Preciso parar de tentar resolver as coisas antes que a hora chegue. Ajuda-me a aceitar as limitações de viver um dia de cada vez. Quando algo vem à minha atenção, posso fazer uma pausa e perguntar se isso faz parte da programação de hoje para mim. Se não for, posso simplesmente liberá-lo aos teus cuidados e tua guarda e passar para as responsabilidades de hoje. Descobri que, quando sigo essa prática, há uma bela simplicidade na minha vida: *para tudo há uma ocasião certa* e tudo tem seu tempo.

O Senhor prometeu muitas bênçãos *para aqueles que esperam em Ti: nova força*, ressurgimento da esperança, consciência da sua presença contínua. Esperar por Ti me permite glorificar-te vivendo em profunda dependência de Ti, pronto para fazer a tua vontade.

Descobri que viver perto de Ti torna a minha vida menos complicada e confusa. Embora o mundo ao meu redor seja confuso e tumultuado, regozijo-me pelo *Senhor ter vencido o mundo*. Obrigado por *me dizer essas coisas para que em Ti eu tenha paz*.

Em teu nome maravilhoso, Jesus,
Amém

**Eclesiastes 3:1–2;
Isaías 40:30–31; João 16:33**

## 16 de setembro

Jesus misericordioso,
Quando estou passando por um período sombrio, um momento especialmente difícil, é fácil para mim projetar essa escuridão no futuro. Quanto mais luto contra as circunstâncias adversas, mais escuro parece o caminho à frente e mais difícil é para mim me imaginar percorrendo por caminhos iluminados novamente. É tão tentador desistir e deixar a miséria se tornar minha companheira. Mas sei que o Senhor é o meu companheiro constante, Jesus. Então, ajuda-me a me apegar a Ti, Senhor, confiando que Tu és capaz de *iluminar-me as trevas*.

Em vez de me concentrar nas circunstâncias que estão me sobrecarregando, preciso olhar para Ti, lembrando que *o Senhor está sempre comigo. Tomas a minha mão direita,* me encorajando *a viver por fé* em meio às trevas. Pelos olhos da fé, posso antecipar tempos melhores à frente e te louvar por eles. Enquanto eu ando adoravelmente contigo através da escuridão, o Senhor me permite ver *a luz da alvorada* no caminho diante de mim. Por favor, ajuda-me a perseverar neste caminho, confiando que a penumbra *brilhará cada vez mais até a plena claridade do dia.*

Em teu nome espetacular,
Amém

2 Samuel 22:29
Salmos 18:26; Salmos 73:23;
2 Coríntios 5:7; Provérbios 4:18

### 17 de setembro

Deus gracioso,
A tua palavra diz que posso *entregar as minhas preocupações a Ti e Tu me sustentarás*. Eu tenho carregado os meus próprios fardos e isso está me cansando! Meus ombros não são fortes o suficiente para suportar essas cargas pesadas, então, por favor, ajuda-me a lançar os meus fardos sobre Ti, Senhor.

Quando percebo que algo está me sobrecarregando, preciso examinar o problema para descobrir se é meu ou de outra pessoa. Se não é meu, posso simplesmente soltá-lo e deixá-lo para trás. Se o problema *for* meu, falarei sobre isso contigo e pedirei que me mostres como queres que eu lide com isso.

Minha tendência habitual é deixar as preocupações me sobrecarregarem, tornando-se o meu foco. Por favor, continue me lembrando de trazer as minhas preocupações para Ti e deixá-las contigo. Sei que o Senhor pode carregá-las em seus ombros fortes com facilidade. Entregar os meus fardos a Ti alivia a minha carga e me liberta para viver em alegre dependência de Ti.

Senhor, sou encorajado pelo seu compromisso de *me sustentar*, de me amparar e fornecer o que preciso. Eu me alegro na tua promessa de *suprir todas as minhas necessidades de acordo com tuas gloriosas riquezas*!

Em teu nome magnífico, Jesus,
Amém

**Salmos 55:22; Isaías 9:6;
Filipenses 4:19**

## 18 de setembro

Senhor poderoso,
Ajuda-me a *ter confiança em Ti e não temer*, lembrando que *Tu és a minha força e o meu cântico*. Sou abençoado ao refletir sobre o que significa ter o Senhor como a minha força. O Senhor trouxe o universo à existência, o seu poder é absolutamente ilimitado! Quando eu enfrento as minhas fraquezas e as confio a Ti, o teu poder pode fluir livremente em mim. No entanto, descobri que os meus medos podem impedir o fluxo da tua força. Aprendi que tentar lutar contra os meus medos é contraproducente, isso me mantém focado no medo e não em Ti. Em vez disso, preciso me concentrar na *tua grande fidelidade*. Quando me relaciono contigo com confiança, não há limite para o quanto o Senhor pode me fortalecer.

Sou grato pelo Senhor ser *o meu cântico* e compartilhar a sua alegria comigo. Anseio estar cada vez mais consciente da tua presença, onde *há alegria plena*. Ó Senhor, eu me alegro enquanto caminho contigo em direção ao meu lar celestial e me junto a Ti para cantar o seu cântico!

Em teu nome alegre, Jesus,<br>Amém

**Isaías 12:2–3; Salmos 56:3;
Lamentações 3:22–23; Salmos 16:11**

## 19 de setembro

Deus soberano,

A tua palavra me diz que *o Senhor me conduz pelo caminho da sabedoria e me encaminha por veredas retas*. No entanto, às vezes me sinto tão confuso, lutando para encontrar o caminho certo a seguir. Tentei tantas coisas e estive tão esperançoso às vezes. Mas os meus caminhos cheios de esperança levaram à decepção. Sou grato pelo Senhor entender completamente o quão difícil a minha jornada tem sido. Mesmo que eu deseje circunstâncias mais fáceis, acredito que o Senhor pode tirar coisas boas de cada pedacinho da minha luta.

Ajuda-me a andar no *caminho da sabedoria*, confiando em Ti, não importa o que aconteça na minha vida. Sei que a confiança inabalável em Ti é essencial para encontrar e seguir o caminho certo. Ao longo da minha jornada, encontro muitas coisas que parecem aleatórias ou erradas. No entanto, acredito que o Senhor está encaixando todas elas em um *plano*, o seu Plano Mestre.

Percebo que posso ver apenas uma parte muito pequena de uma imagem imensamente grande. Do meu ponto de vista limitado, a minha jornada parece confusa, com reviravoltas intrigantes. Mas estou aprendendo *a viver por fé, e não pelo que vemos*, confiando que o Senhor está realmente *me encaminhando por veredas retas*.

Em teu nome grandioso e sábio, Jesus,
Amém

**Provérbios 4:11; Romanos 8:28 (NTLH);
Provérbios 20:24; 2 Coríntios 5:7**

## 20 de setembro

Salvador esplêndido,
Entro na tua presença buscando descanso. Minha mente precisa de uma pausa do seu julgamento habitual. Formulo julgamentos sobre essa situação, aquela situação, essa pessoa, aquela pessoa, até mesmo o clima, como se julgar fosse a descrição do meu trabalho. Mas a Bíblia me diz que o Senhor me criou antes de tudo para *conhecer-te* e viver em rica comunhão contigo. Quando me preocupo em julgar, usurpo o teu papel. Ajuda-me a me afastar dessa atitude pecaminosa e continuar voltando-me para Ti, vivendo em alegre consciência da tua presença amorosa.

Ensina-me a me relacionar contigo como a criatura com o Criador, a ovelha com o Pastor, o súdito com o Rei e o barro com o Oleiro. Quero que o Senhor tenha o seu caminho na minha vida cada vez mais. Em vez de avaliar os teus caminhos comigo, preciso aceitá-los com confiança e gratidão. Percebo que a intimidade que o Senhor me oferece não é um convite para agir como se eu fosse seu igual. O desejo do meu coração é adorar-te como *Rei dos reis* enquanto caminho de mãos dadas contigo ao longo do meu caminho da vida.

Em teu nome glorioso, Jesus,<br>Amém

**Mateus 7:1; João 17:3;<br>Romanos 9:20–21; Apocalipse 19:16**

## 21 de setembro

Precioso Senhor Jesus,

Tu és *Emanuel, Deus conosco* e és suficiente! Quando as coisas na minha vida estão fluindo sem problemas, é fácil para mim confiar na tua suficiência. Mas quando encontro trechos ásperos, um após o outro, após o outro, às vezes sinto que a sua provisão é inadequada. Em momentos como este, a minha mente tende a entrar em alta velocidade, obcecada com maneiras de melhorar as coisas. Percebi que a resolução de problemas pode se tornar um vício. Há momentos em que a minha mente gira com tantos planos e possibilidades que fico confuso e exausto.

Em vez de me concentrar demais nos problemas, preciso lembrar que *o Senhor está sempre comigo*, cuidando de mim. Ajuda-me a me alegrar em Ti e proclamar a tua suficiência mesmo durante os meus momentos mais difíceis. Esta é uma resposta sobrenatural e devo confiar no teu Espírito para me capacitar. Também tenho que me disciplinar para fazer escolhas sábias, dia a dia e momento a momento. Senhor, eu escolho *me alegrar em Ti, Deus da minha salvação*, pois Tu és realmente suficiente!

Em teu nome todo-suficiente,
Amém

**Mateus 1:21–23; Mateus 28:20;
Habacuque 3:17–18**

## 22 de setembro

Meu Senhor zeloso,

*Teu amor ficará comigo enquanto eu viver!* Então, procurarei sinais da tua presença amorosa enquanto passo por este dia. O Senhor se revela para mim de várias maneiras, palavras da Sagrada Escritura exatamente quando eu preciso delas, palavras úteis ditas por outras pessoas, "coincidências" orquestradas pelo seu Espírito, a beleza da natureza e assim por diante. Teu amor por mim não é passivo. Ele me persegue ativamente e salta para a minha vida! Por favor, abra os olhos do meu coração para que eu possa "ver" o Senhor me abençoando de inúmeras maneiras, pequenas e grandes.

Quero não apenas receber as tuas bênçãos abundantes, mas também anotá-las cuidadosamente, apreciá-las e *refletir sobre elas no meu coração*. Sou grato pelas incontáveis maneiras de o Senhor aparecer na minha vida. Gosto de escrever algumas dessas bênçãos para que eu possa apreciá-las novamente. Esses sinais da tua presença me fortalecem e me preparam para quaisquer dificuldades que encontrarei no caminho à frente. Ajuda-me a lembrar que *nada na criação será capaz de me separar do teu amor*!

Em teu nome conquistador, Jesus,
Amém

**Salmos 23:6 (NTLH); Salmos 119:11;
Lucas 2:19; Romanos 8:39**

## 23 de setembro

Meu Deus grandioso,

Sou grato porque *as tuas misericórdias nunca falham; renovam-se a cada manhã*, para que eu possa começar cada dia com confiança, sabendo que o seu vasto reservatório de bênçãos está cheio até a borda! Esse conhecimento me ajuda a esperar por Ti, confiando as minhas orações há muito não respondidas aos seus cuidados e guarda. Confio que nenhum dos meus pedidos passou despercebido por Ti. Enquanto espero na tua presença, ajuda-me a beber profundamente da tua fonte de amor ilimitado e compaixão infalível. Essas provisões divinas estão disponíveis gratuitamente para mim e são essenciais para a minha saúde espiritual.

Embora muitas das minhas orações ainda não tenham sido respondidas, encontro esperança *na sua grande fidelidade*. O Senhor cumpre *todas* as suas promessas, da sua maneira perfeita e no seu tempo perfeito. O Senhor prometeu me dar a paz que pode afastar o problema e o medo em meu coração. Se eu me cansar de esperar, por favor, lembra-me de que o Senhor também espera *o momento de ser bondoso comigo e me mostrar compaixão*. O Senhor se detém até que eu esteja pronto para receber as coisas que preparou com amor para mim. Enquanto passo tempo na tua presença, regozijo-me na promessa de que *são felizes todos os que em Ti esperam*.

Em teu nome gracioso, Jesus,
Amém

Lamentações 3:22–24;
João 14:27; Isaías 30:18

## 24 de setembro

Amado Senhor Jesus,

Por favor, inspira a tua paz no mais íntimo do meu ser. Enquanto me sento calmamente na luz da tua presença, anseio sentir a tua paz crescendo dentro de mim. Isso não é algo que eu possa realizar por meio de autodisciplina e força de vontade; é uma questão de me abrir para receber a tua bênção.

Nesta era de independência, é contracultural e contraintuitivo reconhecer a minha carência. No entanto, o Senhor me levou por um caminho que destacou a minha necessidade de Ti, colocando-me em situações em que os meus pontos fortes eram irrelevantes e as minhas fraquezas eram evidentes. Pela aridez daquelas marchas do deserto, Tu me aproximaste cada vez mais de Ti. Além disso, o Senhor proporcionou belas surpresas naquela *terra ressequida pelo sol*. Descobri plantas da paz florescendo nos lugares mais desolados!

O Senhor tem me ensinado a agradecer pelos momentos complicados e pelas jornadas difíceis, confiando que, por meio deles, o Senhor realiza o seu melhor trabalho. E estou aprendendo que precisar de Ti é a chave para conhecê-lo intimamente, que é o dom acima de todos os dons!

Em teu nome incomparável,<br>
Amém

**João 14:27; Isaías 58:11;
Efésios 5:20**

## A ESCUTA DE JESUS

## 25 de setembro

Jesus gentil,

Chego cansado à tua presença, sentindo-me sobrecarregado pelos fracassos de ontem. Gostaria de poder desfazer as minhas decisões de que agora me arrependo. No entanto, sei que o passado está além do reino da mudança e não pode ser desfeito. Mesmo *o Senhor*, embora viva na atemporalidade, respeita os limites do tempo que existem neste mundo. Portanto, não quero desperdiçar energia lamentando as más escolhas que fiz. Em vez disso, peço que me perdoe e me ajude a aprender com os meus erros.

Quando estou me sentindo sobrecarregado por coisas das quais me arrependo, é como se estivesse arrastando os meus fracassos como correntes pesadas presas aos meus tornozelos. Nesses momentos, acho benéfico imaginar o Senhor vindo em meu socorro e cortando essas correntes. O Senhor veio para libertar os seus seguidores e eu quero andar na verdade de que *sou de fato livre*!

Senhor, eu me alegro pelo Senhor redimir as minhas falhas, me perdoando e me guiando por caminhos de novidade. Enquanto falo contigo sobre os meus erros, preciso *aprender contigo*. Por favor, mostra-me as mudanças que o Senhor quer que eu faça e *me guie por caminhos certos*.

Em teu nome redentor,
Amém

**Mateus 11:28–29; João 8:36; Salmos 23:3 (NTLH)**

## 26 de setembro

Jesus vitorioso,

Ajuda-me a acolher os problemas como algo que eleva a perspectiva. Quando as coisas estão indo bem na minha vida, é fácil para mim andar como sonâmbulo pelos meus dias, apenas seguindo as minhas rotinas. Mas se esbarro em um obstáculo que bloqueia o meu caminho, de repente acordo e fico mais atento.

Descobri que quando encontro um problema sem solução imediata, a minha resposta a essa situação me leva para cima ou para baixo. Eu posso atacar a dificuldade, ressentindo-a e sentindo pena de mim mesmo. Mas a experiência me ensinou que essa atitude negativa me levará a um poço de autopiedade. Em vez dessa resposta dolorosa, posso ver o problema como uma escada, permitindo-me subir e ver a minha vida da sua perspectiva. Olhando para o problema desta elevação, posso ver que o obstáculo que me impediu é apenas um *sofrimento leve e momentâneo*.

Uma vez que a minha perspectiva tenha sido aumentada, estou livre para desviar o olhar da dificuldade e voltar-me de todo o coração para Ti. Conforme concentro a minha atenção em Ti, a luz da tua presença brilha sobre mim, me abençoando e me renovando.

Em teu nome radiante e renovador,<br>Amém

2 Coríntios 4:17–18;<br>Salmos 89:15; Números 6: 24–25

## 27 de setembro

Salvador amoroso,

Ajuda-me a parar de pensar demais, de ficar obcecado com assuntos sem importância. Quando a minha mente está ociosa, tendo a entrar no modo de planejamento, tentando descobrir as coisas e tomar decisões antes que eu realmente precise. Percebo que esta é uma maneira ineficaz de tentar estar no controle; também é uma perda de tempo precioso. Muitas vezes acabo mudando de ideia de qualquer maneira, ou até mesmo esquecendo o que decidi. Sei que há um tempo para planejar, mas definitivamente não é o tempo *todo* ou mesmo a maior parte dele.

Eu realmente quero viver no presente, onde a tua bela presença me espera continuamente. À medida que me renovo na tua proximidade, o teu amor penetra no meu íntimo. Deleito-me em relaxar contigo, deixando de lado os problemas para que eu possa estar atento a Ti e receptivo ao teu amor. *A minha alma tem sede de Ti*, mas muitas vezes não percebo o que realmente anseio: a consciência da tua presença comigo.

Senhor, por favor, *conduza-me a águas tranquilas e restaure o meu vigor*. Assim como os amantes podem se comunicar profundamente com pouquíssimas palavras, assim é no meu relacionamento contigo, o amante da minha alma.

Em teu nome terno, Jesus,<br>Amém

**Efésios 3:16–18;
Salmos 63:1; Salmos 23:2–3**

## 28 de setembro

Deus poderoso,

A tua mão soberana, o teu controle sobre a minha vida, me colocou em circunstâncias humilhantes. Eu me sinto pressionado, contido e impotente para mudar as coisas. Porque isso parece tão desconfortável, parte de mim anseia por se libertar e recuperar algum controle. No entanto, sei que essa posição de humildade é, na verdade, um bom lugar para eu estar. Meu desconforto me desperta do sono da rotina e me lembra que *o Senhor* está no comando da minha vida.

As dificuldades que enfrento me apresentam uma escolha crucial. Posso resmungar sobre os meus problemas, ressentindo-me dos seus modos comigo, ou posso me aproximar de Ti. Quando estou sofrendo, a minha necessidade de proximidade contigo é maior do que nunca. Quanto mais eu escolho me aproximar de Ti, afirmando a minha confiança no Senhor, mais posso encontrar esperança no *teu amor*. O Senhor está me ensinando a *alegrar-me na esperança* enquanto espero na tua presença, onde a alegria abunda!

Ajuda-me a perseverar em confiar em Ti, Senhor, acreditando que *Tu me exaltarás no tempo devido*. Enquanto isso, continuarei lançando toda a minha ansiedade em Ti, sabendo que *Tu cuidas de mim* afetuosamente e estás cuidando de mim continuamente.

Em teu nome poderoso, Jesus,
Amém

**Salmos 33:22; Romanos 12:12;
Salmos 16:11; 1 Pedro 5:6–7**

## 29 de setembro

Senhor Jesus generoso,
Venho a Ti com um coração agradecido, ciente de que meu cálice está transbordando de bênçãos. A gratidão me permite percebê-lo mais claramente e me alegrar em nosso relacionamento de amor. Sou tão grato que nada pode me separar da tua presença amorosa! Esta garantia da tua presença contínua comigo é a base da minha segurança. Sempre que eu começar a me sentir ansioso, por favor, lembra-me de que minha segurança está somente em Ti e Tu és totalmente confiável.

Percebo que nunca estarei no controle das circunstâncias da minha vida, mas estou aprendendo a relaxar e confiar no *teu* controle. O Senhor está me ensinando a buscá-lo e conhecê-lo em maior profundidade e amplitude, em vez de lutar por um estilo de vida previsível e seguro. Ajuda-me, Senhor, a me apegar a *Ti* em vez de me apegar aos meus velhos caminhos. Quero viver a minha vida como uma gloriosa aventura compartilhada contigo, meu eterno amigo e companheiro constante. O Senhor está sempre fazendo algo novo em mim e está trabalhando em todas as minhas circunstâncias. Então eu preciso ficar alerta e estar atento a tudo o que o Senhor preparou para mim.

Em teu nome maravilhoso,<br>Amém

**Romanos 8:38–39; Salmos 56:3–4; Isaías 43:19**

## 30 de setembro

*Meu refúgio,*

O Senhor é digno de toda a minha confiança, toda a minha fé! Há pessoas e coisas que merecem um pouco da minha confiança, mas apenas o Senhor a merece por *completo*. Em um mundo que parece cada vez mais inseguro e imprevisível, o Senhor é a rocha que fornece uma base firme para a minha vida, *minha Rocha em quem me refugio*.

Porque o Senhor é o *meu refúgio*, meu senso de segurança não repousa nas minhas circunstâncias. Minha inclinação natural é me esforçar para estar no controle da minha vida, mas o Senhor está me treinando para relaxar no *seu* controle soberano. Tu és *um auxílio sempre presente na adversidade* e estás sempre presente comigo. Por favor, ajuda-me a enfrentar as mudanças indesejadas e as circunstâncias inquietantes sem medo.

Em vez de deixar os pensamentos ansiosos vagarem livremente na minha mente, preciso levá-los cativos, expressando a minha confiança em Ti. Quando eu trago esses pensamentos cativos à tua presença, Tu os subjugas e me dás a tua paz. Como a tua palavra me garante, *quem confia em Ti está seguro*.

Em teu nome poderoso, Jesus,
Amém

Salmos 18:2; Salmos 46:1–2;
2 Coríntios 10:5; Provérbios 29:25

# Outubro

*Que o Deus da esperança os encha
de toda alegria e paz, por sua
confiança nele, para que vocês
transbordem de esperança, pelo
poder do Espírito Santo.*

ROMANOS 15:13

## 1º de outubro

Jesus amado,
Tu és a minha alegria! Essas palavras iluminam a minha vida quando penso nelas, sussurro ou falo em voz alta. Já que Tu estás sempre comigo, *a alegria da tua presença* está continuamente disponível para mim. Posso abrir o meu coração à tua presença afirmando a minha confiança em Ti, o meu amor por Ti. A tua luz brilha sobre mim e dentro de mim enquanto *me alegro em Ti*, meu Salvador. Deleito-me em pensar em tudo o que Tu és para mim e tudo o que fizeste por mim.

Quando me tornei teu seguidor, o Senhor me capacitou a superar as circunstâncias da minha vida. Tu me encheste com o teu Espírito, e este Santo Auxiliador tem poder ilimitado. Além disso, o Senhor prometeu que *voltaria e me levaria para estar contigo para que eu esteja onde o Senhor estiver* para sempre!

Sempre que o meu mundo parece escuro, focar em Ti, *a luz do mundo*, ilumina a minha perspectiva. Enquanto relaxo na tua presença, quase posso ouvir-te sussurrando: "Amado, eu sou a sua alegria".

Em teu nome gracioso,
Amém

**Salmos 21:6; Filipenses 4:4;
João 14:3; João 8:12**

## 2 de outubro

Deus glorioso,

Deleito-me com a impressionante verdade de que *o Senhor será o meu guia até o fim*! Como é reconfortante saber que aquele que me conduz a cada dia nunca me abandonará. O Senhor é a constante com a qual sempre posso contar, aquele que vai à minha frente, abrindo o caminho, mas que permanece perto de mim. *Tu tomas a minha mão direita. Tu me diriges com o teu conselho, e depois me receberás com honras.*

Tenho dificuldade em tomar decisões, então às vezes fico tentado a ser excessivamente dependente de outras pessoas. Mas o Senhor tem me mostrado um caminho muito melhor. Porque Tu és meu Senhor e Salvador, eu tenho um Líder completamente confiável e infinitamente sábio que *está sempre comigo. O Senhor me guia com a sua verdade e me ensina*, me equipando para tomar boas decisões.

Enquanto viajo contigo, sou grato pelo magnífico mapa que o Senhor forneceu: a Bíblia. *A tua palavra é lâmpada que ilumina os meus passos e luz que clareia o meu caminho.* Ajuda-me a seguir esta luz e a segui-lo, pois o Senhor é aquele que conhece o melhor caminho a seguir.

Em teu nome confiável, Jesus,
Amém

**Salmos 48:14; Salmos 73:23–24;
Salmos 25:5; Salmos 119:105**

## 3 de outubro

Querido Jesus,

Ajuda-me a lembrar que *não* estou em julgamento. A tua palavra me garante que *não há condenação para os que estão em Ti*, aqueles que o conhecem como Salvador. Eu já fui julgado "inocente!" nas cortes do céu por meio da tua obra consumada na cruz. Tua morte em sacrifício e tua ressurreição milagrosa me libertaram da escravidão do pecado. Quero viver alegremente nesta liberdade, aprendendo a relaxar e saborear a minha posição livre de culpa no seu reino. No entanto, luto para viver nesta incrível liberdade que o Senhor conquistou para mim, Senhor.

Sou muito grato pela graça que o Senhor *derramou sobre mim*. Por favor, trabalha no meu coração para que a gratidão pela tua graça alimente o meu desejo de viver de acordo com a tua vontade. Quanto mais perto de Ti eu vivo, melhor posso discernir a tua vontade e mais plenamente posso experimentar a tua alegria e paz. Conhecer o Senhor intimamente me ajuda a confiar em Ti o suficiente para receber a tua paz mesmo em meio a problemas. E *transbordar de gratidão* tem o delicioso "efeito colateral" de aumentar a minha alegria!

Em teu nome gracioso,
Amém

**Romanos 8:1; João 8:36;
Efésios 1:7–8; Colossenses 2:6–7**

## 4 de outubro

Invencível Senhor Jesus,

O Senhor é a fundação e o foco da minha vida. Sou grato pelo Senhor ser uma fundação tão firme: *minha rocha* que não é abalada nem pelas tempestades mais ferozes. Eu te louvo, Senhor poderoso!

Antes de conhecer-te como meu Deus Salvador, eu não tinha nada sobre o que construir a minha vida. Toda vez que eu tentava criar algo significativo, acabava desmoronando como um castelo de cartas. Sem Ti, tudo acabou sendo *"Ilusão! Ilusão!"*. Mas desde que o Senhor se tornou o meu Salvador, tenho edificado sobre a sólida rocha da sua presença. Algumas das coisas em que trabalhei floresceram e outras não, mas sempre tenho um *lugar seguro para me firmar*, a base que o Senhor me deu.

Descobri que a chave para a estabilidade na minha vida é *sempre colocar o Senhor diante de mim*. Quando faço de Ti o meu foco, posso caminhar com mais firmeza ao longo do meu caminho de vida. Muitas distrações ainda disputam a minha atenção, mas Tu és o guia que está sempre diante de mim. Enquanto continuo olhando para Ti, posso ver o Senhor me chamando, passo a passo, até o céu!

Em teu nome majestoso,<br>Amém

**2 Samuel 22:47; Eclesiastes 1:2 (NTLH);
Salmos 40:2; Salmos 16:8**

## 5 de outubro

Salvador compassivo,

A sua palavra ensina que *o Senhor cuida de mim,* o Senhor está cuidando de mim! Mas quando as condições que estão me incomodando pioram em vez de melhorar, é fácil para mim sentir como se o Senhor estivesse me decepcionando, como se realmente não se importasse com tudo o que estou passando. Sei que o Senhor poderia facilmente mudar as minhas circunstâncias, mas não o faz.

Por favor, ajuda-me a me acalmar e parar de me esforçar para controlar as coisas. Eu realmente quero desistir dos meus esforços fúteis para pensar nos meus problemas. Desejo *parar de lutar* na tua presença e simplesmente cair de volta nos teus braços fortes com um suspiro de confiança. Mesmo que haja tantas coisas que não compreendo, posso desfrutar da tua presença e descansar no teu amor leal.

Senhor, os teus caminhos são misteriosos e insondáveis; o teu amor é maravilhoso e sem fim. *Ficarei atento ao Senhor, esperando em* Ti porque és *Deus, meu Salvador*, o Deus que *me ouve.*

Em teu nome salvador, Jesus,
Amém

**1 Pedro 5:6–7; Salmos 46:10;
Êxodo 33:14; Miqueias 7:7**

# 6 de outubro

Jesus precioso,
Por favor, ajuda-me a *ser alegre na esperança*. Às vezes, as circunstâncias da minha vida e as condições deste mundo tornam difícil para mim ser feliz. O Senhor tem me mostrado que a esperança é um dos melhores lugares para encontrar a verdadeira alegria. Quero conhecer cada vez mais plenamente *a esperança para a qual me chamaste* e *as riquezas da tua gloriosa herança*. Como é incrível que o Senhor tenha compartilhado a sua herança comigo: me tornando um coerdeiro do Senhor!

Quando as circunstâncias estão me sobrecarregando, devo me agarrar à esperança da vida! Isso me capacita não apenas a sobreviver, mas a prosperar, vivendo com alegria.

Descobri que a esperança é como um balão de ar quente. Por ser muito dinâmico, pode me elevar acima dos meus problemas. Isso me permite subir aos céus contigo, onde posso ver as coisas de uma perspectiva ampliada e geral. No entanto, para embarcar nesta jornada celestial, devo subir na cesta debaixo do balão, confiando plenamente que a minha esperança em Ti não me decepcionará.

Eu confio em Ti, Jesus; *ajuda-me a vencer a minha incredulidade*!

Em teu nome exaltado,<br/>Amém

**Romanos 12:12; Efésios 1:18;
Provérbios 23:18; Marcos 9:24**

## 7 de outubro

Jesus sempre presente,
Anseio por me entregar totalmente à aventura de hoje! Quero caminhar com ousadia pelo caminho da vida, confiando em Ti, meu companheiro sempre presente. Tenho todos os motivos para estar confiante porque a tua presença me acompanha todos os dias da minha vida e adiante até a eternidade.

Ajuda-me a não ceder ao medo ou a preocupação, esses ladrões de vida abundante. Ensina-me a confiar em Ti o suficiente para enfrentar os problemas à medida que eles surgem. Minha tendência natural é antecipar e me preparar para problemas, em uma tentativa vã de manter o controle. Mas o Senhor tem me mostrado que, se eu *tiver os meus olhos fitos em Ti, autor e consumador da minha fé,* muitos obstáculos no caminho à frente desaparecerão antes que eu os alcance.

Sempre que eu começar a sentir medo, por favor, segure a minha mão direita e me lembre de que o Senhor está continuamente comigo. A tua palavra me garante que *nem altura nem profundidade, nem qualquer outra coisa na criação será capaz de me separar da tua presença amorosa.*

Em teu nome triunfante,
Amém

**Salmos 48:14; Hebreus 12:2;
Isaías 41:13; Romanos 8:38–39**

## 8 de outubro

Senhor agradável,
Ajuda-me a não pensar na oração como uma tarefa árdua. Em vez disso, quero vê-la como uma comunicação com aquele que adoro, *o Senhor*! *Deleitar-me em Ti* me leva a uma doce comunhão contigo. Gosto de passar o tempo pensando em tudo o que o Senhor é para mim e tudo o que faz por mim. A Bíblia me dá garantias surpreendentes: *O Senhor se regozija em mim* e me ama com amor perfeito e eterno. Enquanto descanso na tua presença, que a tua ternura me abrace, convencendo-me de que sou de fato teu amado. Alegro-me em saber que o Senhor nunca me deixará ir!

Uma maneira fácil de começar a falar contigo é agradecer pelo Senhor ser meu Deus Salvador e amigo amado. Também posso te agradecer pelas coisas que estão acontecendo na minha vida, na minha família e além. Essas orações de ação de graças me conectam contigo e facilitam o meu caminho para outros tipos de orações.

Posso falar contigo livremente porque o Senhor entende tudo sobre mim e as minhas circunstâncias. Já que o Senhor pagou a pena total por todos os meus pecados, eu sei que o Senhor nunca me rejeita. Portanto, sou livre *para derramar diante de Ti o meu coração, confiando no Senhor, o meu refúgio*.

Em teu nome redentor, Jesus,<br>Amém

**Salmos 37:4; Sofonias 3:17;
Salmos 118:28; Salmos 62:8**

## 9 de outubro

*Maravilhoso Conselheiro*,

Sei que o Senhor me entende muito, muito melhor do que eu me entendo. Então eu venho a Ti com os meus problemas e inseguranças, buscando o teu conselho. Na luz de tua presença amorosa, posso me ver como realmente sou: lindamente vestido na tua justiça impecável. Embora a tua justiça seja perfeita, percebo que continuarei lutando contra as imperfeições (minhas e de outros) enquanto viver neste mundo. Mas a tua palavra me garante que a minha posição contigo é segura. *Nada na criação será capaz de me separar do teu amor*!

Porque o Senhor é um grande Conselheiro, Tu me ajudas a reconhecer a verdade e a viver de acordo com ela. Então eu posso ser honesto e aberto quando te trago as minhas preocupações. A Bíblia me diz que *conhecer a verdade me libertará* e seu conselho maravilhoso está me libertando do pecado e da vergonha.

Senhor Jesus, Tu estás me ensinando a me *deleitar em Ti* acima de tudo. Eu me alegro porque o Senhor realmente é o desejo mais profundo do meu coração. Por favor, mantém-me perto de Ti, alegremente consciente da tua presença amorosa.

Em teu nome alegre, Jesus,<br>Amém

**Isaías 9:6; Romanos 8:39;
João 8:32; Salmos 37:4**

## 10 de outubro

Meu Jesus,
O Senhor conhece cada um dos meus problemas; *recolheu as minhas lágrimas em teu odre*. Então, por favor, ajuda-me a não ter medo das lágrimas, ou das dificuldades que as causam. Sei que os meus problemas não são aleatórios ou sem sentido. O Senhor tem me ensinado a confiar em Ti e encontrar conforto na tua soberania. Estou confiante de que o Senhor sabe o que está fazendo!

Porque a tua perspectiva é infinita, ilimitada por tempo ou espaço, tuas maneiras de trabalhar no mundo estão muito além da minha compreensão. Se fosse possível para mim ver as coisas da tua perspectiva de Deus, eu ficaria maravilhado com a perfeição da tua vontade e me deleitaria com a tua glória. Mas *agora vejo apenas um reflexo obscuro*, então devo viver com o mistério.

Sua garantia de que o Senhor preserva as minhas lágrimas no seu odre me mostra o quão precioso eu sou para Ti. E a Bíblia promete que um dia *o Senhor enxugará dos meus olhos toda lágrima. Não haverá mais morte, nem tristeza, nem choro, nem dor.* Como me alegro nesse glorioso futuro celestial que me espera!

Em teu nome vitorioso,<br>Amém

**Salmos 56:8; 1 Coríntios 13:12;
Apocalipse 21:4**

## 11 de outubro

Jesus amado,

Quando a tarefa diante de mim parecer assustadora, ajuda-me a ver o desafio como um privilégio em vez de um dever pesado. O Senhor está me treinando para substituir a minha mentalidade de "tenho que" por uma abordagem de "eu consigo". Descobri que isso faz toda a diferença na minha perspectiva, transformar o trabalho penoso em prazer. Percebo que isso não é um truque de mágica; o trabalho ainda tem que ser feito. Mas essa mudança no meu ponto de vista me permite enfrentar a tarefa desafiadora com alegria e confiança.

Estou aprendendo que a perseverança é essencial no meu trabalho. Se eu começar a ficar cansado ou desanimado, preciso me lembrar: "Eu *tenho* que fazer isso!". Posso agradecer-te por me dar a força e a capacidade de fazer o que precisa ser feito. A gratidão limpa a minha mente e me aproxima de Ti.

Por favor, guia a minha mente enquanto estou pensando nas coisas na tua presença, refletindo sobre os problemas e buscando soluções. *O que quer que eu faça*, quero *trabalhar com todo o meu coração, como se estivesse trabalhando para Ti*.

Em teu nome transformador,
Amém

Colossenses 4:2;
Filipenses 4:13; Colossenses 3:23

## 12 de outubro

Jesus, meu tesouro,
Ensina-me a viver mais plenamente no presente, recusando-me a me *preocupar com o amanhã*. Eu realmente quero viver o tempo presente na tua presença, fazendo de *Ti* a principal busca da minha vida. Esta é uma grande luta para mim, porque o planejamento e a preocupação vêm tão naturalmente para mim.

Por favor, ajuda-me a resistir à tentação de me preocupar. Vivo em um mundo tão decadente, cheio de pecado e lutas. Estou continuamente enfrentando coisas que podem me deixar ansioso se eu permitir. Mas a tua palavra me diz que *basta a cada dia o seu próprio mal*. O Senhor calibra cuidadosamente a quantidade de dificuldade que encontrarei em um determinado dia e sabe exatamente o quanto posso lidar. Além disso, o Senhor está sempre perto, pronto para me fortalecer, encorajar e confortar.

Descobri que caminhar perto de Ti é a maneira mais eficaz de viver em abundância. Eu preciso continuar trazendo os meus pensamentos de volta para Ti sempre que eles vagarem. Posso retornar a Ti com alegria, sabendo que *o Senhor se regozija em mim com brados de alegria*.

Em teu nome encantador,<br>Amém

**Mateus 6:34; Isaías 41:10;
João 10:10; Sofonias 3:17**

## 13 de outubro

Meu Deus vivo,

Eu entro na sua presença graciosa, pedindo que o Senhor me guie passo a passo neste dia. Sei que o Senhor fornece luz apenas para um dia de cada vez. Sempre que tento olhar para o futuro, me vejo olhando para a escuridão. *O teu rosto resplandece sobre mim* apenas no presente! É aqui que encontro o teu amor leal e inextinguível, mais forte do que o vínculo entre uma mãe e seu bebê que ainda mama. *Embora ela possa esquecer o bebê em seu peito, o Senhor não me esquecerá*! A tua palavra me assegura que *Tu me gravaste nas palmas das tuas mãos*.

Eu quero realmente *conhecer* (na prática, por meio da experiência) *o teu amor que excede todo conhecimento*. Este é um objetivo elevado, Senhor. Eu preciso da ajuda do teu Espírito que habita em mim, que me capacita a experimentar o teu amor sem limites. Anseio ser preenchido por todo o meu ser com a tua plenitude, tendo a medida mais rica da tua Presença divina, tornando-me um corpo totalmente preenchido e inundado por Ti!

Em teu nome sagrado, Jesus,
Amém

**Números 6:25; Isaías 49:15–16;
Efésios 3:19**

## 14 de outubro

Senhor Jesus,
Há uma batalha poderosa acontecendo pelo controle da minha mente. Céu e terra se cruzam no meu cérebro; posso sentir a influência de ambos os reinos puxando os meus pensamentos. Obrigado, Senhor, por me criar com a capacidade de experimentar pequenas antecipações do céu. Quando excluo as distrações e me concentro na tua presença, posso me sentar contigo *nas regiões celestiais*. Este é um privilégio incrível reservado para aqueles que pertencem a Ti e buscam a tua face. O Senhor incutiu em mim um forte desejo de passar tempo em comunhão contigo. Enquanto me concentro em Ti e na tua palavra, o teu Espírito enche minha mente de *vida e paz*.

O mundo puxa os meus pensamentos para baixo. A mídia me bombardeia com cinismo, mentiras, ganância e luxúria. Por favor, dê-me discernimento e proteção quando estou enfrentando essas coisas. Preciso ficar em comunicação contigo sempre que eu andar pelas terras devastadas deste mundo. Ajuda-me a resistir à tentação de me preocupar, uma forma de mundanismo que me sobrecarrega e bloqueia a consciência da sua presença. E mantenha-me alerta para a batalha que está continuamente sendo travada contra a minha mente.

Ó Senhor, como anseio por uma eternidade de vida livre de conflitos no céu!

Em teu nome poderoso,
Amém

**Efésios 2:6; Romanos 8:6; 1 Pedro 5:8**

## 15 de outubro

Jesus majestoso,
Entro na tua presença buscando descanso e renovação. Passar um tempo focado contigo me fortalece e me encoraja. Senhor, fico admirado com a maravilha de me comunicar contigo, o Criador do universo, enquanto estou sentado no conforto da minha casa.

Os reis que reinam na terra tendem a se tornar inacessíveis. Pessoas comuns quase nunca ganham uma audiência com eles. Até mesmo os dignitários precisam passar por cima da burocracia e do protocolo para falar com a realeza. Alegro-me pelo *Senhor* ser totalmente acessível a mim, embora seja o Rei deste vasto e impressionante universo.

Por favor, ajuda-me a lembrar que o Senhor está comigo em todos os momentos e em todas as circunstâncias. *Nada* pode me separar da tua presença amorosa! Quando o Senhor clamou da cruz: *"Está consumado!" o véu do santuário rasgou-se em duas partes, de alto a baixo*. Isso me abriu o caminho para te encontrar face a face, sem necessidade de protocolo ou sacerdotes. Como é arrebatador que o Senhor, *o Rei dos reis*, seja meu companheiro constante!

Em teu nome real,
Amém

Colossenses 1:16; João 19:30;
Mateus 27:50–51; 1 Timóteo 6:15

## 16 de outubro

Meu Criador,

À medida que me torno cada vez mais ciente da tua presença, acho mais fácil discernir o caminho que devo seguir. Este é um dos benefícios práticos de viver perto de Ti, Senhor. Em vez de me perguntar o que está por vir ou me preocupar com o que devo fazer se... ou quando..., posso me concentrar em permanecer em comunicação contigo. Uma vez que eu realmente chego a um ponto de escolha, posso confiar em Ti para me mostrar a direção que devo seguir.

Confesso que às vezes fico tão preocupado com os planos e as decisões futuras que não consigo enxergar as escolhas que preciso fazer agora. Sem pensar muito, apenas passo o dia no piloto automático. Quando vivo assim por um tempo, a monotonia começa a se infiltrar na minha vida. Ando como um sonâmbulo pelos meus dias, seguindo os caminhos gastos da rotina.

*O Senhor*, o Criador do universo, é o ser mais criativo que se possa imaginar! Sou grato pelo Senhor não me deixar circulando em caminhos profundamente rotineiros. Em vez disso, o Senhor me conduz por novas trilhas de aventura, revelando-me coisas que eu não sabia.

Ajuda-me a permanecer em comunicação contigo, seguindo a tua presença orientadora.

Em teu nome arrebatador, Jesus,
Amém

**Salmos 32:8; Gênesis 1:1; Isaías 58:11**

## 17 de outubro

Salvador amoroso,

Confesso que costumo procurar segurança no lugar errado: neste mundo decadente. Faço as listas mentais e escritas das coisas que preciso fazer para ganhar o controle da minha vida. Meu objetivo é tirar tudo das minhas listas para que eu possa finalmente relaxar e ficar em paz. Mas descobri que quanto mais trabalho para atingir esse objetivo, mais coisas surgem nas minhas listas. Quanto mais eu tento, mais frustrado fico!

O Senhor tem me mostrado uma maneira muito melhor de encontrar segurança nesta vida. Em vez de examinar as minhas listas, preciso *fixar os meus pensamentos em Ti*, regozijando-me na tua presença comigo. A Bíblia me diz que *o Senhor me guardará em perfeita paz* enquanto eu ficar atento a Ti. Além disso, estar em comunicação contigo me ajuda a distinguir o que é importante e o que não é, o que precisa ser feito agora e o que não precisa.

Senhor, por favor, treina-me para *fixar os meus olhos não naquilo que se vê* (as minhas circunstâncias), *mas no que não se vê*: a sua presença amorosa.

Em teu nome incomparável, Jesus,
Amém

**Hebreus 3:1; Isaías 26:3;
2 Coríntios 4:18**

## 18 de outubro

Salvador magnífico,
A alegria que tenho em Ti é independente das minhas circunstâncias. Eu nunca estou separado de Ti, e *na tua presença há alegria plena*! À medida que sigo o caminho de hoje, procurarei sinais da sua presença invisível, mas sempre tão real. Às vezes, o Senhor se comunica comigo de maneiras grandiosas e inconfundíveis, "coincidências" que são claramente obra das suas mãos. Outras vezes, tenho vislumbres mais sutis de Ti. Estes são, muitas vezes, tão pessoais e íntimos que outras pessoas nem os notariam. No entanto, esses sinais sutis me trazem profunda alegria.

Quanto mais atento eu for, mais te encontrarei nos detalhes do meu dia. Então, por favor, ajuda-me a ficar alerta, estar atento a agradáveis exibições da sua presença.

Quero encher a minha mente e o meu coração com a Sagrada Escritura, onde o Senhor se revela mais claramente. À medida que as suas promessas permeiam o meu pensamento, elas me mantêm perto de Ti. Adoro ouvir o Senhor falando comigo por meio da sua palavra: "*As minhas ovelhas ouvem a minha voz; eu as conheço, e elas me seguem. Eu lhes dou a vida eterna, e elas jamais perecerão; ninguém as poderá arrancar da minha mão*".

Em teu nome invencível, Jesus,
Amém

**Salmos 16:11;
Jeremias 29:13; João 10:27-28**

A ESCUTA DE JESUS

## 19 de outubro

*Senhor, o Soberano,*
*Tu és a minha força! Faz-me andar em lugares altos*, vagar contigo na glória da sua presença. Admito, porém, que às vezes me sinto como se mal pudesse dar o próximo passo nesta longa jornada ascendente. Ao olhar para frente, vejo montanhas íngremes que parecem intransponíveis. *Contudo, estou sempre contigo; tomas a minha mão direita. Tu me diriges com teu conselho*, me ajudando a encontrar a melhor maneira de escalar essas alturas.

Embora a minha jornada contigo seja desafiadora (às vezes até mesmo cansativa) é muito mais do que uma competição de resistência. O fato de estares comigo pode infundir alegria na mais árdua subida! Então, estarei atento a todas as alegrias que o Senhor preparou para mim. No entanto, não importa quais maravilhas eu descubra, o maior tesouro é o *Senhor*, meu companheiro amado.

Eu costumava pensar que "as alturas" se referiam ao topo da montanha que estou escalando. Mas quando paro e olho para onde a minha jornada começou, posso ver o quão longe eu já cheguei. Ao tirar um tempo para relaxar e olhar com amor para Ti, sinto a glória da tua presença ao meu redor!

Em teu nome glorioso, Jesus,
Amém

**Habacuque 3:19; Salmos 73:23–24;
Hebreus 1:3**

## 20 de outubro

Jesus misericordioso,
Quero fazer de *Ti* o ponto focal da minha busca por segurança. Nos meus pensamentos privados, tenho tentado ordenar o meu mundo para que seja previsível e seguro. No entanto, percebo que este é um objetivo impossível; também é contraproducente para o meu crescimento espiritual.

Ajuda-me a aprender a confiar cada vez mais em Ti, especialmente quando o meu mundo privado parecer instável. Em vez de me esforçar para recuperar o controle, preciso segurar a sua mão para me apoiar, vivendo em dependência consciente de Ti.

Tenho ansiado por uma vida sem problemas, mas o Senhor tem me mostrado que os problemas podem destacar a minha consciência da sua presença. Na escuridão da adversidade, o esplendor da tua face brilha intensamente, irradiando encorajamento e conforto.

Por favor, permite-me ver os problemas na minha vida como benéficos, *considerando motivo de grande alegria o fato de passar por diversas provações*. Não importa o que esteja acontecendo, sempre posso me alegrar por ter uma eternidade de vida livre de problemas me esperando no céu!

Em teu nome admirável,<br>Amém

**Salmos 139:9–10; Tiago 1:2;
Filipenses 4:4**

## 21 de outubro

Meu Deus fiel,

*Recorro a Ti* neste dia por ajuda, conforto e companheirismo. Sei que o Senhor está sempre ao meu lado, então até mesmo um olhar pode me conectar contigo. Quando busco ajuda em Ti, ela flui livremente da tua presença. O Senhor está me ensinando a reconhecer a minha constante necessidade de Ti, em assuntos pequenos e grandes.

Quando preciso de conforto, Tu me envolves amorosamente nos teus braços. O Senhor me capacita não apenas a me sentir reconfortado, mas a ser um canal pelo qual o Senhor conforta os outros. Como resultado, sou duplamente abençoado. Enquanto o teu conforto está fluindo através de mim para os outros, parte dessa bênção é absorvida por mim.

Teu companheirismo contínuo é um presente incrível! Ao olhar para Ti, encontro o Senhor fiel, verdadeiro e amorosamente presente comigo. Não importa quais perdas eu possa experimentar na minha vida, sei que nada *será capaz de me separar da tua presença amorosa*!

Em teu nome reconfortante, Jesus,
Amém

**Salmos 105:4; Salmos 34:5;
2 Coríntios 1:3–4; Romanos 8:38–39**

## 22 de outubro

Jesus Glorioso,

O Senhor é a base firme sobre a qual posso dançar, cantar e celebrar a sua presença gloriosa! Recebo este dom precioso como o seu chamado sublime e santo para mim. O Senhor me mostrou que glorificar e desfrutar de Ti é muito mais importante do que manter uma vida organizada e estruturada. Ainda assim, a minha tendência natural é despejar a minha energia tentando manter tudo sob controle. Ajuda-me a abandonar esse esforço para estar no controle, reconhecendo que é uma tarefa impossível e uma afronta à tua fidelidade.

Compreendi que Tu guias cada um dos teus filhos individualmente. É por isso que ouvir o Senhor, por meio da Sagrada Escritura e da oração, é essencial para que eu encontre o caminho a seguir. Por favor, prepara-me para o dia que me espera e me aponta na direção certa. Porque Tu estás comigo continuamente, eu não tenho que ser intimidado pelo medo. Embora ele me persiga, sei que não pode me prejudicar enquanto eu me agarrar à tua mão. Em vez de ter medo, quero caminhar confiantemente contigo ao longo do meu caminho, desfrutando da paz na tua presença.

Em teu nome sublime e santo,<br>Amém

**Salmos 5:11;  
Lamentações 3:22–23; Judas 24–25**

## 23 de outubro

Jesus gracioso,

*Recebi da tua plenitude graça sobre graça.* Eu te adoro enquanto reflito sobre o seu dom surpreendente da salvação, *pela graça por meio da fé* em Ti. Porque é inteiramente um dom, *não por obras*, a minha salvação é absolutamente segura! Minha parte era apenas receber este dom precioso, crer com a fé que o Senhor proveu. Alegro-me com este tesouro infinitamente caro, comprado com o preço do teu sangue.

Descobri que várias bênçãos fluem da tua graça maravilhosa. Meus sentimentos de culpa se desfazem na cálida luz do teu perdão. Minha identidade *como filho de Deus* dá sentido e propósito à minha vida. Meus relacionamentos com outras pessoas melhoram à medida que me relaciono com elas com o amor e o perdão que Tu me deste.

Ó Senhor, enche o meu coração com gratidão transbordante enquanto reflito sobre a tua graça gloriosa. Por favor, lembra-me de passar um tempo pensando e agradecendo a Ti pelas abundantes bênçãos na minha vida. Isso protege o meu coração das ervas daninhas da ingratidão que brotam tão facilmente. Ensina-me *a agradecer*!

Em teu nome misericordioso,
Amém

**João 1:16; Efésios 2:8–9;
João 1:12; Hebreus 12:28**

## 24 de outubro

Salvador poderoso,

A tua palavra me garante que Tu estás comigo e *por mim*. Quando decido um curso de ação que esteja de acordo com a tua vontade, nada pode me parar. Portanto, não vou desistir, mesmo que encontre vários obstáculos à medida que me aproximo do meu objetivo. Sei que haverá muitos altos e baixos enquanto caminho contigo, mas com a tua ajuda posso superar qualquer obstáculo. Sinto-me encorajado pela gloriosa verdade de que o Senhor, meu *auxílio sempre presente*, é onipotente!

Descobri que muito do estresse na minha vida resulta de tentar fazer as coisas acontecerem antes que chegue a hora. O Senhor afirma a sua soberania de várias maneiras, incluindo o momento dos eventos. Mesmo que às vezes eu fique impaciente, eu realmente quero ficar perto de Ti no meu caminho da vida e fazer as coisas do teu jeito. Por favor, guie-me a cada momento ao longo do caminho que o Senhor quer que eu vá. Em vez de correr em direção ao meu objetivo, te convido a definir o ritmo. Ao diminuir o passo, posso aproveitar a jornada na tua presença.

Em teu nome esplêndido, Jesus,
Amém

**Romanos 8:31; Salmos 18:29;
Salmos 46:1; Lucas 1:37**

## 25 de outubro

Senhor inabalável,

Anseio caminhar com mais firmeza pelos caminhos da confiança, mantendo-me em comunicação contigo. O Senhor me mostrou que a rota mais direta entre o ponto A e o ponto B na minha jornada de vida é o caminho da confiança inabalável em Ti. Quando a minha fé vacila, invariavelmente escolho uma trilha que serpenteia e me desvia do caminho. Porque o Senhor é soberano, em algum momento chego ao ponto B, mas perco tempo e energia preciosos como resultado da minha incredulidade. Então, assim que percebo que me afastei do meu caminho de confiança, preciso sussurrar: "Confio em Ti, Jesus". Esta simples afirmação me ajuda a voltar aos trilhos.

Descobri que quanto mais ando pelos caminhos da incredulidade, mais difícil é para mim lembrar que o Senhor está comigo. Pensamentos ansiosos se ramificam em todas as direções, levando-me cada vez mais longe da consciência da tua presença. Para permanecer no curso, preciso expressar a minha confiança em Ti com frequência! Este pequeno ato de fé me mantém andando em sintonia contigo. Ajuda-me a *confiar em Ti de todo o meu coração;* por favor, *endireita as minhas veredas.*

Em teu nome confiável, Jesus,
Amém

**Isaías 26:4; Salmos 9:10;
Salmos 25:4; Provérbios 3:5–6**

## 26 de outubro

Jesus gentil,
Quando as coisas não estão indo do meu jeito, minha tendência natural é ficar nervoso. Ajuda-me, em vez disso, a parar o que estou fazendo e *buscar a tua face*, passando alguns momentos desfrutando da tua presença. Enquanto falo contigo sobre os assuntos que estão me frustrando, o Senhor me permite ver as coisas da sua perspectiva e descobrir o que é realmente importante. Então o Senhor abre o caminho diante de mim enquanto eu prossigo na dependência confiante, permanecendo em comunicação contigo.

Confesso que o culpado por trás da minha frustração é meu forte desejo de estar no controle. Planejo o meu dia e espero que os outros se comportem de maneira que não interfira nesses planos. Mas preciso lembrar que o Senhor está no controle e *os seus caminhos são mais altos que os meus, assim como os céus são mais altos que a terra*. Em vez de deixar que contratempos e interrupções me perturbem, quero usá-los como lembretes de que o Senhor é o Deus soberano e eu sou o seu amado seguidor. Ajuda-me a *confiar em teu amor*, subordinando de bom grado os meus planos ao teu Plano Mestre infinitamente sábio.

Em teu nome extraordinário,
Amém

**Salmos 27:8; Isaías 55:9;
2 Samuel 22:31; Salmos 13:5**

## 27 de outubro

Meu Deus grandioso,
Ensina-me a abordar os problemas com um toque leve. Quando a minha mente se move em direção a uma área problemática, tendo a me concentrar nessa situação tão intensamente que perco o Senhor de vista. Eu me coloco contra a dificuldade como se eu devesse vencê-la imediatamente. Minha mente se prepara para a batalha e meu corpo fica tenso e ansioso. A menos que eu alcance a vitória total, sinto-me derrotado.

Eu sei que há uma maneira melhor! Quando um problema começar a ofuscar os meus pensamentos, por favor, me induz a trazer o assunto a Ti, falando sobre isso contigo e examinando-o à luz da tua presença. Isso coloca um espaço muito necessário entre a minha preocupação e eu, permitindo que eu a veja mais pela tua perspectiva. Às vezes eu até acabo rindo de mim mesmo por estar tão sério sobre algo que é insignificante.

Percebo que *sempre enfrentarei aflições neste mundo*. Mas, mais importante, sempre terei *o Senhor* comigo, me equipando para lidar com qualquer coisa que encontrar. Ajuda-me a abordar os problemas com um toque leve, vendo-os na sua luz reveladora.

Em teu nome esplêndido, Jesus,
Amém

**Lucas 12:25–26; Salmos 89:15; João 16:33**

## 28 de outubro

Senhor da promessa,
É incrível que o Senhor tenha um domínio eterno sobre mim, seu amor nunca me deixará ir! Eu vivo em um mundo que é imprevisível e inseguro de muitas maneiras. Quando olho ao meu redor, vejo promessas quebradas espalhadas pela paisagem.

Felizmente, o teu amor é uma promessa que *nunca* será quebrada. *Embora os montes sejam sacudidos e as colinas sejam removidas, a tua fidelidade por mim não será abalada.* Este versículo pinta um quadro de circunstâncias terríveis: montanhas trêmulas e colinas desaparecendo. No entanto, não importa *o que* esteja acontecendo, o teu amor permanece inabalável. Eu posso construir a minha vida sobre isso!

Admito que é difícil para mim receber o teu amor em plena medida. Por favor, *fortalece-me com poder por meio do teu Espírito*, ajudando-me a realmente compreender *a largura, o comprimento, a altura e a profundidade do teu amor* por mim. Senhor, anseio *conhecer este amor que excede todo conhecimento*!

Peço que me liberte de autoimagens imperfeitas para que eu possa me ver como o Senhor me vê, radiante no seu *manto da justiça*, envolto no seu amor luminoso.

Em teu nome justo, Jesus,
Amém

Isaías 54:10; Efésios 3:16–19;
Isaías 61:10

## 29 de outubro

Jesus digno,
Ajuda-me a ficar atento a Ti enquanto caminho, passo a passo, por este dia. A tua presença comigo é uma promessa preciosa e uma proteção reconfortante. Após a sua ressurreição, o Senhor garantiu aos seus seguidores: *"Eu estarei sempre com vocês, até o fim dos tempos"*. Essa promessa foi para *todos* os seus seguidores, inclusive para mim!

Enquanto caminhava contigo, vi que a tua presença é uma proteção poderosa e essencial. Enquanto ando ao longo do meu caminho da vida, existem inúmeras armadilhas nas proximidades. A apenas alguns passos do meu verdadeiro caminho estão poços de autopiedade e desespero, platôs de orgulho e obstinação. Várias vozes competem pela minha atenção, tentando me convencer a seguir o seu caminho. Se eu tirar os meus olhos de Ti e seguir o caminho de outra pessoa, estou em perigo real. Percebo que mesmo bons amigos podem me enganar se eu os deixar usurpar o seu lugar na minha vida.

Obrigado por me mostrar que a maneira de permanecer no *caminho da vida* é manter o meu foco em Ti. A consciência da tua presença amorosa tanto me protege *quanto* me encanta!

Em teu nome reconfortante e protetor,<br>Amém

**Mateus 28:20;**
**Hebreus 12:1; Salmos 16:11 (KJA)**

## 30 de outubro

Jesus compassivo,
O Senhor é o único que me mantém seguro. Minha tendência natural é confiar fortemente no meu pensamento e planejamento, como se fosse aí que residisse a minha segurança. Quando começo a me sentir ansioso com alguma coisa, minha mente fica sobrecarregada, procurando soluções, procurando me sentir seguro. Todo o tempo *o Senhor está comigo, tomando a minha mão direita*. Ajuda-me a lembrar e confiar na tua presença contínua comigo.

Em vez de *confiar em mim mesmo*, o que é insensato, quero *andar na sabedoria* e depender de Ti para me manter seguro. O Senhor está me ensinando que a sabedoria bíblica envolve confiar em Ti mais do que em mim mesmo ou em outras pessoas. O Senhor está sempre pronto para *me dirigir com o seu conselho*, para que eu possa trazer todas as minhas preocupações a Ti. Às vezes, escrever as minhas orações esclarece o meu pensamento, especialmente quando estou me sentindo confuso.

Por favor, mostra-me o caminho a seguir enquanto espero na sua presença, pedindo que o Senhor guie a minha mente enquanto me concentro em Ti e na sua palavra. Sussurrar "Jesus" é uma maneira de manter o foco em Ti. *O teu nome é uma torre forte; quando corro para ela eu estou seguro*.

Em teu nome poderoso,<br>Amém

**Salmos 73:23; Provérbios 28:26;
Provérbios 18:10**

## 31 de outubro

Deus eterno,
*Junto ao Senhor sempre há a mais profunda alegria, a perfeita paz e o amor leal.* Deleito-me em caminhar contigo ao longo *do caminho da vida*, desfrutando da sua companhia a cada passo do caminho. Porque o Senhor está continuamente ao meu lado, a alegria da sua presença está sempre disponível para mim!

O Senhor prometeu *me guardar em perfeita paz* enquanto *fixo os meus pensamentos em Ti*. Por favor, ajuda-me a permanecer em comunicação contigo por meio das minhas palavras faladas, pensamentos e canções. Quando passo bastante tempo absorvendo a tua palavra, deixando-a penetrar na minha mente, isso muda a maneira como penso e vivo. Ao refletir sobre quem Tu realmente és, a tua luz brilha calorosamente no meu coração e *me dá a bênção da paz*.

Senhor, eu quero florescer na tua presença, *como uma oliveira florescendo na casa de Deus*. À medida que a luz do sol da tua presença brilha sobre mim, ela me nutre para que eu possa produzir frutos no teu reino. E quanto mais *confio em Teu amor infalível*, mais percebo quão totalmente seguro estou em Ti!

Em teu nome radiante e amoroso, Jesus,<br>Amém

**Salmos 16:11 (NBV); Isaías 26:3;
Salmos 29:11; Salmos 52:8**

# Novembro

*Vamos à presença dele com ações de graças; vamos aclamá-lo com cânticos de louvor.*

SALMOS 95:2

## 1º de novembro

Salvador abençoado,

Obrigado pelo glorioso dom da graça! A tua palavra ensina que *fui salvo pela graça por meio da fé. Não por obras, para que ninguém se glorie*. Até mesmo a fé que eu precisava para acreditar em Ti, para receber a salvação, é um dom seu. Por meio da tua obra consumada na cruz, recebi a bênção surpreendente da *vida eterna*. Ajuda-me a responder à tua incrível generosidade com um coração agradecido. Nunca conseguirei te agradecer com fervor ou frequência suficientes pela graça.

Durante esta época de Ação de Graças, quero reservar um tempo para refletir sobre o que significa ter todos os meus pecados perdoados. Não estou mais no caminho do inferno; o meu destino final é *um novo céu e uma nova terra*. Essa herança celestial garantida me dá um grande motivo para me alegrar todos os dias da minha vida.

Ao caminhar contigo hoje, tentarei agradecer-te muitas vezes pelo dom incomparável da graça. Eu oro para que a minha gratidão pela graça possa aumentar a minha consciência das muitas *outras* bênçãos que o Senhor oferece, tornando-me ainda *mais* grato.

Em teu nome gracioso, Jesus,<br>Amém

**Efésios 2:8–9; João 3:16;
Mateus 10:28; Apocalipse 21:1**

## 2 de novembro

Salvador precioso,

*Alegro-me na esperança*! Tenho boas razões para estar alegre, porque estou a caminho do céu. Obrigado, Senhor, por pagar a pena por todos os meus pecados e por me vestir na sua própria justiça. *Esta* é a base da minha esperança, uma esperança que é segura, independentemente das minhas circunstâncias. *Ninguém pode me arrancar da tua mão*. Em Ti tenho segurança absoluta e eterna!

A tua palavra me instrui a *perseverar na oração*. Preciso dessa comunicação contigo em todos os momentos, mas especialmente quando estou batalhando. No entanto, durante as provações, a minha capacidade de me concentrar em Ti pode ser prejudicada pelo estresse e pela fadiga. Então, sou grato pela incrível fonte de força que tenho dentro de mim: o teu Espírito Santo. Ao pedir ao seu Espírito para *controlar a minha mente*, Ele me fortalece e me capacita a orar. Fico feliz que as minhas orações não precisem ser eloquentes ou organizadas; posso simplesmente deixá-las fluir livremente para fora das minhas circunstâncias.

Senhor, por favor, ajuda-me a permanecer em comunicação contigo, especialmente em tempos de adversidade, para que eu possa *ser paciente na tribulação*.

Em teu nome esperançoso, Jesus,<br>Amém

**Romanos 12:12;
João 10:28; Romanos 8:6 (NTLH)**

## 3 de novembro

Meu Deus grandioso,
Por favor, treina-me na constância. Confesso que muitas coisas interrompem a minha consciência de Ti. Vivo em um mundo de visão e som, mas não quero ser escravo dos estímulos que me cercam. Sei que é possível estar ciente da tua presença em todas as circunstâncias, não importa o que esteja acontecendo. Esta é a firmeza que desejo praticar profundamente em minha vida.

Ajuda-me a não deixar que eventos inesperados me tirem do curso. Em vez de ficar chateado ou ansioso, quero responder com calma e confiança, lembrando que *o Senhor está comigo*. Assim que algo chamar a minha atenção, posso falar contigo sobre isso. Assim, compartilho as minhas alegrias e as minhas tristezas contigo e Tu me capacitas a lidar com o que quer que esteja diante de mim.

Senhor, convido-te a viver mais plenamente e a trabalhar os teus caminhos em mim e através de mim. Quero ser um canal para a tua paz fluir para este mundo conturbado.

Em teu nome reconfortante, Jesus,
Amém

**Salmos 112:7; Isaías 41:10;
Salmos 46:1–2; 1 Tessalonicenses 5:16–17**

## 4 de novembro

Meu Libertador poderoso,
Ao enfrentar as circunstâncias deste dia, preciso *me apoiar em Ti*. Todo mundo se apoia em *algo*: força física, inteligência, beleza, riqueza, conquistas, família, amigos. Todos esses são dons do Senhor, e quero desfrutar das suas bênçãos com gratidão. Mas aprendi que depender de qualquer uma dessas coisas é arriscado, cada uma delas pode me decepcionar.

Quando estou enfrentando circunstâncias desafiadoras e estou me sentindo fraco, tendo a ficar obcecado sobre como vou passar o dia. Isso desperdiça muito tempo e energia; pior ainda, isso me distrai do meu relacionamento contigo. Sempre que isso acontecer, por favor, abre os meus olhos para que eu possa encontrar-te em meio às minhas circunstâncias. Permita-me "ver" o Senhor por perto, com seus braços fortes estendidos para mim, oferecendo-me a sua ajuda. Em vez de fingir que tenho tudo em ordem ou que sou mais forte do que realmente sou, posso me apoiar em Ti. Ao fazer isso, o Senhor *suporta as minhas cargas* e me mostra como lidar com as minhas dificuldades.

Alegro-me em Ti, *minha força*. E *canto louvores a Ti, o Deus que me ama*.

Em teu nome esplêndido, Jesus,
Amém

**Provérbios 3:5; Salmos 68:19; Salmos 59:17**

## 5 de novembro

Deus todo-poderoso,

Ajuda-me *a não me deixar ser vencido pelo mal, mas a vencer o mal com o bem*. Às vezes me sinto bombardeado por todas as coisas ruins que acontecem no mundo. As notícias são alarmantes e as pessoas estão *chamando ao mal bem e ao bem, mal*. Tudo isso pode ser esmagador, a menos que eu permaneça em comunicação contigo. É tão reconfortante saber que o Senhor não está atordoado com os horrores deste mundo que me apavoram. O Senhor tem perfeita compreensão da condição *enganosa e desesperadamente perversa* dos corações humanos. Nada te pega de surpresa!

Em vez de ficar desanimado com a condição deste mundo, desejo ser uma luz brilhando nas trevas. Quando o mal parece estar vencendo, preciso estar mais determinado do que nunca a *realizar* algo bom! Às vezes, isso envolve trabalhar diretamente contra as coisas ruins que estão me incomodando. Outras vezes, apenas tento fazer o que posso para promover a verdadeira bondade, de acordo com as minhas habilidades e oportunidades. De qualquer forma, quero me concentrar menos em lamentar as circunstâncias más e mais *em fazer as boas obras que o Senhor preparou antes para eu praticar.*

Em teu nome soberano, Jesus,
Amém

**Romanos 12:21; Isaías 5:20;
Jeremias 17:9; Efésios 2:10**

## 6 de novembro

Querido Jesus,
Ajuda-me a levar uma vida vitoriosa vivendo em profunda dependência de Ti. Costumava associar vitória com sucesso, não cair ou tropeçar, não cometer erros. Mas ser bem-sucedido na minha própria força me tornou vulnerável a seguir o meu próprio caminho, esquecendo de Ti. É por meio de problemas e fracassos, fraquezas e necessidades, que estou aprendendo a confiar em Ti.

Percebo que a verdadeira dependência não é simplesmente pedir que o Senhor abençoe o que decidi fazer. Envolve vir a Ti com a mente e o coração abertos, convidando o Senhor a plantar os seus desejos dentro de mim.

Às vezes o Senhor coloca em mim um sonho que parece muito além do meu alcance. Sei que os meus próprios recursos são inadequados para atingir tal objetivo. Assim começa a minha jornada de profunda dependência de Ti. É uma caminhada de fé, um passo de cada vez, apoiando-se em Ti para obter força e orientação. Este não é um caminho de sucesso contínuo, mas um caminho de múltiplos fracassos. No entanto, cada fracasso é seguido por um surto de crescimento, nutrido pela crescente confiança em Ti. Quero desfrutar a bem-aventurança de uma vida vitoriosa, aprofundando minha dependência de Ti.

Em teu nome vitorioso,<br>Amém

**Salmos 34:17–18; 2 Coríntios 5:7;
Filipenses 4:13**

## 7 de novembro

Jesus sempre presente,
Enquanto me sento em silêncio contigo, os meus medos e preocupações borbulham na superfície da minha mente. Aqui, na luz da tua presença, as bolhas estouram e desaparecem. No entanto, alguns dos meus medos vêm à tona repetidamente, especialmente o medo do futuro. Meus pensamentos tendem a saltar para o próximo dia, semana, mês, ano ou década e me imagino lidando mal durante os momentos difíceis que estou antecipando. Mas percebo que os meus pensamentos de preocupação não têm sentido, porque não incluem *o Senhor*. Aqueles tempos temidos de caminhar sozinho pela adversidade não acontecerão, pois a tua presença estará comigo em *todos* os momentos. O Senhor prometeu que *nunca me deixará ou me abandonará*!

Quando uma preocupação orientada para o futuro me atacar, ajuda-me a capturá-la e trazê-la à tua presença. Ao me lembrar de que o Senhor estará comigo agora e sempre, ganho confiança de que posso lidar com isso, mesmo durante os meus momentos mais difíceis.

Senhor, por favor, continua me chamando de volta ao momento presente, onde há a paz na tua presença.

Em teu nome calmante,<br>Amém

**Lucas 12:22–23; Deuteronômio 31:6;
2 Coríntios 10:5**

## 8 de novembro

Senhor confiável,
*O meu futuro está nas tuas mãos.* Suas mãos sagradas são absolutamente capazes de cuidar de mim e atender minhas necessidades. Por favor, ajuda-me a relaxar no teu cuidado soberano, confiando em Ti para fazer o que é melhor. Eu sei que é seguro entregar tanto o "o quê" quanto o "quando" da minha vida nas suas mãos porque o Senhor é totalmente confiável.

Percebo que terei que me submeter à realidade do tempo enquanto permanecer deste lado do céu. Quando estou muito ansioso por um evento futuro, anseio por avançar rapidamente para esse dia encantador. Mas o meu anseio não muda a passagem do tempo; eu devo esperar. Quando estou sofrendo, anseio por alívio e quero-o o mais rápido possível, mas também devo esperar por isso.

Senhor, Tu vives acima da tirania do tempo. Na verdade, o Senhor é o Mestre dele. Sempre que estou lutando para ter que esperar por algo, preciso recorrer a Ti em aceitação confiante, em vez de lutar contra o que não posso mudar. Alegro-me em saber que o Senhor, o Mestre do tempo, compreende perfeitamente as minhas lutas e *me ama com amor eterno.*

Em teu nome misericordioso, Jesus,<br>Amém

**Salmos 31:14–15; Salmos 62:8;
Jeremias 31:3**

## 9 de novembro

Senhor soberano,
Por favor, ajuda-me a confiar em Ti *aqui* e *agora*. Sinto como se estivesse em um treinamento rigoroso, seguindo uma trilha aventureira que é árdua e desafiadora para mim. O caminho em que estou não é de minha escolha, mas eu o aceito como o teu caminho para mim. Percebo que o Senhor está fazendo coisas que estão muito além da minha compreensão. À medida que volto minha atenção mais completamente para Ti, posso ouvir-te sussurrar na minha mente: "Confie em mim, amado".

Sinto como se estivesse em uma selva densa, onde não consigo ver claramente o que está à minha frente, atrás de mim ou ao meu lado. Eu me agarro à tua mão enquanto sigo esta trilha através da escuridão sombria. Mesmo que seja difícil para mim ver para onde estou indo, sei que a tua presença comigo é uma realidade sólida. Então eu olho com esperança para Ti, Jesus, confiando que o Senhor está no controle total desta situação.

Preciso me concentrar em desfrutar de Ti e de tudo o que Tu és para mim, mesmo que as minhas circunstâncias estejam clamando por uma resolução. Eu me recuso a ficar obcecado com os meus problemas e como vou resolvê--los. Em vez disso, escolho afirmar a minha confiança em Ti e esperar com expectativa na sua presença, observando com esperança para ver o que o Senhor fará.

Em teu nome todo suficiente, Jesus,<br>Amém

**Isaías 50:10; Salmos 33:20–21; Miqueias 7:7**

## 10 de novembro

Meu Deus Salvador,

O Senhor tem me mostrado que uma atitude de gratidão abre janelas do céu, aberturas pelas quais as bênçãos espirituais caem livremente. Ao olhar para cima com um coração agradecido, recebo vislumbres da tua glória. Mesmo que eu ainda não possa viver no céu, posso experimentar as antecipações do meu lar definitivo. Essas amostras celestiais revivem a minha esperança e me enchem de alegria. A gratidão me abre para essas experiências, dando-me mais motivos para ser grato. Assim, o meu caminho se torna uma espiral ascendente, sempre aumentando em alegria.

Percebo que a gratidão não é uma fórmula mágica; é a linguagem do amor, permitindo-me comunicar intimamente contigo. O Senhor tem me treinado para manter uma mentalidade agradecida, sem negar a realidade com todos os seus problemas. Por favor, ajuda-me *a ser alegre em Ti, o Deus da minha salvação*, mesmo em meio a provações e problemas. Sou grato *pelo Senhor ser o meu refúgio e a minha fortaleza, auxílio sempre presente na adversidade.*

Em teu nome poderoso, Jesus,<br>Amém

**Efésios 1:3; Habacuque 3:17–18;
Salmos 46:1**

## 11 de novembro

Jesus amado,

A tua palavra me diz que *o Senhor me chama pelo nome e me leva. O Senhor me conhece*, conhece cada detalhe sobre mim! Nunca sou um número ou estatística para Ti. O teu envolvimento na minha vida é maravilhosamente pessoal e íntimo. Adoro ouvir o Senhor sussurrar no meu coração: "Amado, *siga-me*".

Depois da tua ressurreição, quando Maria Madalena o confundiu com o jardineiro, o Senhor falou apenas uma palavra para ela: "Maria". Ouvindo-te dizer o nome dela, ela te reconheceu imediatamente e *ela exclamou em aramaico: "Rabôni!"* (que significa "Mestre").

Porque eu sou seu seguidor, o Senhor também fala o *meu* nome, nas profundezas do meu espírito. Quando eu tiro um tempo para ouvir o Senhor falando comigo pessoalmente na Sagrada Escritura, me assegurando do seu amor, eu sou abençoado. Deleito-me com estas belas palavras de bênção: *os chamei das trevas para a minha maravilhosa luz* e *os amei com amor eterno*. O conhecimento inabalável de que o Senhor me ama para sempre oferece uma base firme para a minha vida. Ajuda-me a seguir-te fiel e alegremente, proclamando os teus louvores enquanto caminho pela minha vida.

Em teu nome magnífico,<br>Amém

**João 10:3, 27; João 20:16;<br>1 Pedro 2:9; Jeremias 31:3**

## 12 de novembro

Deus agradável,
O Senhor tem me mostrado que posso encontrar *alegria na tua presença*, não importa quais sejam as minhas circunstâncias. Em alguns dias, a alegria está generosamente espalhada pelo meu caminho da vida, brilhando ao sol. Durante esses dias brilhantes e alegres, estar contente é tão fácil para mim quanto respirar. Mas outros dias são nublados e sombrios, e sinto a tensão da jornada, que parece interminável. Pedras cinzentas e maçantes saúdam o meu olhar e fazem os meus pés doerem. Em dias cinzentos, devo procurar a alegria *como um tesouro escondido*.

Ajuda-me a lembrar que o Senhor criou este dia; *não* é uma ocorrência casual. Por favor, lembra-me durante todo o meu dia de que o Senhor está presente comigo, quer eu sinta a sua presença ou não.

Sou grato por poder falar contigo sobre o que quer que esteja na minha mente. Alegro-me com a verdade de que o Senhor me entende perfeitamente e sabe exatamente o que estou experienciando. Descobri que, se fico em comunicação contigo, o meu humor melhora gradualmente. A consciência da tua companhia maravilhosa pode inspirar alegria no dia mais cinzento!

Em teu nome agradável, Jesus,
Amém

**Salmos 21:6; Provérbios 2:4;
Colossenses 1:16**

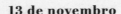

A ESCUTA DE JESUS

## 13 de novembro

Jesus, meu redentor,

Anseio por experienciar mais plenamente as riquezas da minha salvação, a alegria de ser amado constante e perfeitamente. No entanto, confesso que tendo a me julgar de maneira superficial: com base em como pareço, me comporto ou me sinto. Se me olho no espelho e gosto do que vejo, sinto-me um pouco mais digno do teu amor. Quando as coisas na minha vida estão indo bem e acho que o meu desempenho é adequado, acho mais fácil acreditar que sou seu filho amado. Quando me sinto desanimado, costumo olhar para dentro para descobrir o que está errado e corrigi-lo.

Em vez de tentar me consertar, ajuda-me a *fixar os meus pensamentos em Ti*, aquele que ama a minha alma. Em vez de usar a minha energia para me julgar, preciso redirecioná-la para me comunicar contigo, confiar e louvar a Ti. Estou tão agradecido que o Senhor me vê envolto na *sua justiça*, radiante no seu amor perfeito.

Em teu santo nome,
Amém

**Efésios 2:8–9; Hebreus 3:1;
Salmos 89:16; Salmos 34:5**

## 14 de novembro

Salvador poderoso,
O teu plano para a minha vida está se desenrolando diante de mim. Às vezes, a estrada que estou percorrendo parece bloqueada ou se abre tão lentamente que devo reduzir consideravelmente o meu ritmo. Então, quando for a hora certa, o caminho diante de mim de repente se abre, sem nenhum esforço meu. O Senhor me apresenta gratuitamente, como puro dom, o que eu anseio e trabalho. Estou surpreso com a facilidade com que o Senhor opera no mundo e vislumbro o *teu poder e a tua glória*.

Enquanto admiro a tua majestosa grandeza, me torno vividamente consciente de quão fraco sou. Mas ao invés de ficar desencorajado pela minha fraqueza, quero ver-te como o palco no qual o teu poder e glória se apresentam de forma mais brilhante!

Enquanto persevero no caminho que o Senhor preparou para mim, vou depender da sua força para me sustentar. Por favor, ajuda-me a ficar alerta e estar atento a milagres. Embora os milagres nem sempre sejam visíveis a olho nu, aqueles que *vivem por fé* podem ver com mais clareza. *Viver por fé, e não pelo que vemos*, me mantém perto de Ti e aberto às tuas obras maravilhosas.

Em teu nome glorioso, Jesus,<br>Amém

**Salmos 63:2; 2 Coríntios 12:9;
2 Coríntios 5:7; João 11:40**

## 15 de novembro

Jesus compassivo,

Deleito-me ao ouvir-te sussurrar estas palavras reconfortantes: *"nada será capaz de me separá-lo do meu amor"*. Enquanto relaxo na tua presença, esta declaração divina se espalha pela minha mente e entra no meu coração e alma. Sempre que eu começar a sentir medo ou ansiedade, por favor, lembra-me de rezar esta promessa de volta para Ti: "Nada pode me separar do teu amor, Jesus. Nada!".

Grande parte da miséria da humanidade, incluindo a minha, decorre de não nos sentirmos amados. Em meio a circunstâncias adversas, é fácil sentir como se o seu amor tivesse sido retirado e eu tivesse sido abandonado. Esse sentimento de abandono pode ser pior do que a própria adversidade. Então, sou grato pela sua garantia de que o Senhor nunca me abandonará (ou qualquer um de seus filhos) mesmo que momentaneamente. Sinto-me encorajado por estas promessas na tua palavra: *Nunca o deixarei, nunca o abandonarei. Eu gravei vocês nas palmas das minhas mãos.*

Senhor, eu me alegro em saber que a tua presença *cuida de mim* continuamente.

Em teu nome amoroso,
Amém

**Romanos 8:38–39; Deuteronômio 31:6;
Isaías 49:15–16; Salmos 121:3**

# 16 de novembro

Meu Rei Pastor,
A tua palavra me diz que *Tu és escudo para todos os que em Ti se refugiam*. Então eu me aproximo de Ti, Senhor, e encontro abrigo sob o guarda-chuva da tua presença protetora.

Às vezes me sinto desprotegido e exposto ao perigo. Isso acontece quando eu rastejo para fora da tua presença protetora e tento enfrentar o mundo sozinho. Faço isso inconscientemente, esquecendo a verdade essencial de que preciso de Ti a cada momento. Por favor, use o medo que sinto nessas ocasiões para me alertar de que me afastei do Senhor. Então me aponte para o remédio: refugiar-me em Ti.

Sou muito grato pelo *Senhor ser meu pastor*! O Senhor está sempre vigilante e sabe exatamente o que está no caminho à minha frente. O Senhor antecipa situações perigosas e me prepara para elas. Porque Tu és um pastor magistral, podes me proteger do perigo com tanta habilidade que eu permaneço felizmente inconsciente disso. Além disso, o Senhor é totalmente confiável, o único, absolutamente *bom pastor*. À medida que procuro seguir o Senhor e os seus caminhos, agradeço-lhe por me proteger tanto do perigo quanto do medo.

Em teu nome protetor, Jesus,<br>Amém

2 Samuel 22:31; Salmos 23:1,4;
João 10:11,14

## 17 de novembro

Jesus,
Por favor, treina-me para confiar em Ti um dia de cada vez. Essa prática me manterá perto do Senhor, responsivo à sua vontade. Confesso que a confiança não me vem nada fácil; acho extremamente desafiador. Mas sei que o Senhor é absolutamente confiável, independentemente dos meus sentimentos. Sou muito grato pelo teu Espírito dentro de mim, meu tutor residente que me ajuda a aprender lições difíceis. Anseio tornar-me cada vez mais sensível aos sussurros do Espírito e ceder ao seu toque gentil.

Senhor, ensina-me a confiar em Ti em todas as circunstâncias, sem deixar que o meu desejo de entender me distraia da tua presença amorosa. Quero passar este dia vitoriosamente vivendo em alegre dependência de Ti.

*O amanhã trará as suas próprias preocupações.* Em vez de ficar preso nas teias de preocupações do amanhã, procuro confiar em Ti hoje, um momento de cada vez!

Em teu nome forte e confiável,
Amém

**Salmos 84:12; 1 Coríntios 6:19;
Jeremias 17:7; Mateus 6:34**

## 18 de novembro

Deus exaltado,

*Os seus caminhos são inescrutáveis!* Ajuda-me a aproximar-me de Ti com um coração humilde, renunciando à minha exigência de compreensão, aceitando o fato de que muitas coisas estão simplesmente além da minha compreensão. O Senhor é infinitamente inteligente e eu sou finito. Por causa das limitações da minha mente, muito do que acontece na minha vida e no mundo não faz sentido para mim. Então eu preciso abrir espaço para o *mistério* nas minhas reflexões.

Percebo que tenho o privilégio de saber muitas coisas que antes eram mistérios, coisas que *estiveram ocultas durante épocas e gerações*. O Novo Testamento está cheio de revelação que veio por meio da tua encarnação, vida, morte e ressurreição. Sou imensamente abençoado por ter esse conhecimento inestimável!

Ainda assim, as maneiras como o Senhor trabalha no meu mundo são muitas vezes misteriosas para mim, frustrando o meu desejo de compreender. Isso me apresenta uma escolha: desafiar os teus caminhos ou curvar-me diante de Ti em maravilhada adoração. Eu escolho me aproximar de Ti com adoração e admiração, maravilhando-me *com a profundidade da riqueza da tua sabedoria e conhecimento*.

Em teu nome maravilhoso, Jesus,
Amém

**Romanos 11:33; Provérbios 3:5;
Colossenses 1:26**

## 19 de novembro

Meu Senhor vivo,

Alegro-me porque *Tu és aquele que me vê*. O Senhor está muito mais pleno e gloriosamente vivo do que posso começar a imaginar. Quando eu te vir *face a face* em toda a tua glória, sei que ficarei impressionado! Agora, porém, eu vejo *apenas um reflexo obscuro, como em espelho*. Minha visão de Ti é obscurecida pela minha condição decadente.

É maravilhoso (e bastante assustador) que o Senhor me veja com perfeita clareza. Tu sabes tudo sobre mim, incluindo os meus pensamentos e sentimentos mais secretos. Tu entendes como sou arruinado e fraco: *o Senhor lembra que eu sou pó*. Mas apesar de todas as minhas falhas e fracassos, o Senhor escolhe me amar com amor eterno.

Ajuda-me a lembrar que o dom do teu amor foi imensuravelmente caro. O Senhor suportou uma agonia indescritível para me salvar dos meus pecados. O Senhor *se tornou pecado por mim para que em Ti eu me tornasse justiça*. Eu amo refletir sobre esta verdade maravilhosa: a tua justiça perfeita foi creditada a mim para sempre! Este presente de valor infinito tem sido meu desde que confiei em Ti como o meu Salvador. Estou tão agradecido que *aquele que me vê* sempre é o mesmo que me ama eternamente!

Em teu nome salvador, Jesus,
Amém

**Gênesis 16:13; 1 Coríntios 13:12;
Salmos 103:14; 2 Coríntios 5:21**

## 20 de novembro

Jesus precioso,

Descobri que te agradecer com frequência não apenas desperta o meu coração para a tua presença, mas também aguça a minha mente. Então, quando estou me sentindo fora de foco ou fora de contato contigo, preciso fazer todos os esforços para agradecer-te por *algo*. Há sempre uma abundância de coisas para escolher: dons eternos (como salvação, graça e fé) bem como bênçãos comuns do dia a dia.

O Senhor está me treinando para olhar para trás nas últimas vinte e quatro horas e tomar nota de todas as coisas boas que me ofereceu, anotando algumas delas em um diário. Essa disciplina eleva o meu espírito e me energiza, permitindo-me pensar com mais clareza.

A Bíblia ensina que *o diabo, o meu inimigo, anda ao redor como leão, rugindo e procurando a quem possa devorar*. Portanto, é muito importante para mim *estar alerta e vigilante*. Quando perco o foco e deixo meus pensamentos vagarem, fico muito mais vulnerável aos ataques do maligno. Por favor, alerta-me sempre que estiver nesta condição vulnerável e ajuda-me a afastar o inimigo agradecendo e louvando a Ti. Isso é adoração de guerra!

Em teu nome louvável,
Amém

**Efésios 2:8–9; 1 Pedro 5:8;
2 Coríntios 9:15**

## 21 de novembro

Deus glorioso,

*Ofereço a Ti um sacrifício de gratidão.* Não quero menosprezar nenhuma de tuas boas dádivas, nem mesmo o nascer do sol. A gratidão não vem naturalmente para mim, mas o Senhor tem me treinado para responder de forma sobrenatural.

A tua palavra me ensina como é importante ter uma atitude de gratidão. Antes que a serpente tentasse Eva no Jardim do Éden, a gratidão era uma resposta natural. Mas a tentação do maligno apontou para a única coisa que era proibida. Embora o jardim estivesse cheio de frutas deliciosas que estavam livremente disponíveis, Eva se concentrou na única fruta que estava fora dos limites. Esse foco negativo obscureceu a sua mente e ela sucumbiu à tentação.

Quando *eu* me concentro em coisas que quero, mas não posso ter, ou em situações que me desagradam, a minha mente também fica obscurecida. Eu não dou valor à vida, à salvação, à luz do sol, aos entes queridos e às inúmeras outras dádivas do Senhor. Procuro o que está errado e me recuso a aproveitar a vida até que essa situação seja corrigida. Mas quando me aproximo de Ti com ação de graças, a luz da tua presença se derrama em mim, transformando-me nas profundezas do meu ser. Ajuda-me a *andar na luz* contigo, Senhor, *deleitando-me em Ti* e praticando a disciplina da ação de graças.

No nome extraordinário de Jesus,
Amém

**Salmos 116:17; Gênesis 3:6;
1 João 1:7; Salmos 37:4**

## 22 de novembro

Deus fiel,
Aprendi que gratidão e confiança são como amigos íntimos que estão sempre prontos para me ajudar. Preciso contar com esses amigos fiéis em todos os momentos, mas especialmente quando o meu dia parece sombrio ou o mundo parece assustador. Senhor, Tu estás me ensinando a parar durante esses momentos e olhar ao meu redor, procurando beleza e bênçãos. Quando agradeço pelo que encontro, conecto-me contigo de uma maneira maravilhosa. Abençoa-me falar contigo elogiosamente sobre os muitos bons dons que o Senhor oferece, fazendo o esforço de agradecer-lhe entusiasticamente, independentemente de como eu me sinta. Se eu persistir em expressar a minha gratidão a Ti, meu humor se torna mais brilhante e mais leve.

O Senhor é absolutamente confiável! Expressar a minha confiança em Ti me lembra que Tu estás comigo, cuidando de mim. Sei que há áreas da minha vida em que preciso confiar mais plenamente em Ti. Quando os momentos difíceis vierem, ajuda-me a vê-los como oportunidades para expandir o escopo da minha confiança, *viver por fé* nessas situações desafiadoras. Em vez de desperdiçar essas oportunidades, quero usá-las para *me aproximar de Ti*. Alegro-me pelo Senhor me receber calorosamente de braços abertos!

Em teu nome compassivo, Jesus,
Amém

Salmos 92:1–2; Salmos 118:28;
2 Coríntios 5:7; Tiago 4:8

## 23 de novembro

Deus gracioso,
Obrigado por derramar tantas bênçãos sobre mim! Tudo o que tenho é um dom de Ti, incluindo cada vez que respiro. Raramente penso na maravilha de inalar a tua vida continuamente. No entanto, foi somente quando o Senhor soprou *o fôlego da vida* em Adão que ele *se tornou um ser vivente*.

Às vezes, gosto de me sentar tranquilamente na tua presença, agradecendo-te silenciosamente cada vez que inspiro e afirmando a minha confiança em Ti ao expirar. Descobri que quanto mais tempo faço isso, mais relaxado fico.

Senhor, por favor, ajuda-me a apreciar e agradecer as bênçãos que muitas vezes ignoro, os pássaros e as árvores, a luz e as cores, os entes queridos e os confortos diários. A lista não tem fim! Quanto mais procuro coisas boas na minha vida, mais clara a minha visão se torna.

Claro, a minha maior gratidão é pela *vida eterna*, que é minha porque *acredito em Ti*. Este presente eterno inestimável me enche de alegria cada vez maior na tua presença!

Em teu nome generoso, Jesus,
Amém

**Gênesis 2:7; João 3:16; Salmos 16:11**

## 24 de novembro

Meu Senhor amado,
Peço que aumentes a minha gratidão. Aprendi que ser grato não apenas ilumina o meu dia, mas abre o meu coração mais plenamente para Ti. Anseio encontrar-*te* no meio das minhas circunstâncias. Por isso, procurarei sinais da tua presença enquanto ando pelo *caminho da vida*. Uma atitude de gratidão abre o meu coração e os meus olhos, permitindo-me ver o Senhor em uma grande quantidade de pequenos detalhes, bem como no quadro geral da minha vida. Preciso desacelerar e ter tempo para notar todas as suas bênçãos, agradecendo por elas e desfrutando dos seus muitos dons.

Peço também que me treines a confiar em Ti de forma mais consistente. A confiança sólida e bem desenvolvida me permite caminhar por terrenos traiçoeiros sem tropeçar. Quanto mais desafiadora a minha jornada, mais frequentemente preciso expressar a minha confiança em Ti: "Senhor, *confio no teu amor*". Esta breve oração me lembra que o Senhor está comigo, está cuidando de mim e me ama para sempre!

Tenho boas razões para *estar alegre* porque o Senhor é absolutamente digno da minha gratidão e confiança!

Em teu nome grandioso, Jesus,
Amém

1 Tessalonicenses 5:16–18; Colossenses 4:2;
Salmos 16:11 (KJA); Salmos 52:8

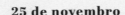

## 25 de novembro

Deus misericordioso,
Por favor, ajuda-me a permanecer em gratidão. Este é um lugar muito agradável, onde a alegria de tua presença brilha calorosamente sobre mim.

Muitas vezes eu oro fervorosamente por algo e espero com esperança pela resposta. Se o Senhor conceder o meu pedido, eu respondo com alegria e gratidão. Mas minha tendência é seguir em frente rapidamente para buscar a próxima coisa. Em vez de experimentar apenas uma explosão de gratidão de curta duração, quero permanecer em uma atitude de alegria agradecida, deixando a minha gratidão fluir livremente para o futuro. Preciso me treinar para me lembrar da tua resposta graciosa ao meu pedido. Uma maneira é contar aos outros sobre a bênção que recebi de Ti. Outra maneira é escrever a oração-resposta em algum lugar onde eu a veja novamente.

Senhor, ensina-me a *lembrar das tuas maravilhas* com gratidão. O Senhor tem me mostrado que a gratidão me abençoa duplamente, com lembranças felizes de orações respondidas e com o prazer de compartilhar a alegria contigo!

Em teu nome alegre, Jesus,
Amém

Salmos 95:2; 1 Coríntios 15:57;
1 Crônicas 16:12

## 26 de novembro

Jesus atencioso,

Quero viver perto do Senhor e aberto a Ti, ciente, atento, confiando e agradecendo ao Senhor. Sei que o Senhor está sempre perto de mim. Então eu me abro totalmente (coração, mente e espírito) à sua presença viva.

Por favor, ajuda-me a ficar ciente de Ti enquanto sigo o meu caminho neste dia. Sinto-me aliviado por saber que nunca há um momento em que o Senhor não esteja totalmente ciente de mim. Quero estar atento, alerta e ouvindo com atenção, não apenas a Ti, mas às pessoas que o Senhor traz para a minha vida. Descobri que ouvir os outros com atenção plena e em oração abençoa tanto a eles quanto a mim.

A Bíblia está cheia de instruções para confiar em Ti e te agradecer. Porque Tu és extremamente confiável, acreditar em Ti e nas tuas promessas oferece uma base sólida para a minha vida. Além disso, Tu entendes a minha fraqueza e *me ajuda a vencer a minha incredulidade*.

O Senhor tem me ensinado a importância de agradecer ao longo do dia. Essa disciplina encantadora me abençoa grandemente, mantendo-me perto de Ti e aumentando a minha alegria!

Em teu nome confiável,<br>Amém

**Apocalipse 1:18; Tiago 1:19;
Marcos 9:24; Salmos 28:7**

## 27 de novembro

Jesus generoso,
*Dou graças a Ti, porque Tu és bom; o teu amor dura para sempre.* Quero reservar um tempo para pensar nas muitas bênçãos que o Senhor oferece. Obrigado, Senhor, pelo dom da vida, por cada respiração que me dá. Sou grato também pelas provisões diárias: comida e água, abrigo, roupas, família e amigos. Mas o maior presente que recebi de Ti, meu Salvador, é a vida eterna!

Ao considerar tudo o que o Senhor fez por mim, deleito-me em quem Tu és, o grande *Eu Sou*! O Senhor é cem por cento bom. Não há sequer uma partícula de escuridão em Ti, *a luz do mundo*! Além disso, o seu amor é interminável; continua por toda a eternidade.

Porque eu pertenço a Ti, nunca estou separado da tua presença amorosa. Sei que o Senhor está sempre perto, então não preciso me preocupar se sinto ou não a sua presença. Em vez de me concentrar nos meus sentimentos, ajuda-me a simplesmente confiar que o Senhor está comigo e *agradecer por seu amor leal*.

Em teu nome bendito,
Amém

Salmos 107:1; João 8:58;
João 8:12; Salmos 107:8

## 28 de novembro

Querido Jesus,
O Senhor tem me mostrado que a gratidão tira a dor da adversidade. Além disso, a Bíblia me instrui a *dar graças por todas as coisas*. Vejo um elemento de mistério nesta transação: eu te agradeço, independentemente dos meus sentimentos, e o Senhor me dá alegria, independentemente das minhas circunstâncias. Este é um ato espiritual de obediência, às vezes, obediência cega. Agradecer a Ti pelas dificuldades dolorosas pode parecer irracional ou até mesmo impossível. Mas aprendi que quando te obedeço dessa maneira, sou abençoado, mesmo que as dificuldades permaneçam.

A gratidão abre o meu coração à tua presença e a minha mente aos teus pensamentos. Ainda posso estar no mesmo lugar, enfrentando o mesmo conjunto de circunstâncias, mas é como se uma luz tivesse sido acesa, permitindo-me ver da sua perspectiva com mais clareza. É esta *luz da tua presença* que remove a dor da adversidade. Ajuda-me, Senhor, a *andar cada vez mais na luz* contigo!

Em teu nome luminoso,<br>
Amém

**Efésios 5:20;<br>
Salmos 118:1; Salmos 89:15–16**

## 29 de novembro

Deus eterno,
Ajuda-me a adorar somente a Ti, fazendo de Ti o primeiro e mais importante na minha vida. A Bíblia ensina que Tu és um *Deus zeloso* e que a idolatria sempre foi a ruína do teu povo. Os ídolos atuais são mais sutis do que os antigos, porque os falsos deuses de hoje são muitas vezes seculares. Pessoas, posses, status e riqueza são alguns dos ídolos mais populares nos dias de hoje. Para evitar a armadilha de me curvar diante dessas coisas, devo *ser alerta e vigilante*.

O Senhor tem me mostrado que os falsos deuses nunca satisfazem; em vez disso, eles despertam o desejo por mais e mais. Quando procuro por *Ti* em vez dos ídolos do mundo, experimento a tua *alegria e paz*. Esses intangíveis inestimáveis saciam a sede da minha alma, proporcionando profunda satisfação. O brilho do mundo é metálico e temporal. A luz da tua presença é brilhante e eterna. Quero *andar na luz* contigo, tornando-me um farol pelo qual os outros são atraídos para Ti.

Em teu nome inestimável, Jesus,<br>Amém

**Êxodo 34:14; 1 Pedro 5:8;
Romanos 15:13; 1 João 1:7**

## 30 de novembro

Senhor glorioso,
Recebo este dia de vida como um dom precioso de Ti. Quero tratar-te como o tesouro que é, *buscando a tua face* e priorizando a oração. Ao olhar para o dia que se inicia, por favor, ajuda-me a discernir o que é mais importante. Mostra-me como estabelecer prioridades de acordo com a tua vontade, usando-as para me guiar ao longo do meu caminho. Isso me permitirá fazer boas escolhas sobre o uso do meu tempo e energia. Então, quando chego ao fim do dia, posso me sentir em paz com as coisas que fiz e também com as que *não* fiz.

O Senhor tem me ensinado a incluí-lo em tudo o que faço. Vi que mesmo a mais breve oração é suficiente para convidá-lo para as minhas atividades. Ao orar sobre tudo, reconheço a minha necessidade contínua de Ti. Estou até aprendendo a me alegrar na minha necessidade, vendo isso como um forte elo com a *tua gloriosa presença*.

Embora viver de maneira dependente seja contracultural, descobri que é uma maneira abençoada de viver, exultar na tua suficiência ilimitada e no *teu amor leal*.

Em teu nome aprazível, Jesus,
Amém

**Salmos 118:24;
1 Crônicas 16:10–11;
Judas 24; Salmos 33:22**

# Dezembro

*O anjo lhes disse: "Não tenham medo. Estou trazendo boas-novas de grande alegria para vocês, que são para todo o povo".*

Lucas 2:10

## 1º de dezembro

Senhor Jesus misericordioso,

Venho a Ti, pedindo que prepares o meu coração para a celebração do teu nascimento. O Natal é a época de exultar na tua encarnação milagrosa, quando o Senhor, *a Palavra, se tornou carne e viveu entre nós*. O Senhor se identificou com a humanidade até o limite: tornando-se um homem e fixando residência no nosso mundo. Não quero deixar que a familiaridade desse espantoso milagre diminua o seu efeito sobre mim. Tu és o dom acima de todos os dons e eu *me alegro em Ti*!

Uma maneira encantadora de abrir o meu coração para Ti é passar um tempo refletindo sobre as maravilhas da sua entrada na história humana. Quero ver esses eventos da perspectiva dos *pastores que estavam nos campos* perto de Belém, *durante a noite tomando conta dos seus rebanhos*. Eles testemunharam primeiro um anjo e depois *uma grande multidão do exército celestial* iluminando o céu, proclamando: "*Glória a Deus nas alturas, e paz na terra aos homens aos quais ele concede o seu favor*".

Ajuda-me a contemplar a glória do teu nascimento, assim como os pastores fizeram, e responder com admiração infantil.

Em teu nome admirável e maravilhoso,
Amém

**Marcos 1:3; João 1:14;
Filipenses 4:4; Lucas 2:8,13–14**

## 2 de dezembro

Salvador vigilante,
Estou tentando desesperadamente manter os meus olhos em Ti! Ondas de adversidade estão tomando conta de mim e me sinto tentado a desistir. À medida que as minhas circunstâncias consomem cada vez mais a minha atenção, temo perder o Senhor de vista. Mas tua palavra me assegura que *Tu estás sempre comigo, tomando a minha mão direita*. Além disso, sei que Tu estás totalmente ciente da minha situação e *não vais permitir que eu seja tentado além do que posso suportar*.

O Senhor tem me mostrado que se preocupar com o amanhã não apenas desagrada a Ti, mas também drena a minha energia. Admito que tenho tentado carregar os fardos do amanhã no dia de hoje e estou cambaleando sob a carga pesada. Percebo que, se continuar assim, acabarei caindo de cara no chão. Sou grato pelo Senhor *ser Deus, meu Salvador, que cada dia suporta as minhas cargas*.

Ajuda-me a viver dentro dos limites do *hoje*, mantendo o meu foco na sua presença no presente. Por favor, continue me lembrando que *o presente* é onde eu posso andar perto de Ti, apoiando-me no Senhor para obter força e orientação.

Em teu nome forte e orientador, Jesus,
Amém

**Salmos 73:23; 1 Coríntios 10:13;
Salmos 68:19; Hebreus 3:13**

## 3 de dezembro

Salvador supremo,
Não quero ser sobrecarregado pela desordem na minha vida, muitas pequenas tarefas esperando para serem feitas em *algum momento*, sem nenhuma ordem específica. Quando me concentro demais nessas tarefas mesquinhas, tentando tirar todas elas do caminho, descubro que elas são infinitas. Elas podem consumir tanto tempo quanto eu dedico a elas!

Obrigado por me mostrar que o remédio é parar de tentar fazer todas as minhas tarefas de uma vez e focar apenas nas que preciso fazer hoje. Por favor, ajuda-me a escolher as tarefas que o Senhor quer que eu realize neste dia, deixando o resto delas escorregar para o fundo da minha mente. Isso torna possível para mim mantê-*lo* na frente da minha consciência.

Meu objetivo final é viver perto de Ti, pronto para responder às tuas iniciativas. Posso me comunicar contigo mais livremente quando a minha mente está organizada e voltada para Ti. Enquanto *busco a tua face* ao longo deste dia, peço para a tua presença trazer ordem aos meus pensamentos e paz a todo o meu ser.

Em teu nome redentor, Jesus,
Amém

**Provérbios 16:3; Salmos 25:5;
Salmos 27:8; Isaías 26:3**

# 4 de dezembro

Meu Senhor amado,
Eu me deleito em ouvir o Senhor me dizer: *"Eu o amei com amor eterno"*. Confesso que não consigo compreender a tua constância porque a minha mente é sempre tão humana. Minhas emoções oscilam e vacilam diante de circunstâncias variadas e é fácil para mim projetar os meus sentimentos inconstantes em Ti. Isso me impede de me beneficiar plenamente do *teu amor leal*.

Por favor, ensina-me a olhar além do fluxo das circunstâncias e encontrar o Senhor olhando amorosamente para mim. Esta consciência da tua presença me fortalece, ajudando-me a me tornar mais receptivo e responsivo ao teu amor. Sou muito grato pelo Senhor *ser o mesmo ontem, hoje e para sempre*! Quero me abrir mais plenamente para Ti, deixando o teu amor fluir em mim continuamente. Minha necessidade de Ti é tão constante quanto o fluxo infinito do teu amor para mim.

Em teu nome inabalável, Jesus,
Amém

**Jeremias 31:3; Êxodo 15:13;
Hebreus 13:8**

## 5 de dezembro

Jesus amado,
O Senhor é a *alegria que ninguém tirará de mim*. Enquanto descanso na tua presença, saboreio as maravilhas desse dom glorioso. Alegro-me que esta bênção é minha para sempre, *o Senhor* é meu por toda a eternidade!

Muitas coisas neste mundo podem me trazer satisfação por um tempo, mas todas elas são passageiras por causa da morte e da decadência. Em Ti tenho um tesouro incomparável, a alegria naquele que é *o mesmo ontem, hoje e para sempre*. Ninguém pode me roubar esse prazer, porque Tu és fiel e imutável.

Percebo que sempre que me sinto sem alegria, o problema não está na fonte dela (o Senhor), está no receptor (eu). Às vezes, fico tão focado em outras coisas (dificuldades e distrações na minha vida), que negligencio o meu relacionamento contigo. Ajuda-me a lembrar de colocar a Ti em primeiro lugar na minha vida, relacionando-me continuamente contigo como o meu *primeiro amor*. E, por favor, aumenta a minha receptividade, momento a momento, à tua presença. À medida que passo tempo *me deleitando em Ti*, recebo a alegria em plena medida!

Em teu nome jubiloso,
Amém

**João 16:22; Hebreus 13:8;
Apocalipse 2:4; Salmos 37:4**

# 6 de dezembro

Jesus exaltado,

O Senhor é *o sol nascente que vai raiar sobre nós, para dar luz àqueles que se acham na escuridão*. Às vezes, as minhas circunstâncias são tão difíceis e confusas que me sinto cercado pela escuridão. Minha mente oferece várias soluções para os meus problemas, mas eu já as tentei, sem sucesso. Então eu me preocupo e me pergunto o que fazer a seguir, sentindo-me impotente e frustrado. Em momentos como este, preciso olhar para cima e ver a tua luz brilhando sobre mim. Ao olhar para Ti com confiança infantil, encontro esperança e descanso na tua presença.

A tua palavra me ensina a *parar de lutar e saber que Tu és Deus*. Por favor, ajuda-me a deixar de lado os meus esforços de resolução de problemas e relaxar contigo, lembrando que o Senhor é o *Príncipe da Paz*. Acho reconfortante respirar na tua presença pacífica a cada vez que respiro. Quanto mais de Ti absorvo, mais calmo fico. Depois de descansar contigo por um tempo, estou pronto para *derramar o meu coração* sobre os meus problemas, confiando em Ti para me mostrar o caminho que devo seguir.

Senhor, por favor, *guia os meus passos no caminho da paz*.

Em teu nome valioso,
Amém

**Lucas 1:78–79 (NBV); Salmos 46:10;
Isaías 9:6; Salmos 62:8**

# 7 de dezembro

Jesus amado,
Quando a minha mente e o meu coração estão quietos, posso ouvir o Senhor me convidando a *me aproximar*. Deleito-me no teu convite glorioso, proclamado em sussurros sagrados: *"Venha a mim. Venha a mim. Venha a mim"*. Aproximar-me de Ti não requer grande esforço da minha parte; é mais como se render a Ti e deixar de resistir à atração magnética do teu amor.

Ajuda-me, *por meio do teu Espírito*, a abrir-me mais plenamente à tua amorosa presença para que eu seja cheio de toda a tua plenitude. Anseio *ter o poder de compreender a largura, o comprimento, a altura e a profundidade do teu amor por mim e conhecer este amor que excede todo conhecimento*. Este vasto oceano de amor não pode ser medido ou explicado, mas pode ser experienciado.

Em teu nome maravilhoso,
Amém

**Tiago 4:8; Mateus 11:28;
João 6:37; Efésios 3:16–19**

## 8 de dezembro

Jesus esplêndido,

*O Senhor é a luz do mundo!* Uma maneira que gosto de celebrar o Advento é iluminando a minha casa com velas e uma árvore iluminada. Esta é uma forma de simbolizar a tua vinda ao nosso mundo, luz eterna rompendo a escuridão e abrindo o caminho para o céu. Sou grato por nada poder reverter o teu glorioso plano de salvação. O Senhor prometeu que todos os que confiam em Ti como Salvador são adotados na tua família real, para viver contigo para sempre!

*A tua luz brilha nas trevas, e as trevas não a derrotaram.* Não importa quanta maldade e incredulidade eu veja neste mundo sombrio, o Senhor continua a brilhar intensamente. Portanto, é crucial para mim olhar para a luz o máximo possível, *fixando meus olhos em Ti.* Ao fazer boas escolhas de pensamento, posso "ver" a Ti enquanto caminho pelos meus dias. Por favor, ajuda-me a perseverar nesta disciplina agradável de manter os meus olhos em Ti. Encontro esperança nestas palavras maravilhosas que o Senhor falou: *"Quem me segue nunca andará em trevas, mas terá a luz da vida".*

Em teu nome luminoso e radiante,<br>Amém

João 8:12; Efésios 1:5;
João 1:5; Hebreus 12:2

## 9 de dezembro

Jesus, meu criador,

A tua palavra me diz que *eu sou feito de modo especial e admirável*. O Senhor construiu no meu cérebro a incrível capacidade de observar os meus próprios pensamentos. Portanto, é possível monitorar os meus pensamentos e fazer escolhas sobre eles. Descobri que a preocupação é muitas vezes o resultado de pensar nas coisas na hora errada. Se eu pensar em coisas que me incomodam enquanto estou deitado na cama, é muito fácil para mim começar a me preocupar. Mas quando monitoro o meu pensamento, posso interromper esses pensamentos ansiosos rapidamente, antes que me encontre profundamente preocupado.

Ensina-me a disciplinar a minha mente para que eu possa minimizar a preocupação e maximizar a adoração. Por favor, alerta-me por meio do teu Espírito quando eu estiver pensando em algo na hora errada, um pensamento preocupante em um momento em que não posso fazer nada a respeito. Ajuda-me a direcionar meu pensamento para *longe* desse pensamento prejudicial e *para* Ti, Jesus. Deleito-me em orar versículos dos Salmos para Ti, aproximando-me de Ti em adoração, expressando o meu amor e a minha confiança em Ti. *Eu te amo, ó Senhor, minha força. Eu confio em Ti, Senhor e digo: Tu és o meu Deus.*

Em teu nome poderoso,
Amém

**Salmos 139:14; Lucas 12:22, 25–26;
Salmos 18:1; Salmos 31:14**

## 10 de dezembro

Jesus precioso,

Tu és o meu tesouro! Tu és incomensuravelmente mais valioso do que qualquer coisa que eu possa ver, ouvir ou tocar. *Conhecer a Ti é o prêmio* acima de qualquer outro prêmio.

Os tesouros terrenos são muitas vezes guardados, protegidos ou escondidos por segurança. Mas as riquezas que tenho em Ti nunca podem ser perdidas, roubadas ou danificadas. Na verdade, descobri que ao compartilhar o Senhor livremente com os outros, ganho ainda *mais* de Ti. Já que Tu és infinito, sempre haverá mais de Ti para eu descobrir e amar.

Meu mundo muitas vezes parece fragmentado, com inúmeras coisas (pequenas e grandes) disputando a minha atenção. Tantas "coisas" continuam atrapalhando o meu desejo de passar o tempo desfrutando da tua presença. Admito que ficar *preocupado e inquieto com muitas coisas* é algo natural para mim. Mas a tua palavra me garante que *apenas uma coisa é necessária*. Quando faço de Ti essa única coisa, escolho *o que não será tirado de mim*.

Ajuda-me a me alegrar na sua proximidade contínua e a deixar a minha consciência da tua presença colocar tudo o mais em perspectiva. Tu és o tesouro que pode alegrar todos os meus momentos!

Em teu nome inestimável,
Amém

**Filipenses 3:14; Mateus 6:19;
Lucas 10:41–42**

## 11 de dezembro

Deus poderoso,

O Senhor me capacita, infundindo força interior em mim para que eu esteja pronto para fazer qualquer coisa. Por favor, ajuda-me a lembrar que essa força interior vem por meio de Ti, Jesus, por meio da minha conexão contigo. Ela vem a mim quando eu preciso, enquanto dou passos confiantes de dependência, mantendo os meus olhos em Ti. Essa promessa é um poderoso antídoto para o medo, especialmente o meu medo de ser oprimido pelas circunstâncias que vejo se aproximando. Não importa o quão assustadores eles possam parecer, posso confiar que estou realmente pronto para qualquer coisa que o Senhor trouxer para a minha vida.

Sou grato pelo Senhor controlar cuidadosamente tudo o que acontece comigo. Além disso, o Senhor está constantemente me protegendo de perigos conhecidos e desconhecidos. E o Senhor me dá força, exatamente quando eu preciso, para lidar com circunstâncias desafiadoras.

O Senhor tem me ensinado que muitas das coisas futuras que antecipo ansiosamente não chegarão a mim. A sua promessa é para as coisas que enfrento no presente e isso é suficiente. Então, quando estou sentindo a tensão de uma jornada difícil, preciso parar e dizer a verdade a mim mesmo: *"Tudo posso naquele que me fortalece!"*.

Em teu nome poderoso, Jesus,<br>Amém

**Filipenses 4:13;
João 15:4; Mateus 6:34**

## 12 de dezembro

Meu Jesus,

O Senhor me projetou para viver em união contigo. Sou grato por essa união não negar quem eu sou. Pelo contrário, torna-me mais plenamente eu mesmo. Descobri que quando tento viver de maneira independente de Ti, mesmo que por curtos períodos de tempo, sinto vazio e insatisfação. Mas quando *ando na luz da tua presença*, Tu me abençoas com profunda e satisfatória alegria. Deleito-me em louvar-te, *alegrar-me na tua retidão*.

Ajuda-me a encontrar realização em viver perto de Ti, entregando-me aos teus propósitos para mim. Às vezes o Senhor me conduz por caminhos que parecem estranhos para mim. Nesses momentos, preciso me apegar a Ti, confiando que o Senhor sabe o que está fazendo. Quando te sigo de todo o coração, posso descobrir facetas de mim mesmo que antes estavam ocultas.

O Senhor me conhece intimamente, muito melhor do que eu mesmo. Em união contigo, sou completo. Na proximidade de Ti, me transformo cada vez mais na pessoa que Tu me criaste para ser.

Em teu nome belo e justo,<br>
Amém

**Salmos 89:15–16; Salmos 139:15–16;
2 Coríntios 3:18**

## 13 de dezembro

Jesus sempre presente,

Adoro ouvir o Senhor sussurrando para mim: *"Estou com você. Estou com você. Estou com você"*. É como se os sinos do céu estivessem continuamente repicando com essa promessa da tua presença. Infelizmente, algumas pessoas nunca ouvem esses sinos gloriosos porque as suas mentes estão presas à terra e os seus corações estão fechados para Ti. Outros podem ouvir as maravilhosas proclamações da tua presença apenas uma ou duas vezes em suas vidas, em raros momentos de busca por Ti acima de tudo. O Senhor é o meu pastor sempre presente e quero ser uma ovelha que permanece atenta ao Senhor, *ouvindo a tua voz*.

A quietude é a sala de aula onde Tu me ensinas a ouvir a tua voz. Preciso de um lugar calmo para acalmar a minha mente. Pareço ser um aprendiz lento, então, por favor, ajuda-me a avançar nesta disciplina agradável. Em algum momento, espero ser capaz de levar a calma comigo aonde quer que eu vá. Embora ainda seja um novato, às vezes posso ouvir aqueles sinos melodiosos quando volto para a agitação da vida: *"Estou com você. Estou com você. Estou com você"*.

Em teu nome agradável e tranquilizador,
Amém

Isaías 41:10;
Jeremias 29:12–13; João 10:14, 27–28

## 14 de dezembro

Ó *Altíssimo,*
*Como é bom anunciar de manhã o teu amor leal e de noite a tua fidelidade.*

Ao declarar as maravilhas da tua presença amorosa, encontro força e encorajamento em Ti. Essa bênção gloriosa flui para mim ainda mais plenamente quando pronuncio as palavras em voz alta. Ao proclamar o teu amor, ajuda-me *a exultar com alegria indizível e gloriosa*!

Teu amor incrível é sacrificial, leal, inestimável e ilimitado, *chega até os céus*. Ele brilha tanto que pode me levar por todos os meus dias, mesmo os mais sombrios.

Quando chego ao final de cada dia, é hora de declarar a tua fidelidade que *chega até as nuvens*. Ao relembrar o dia, posso ver quão habilmente o Senhor me guiou e abriu o caminho à frente. Quanto mais dificuldades eu encontrava, mais o Senhor me capacitava, me fortalecia e me equipava para superar os obstáculos.

É bom dar voz à tua grande fidelidade, especialmente à noite, para que eu possa *deitar e dormir em paz.*

Em teu nome pacífico, Jesus,
Amém

**Salmos 92:1–2; 1 Pedro 1:8;
Salmos 36:5; Salmos 4:8**

## 15 de dezembro

Deus eterno,
*No princípio era aquele que é a Palavra. Ele estava com Deus e era Deus.* Tu és *a Palavra que se tornou carne*, o Senhor sempre foi e sempre será. Ajuda-me a não perder de vista a tua divindade enquanto celebro o teu nascimento.

Estou tão agradecido que o Senhor cresceu para se tornar o Homem-Salvador que é Deus todo-poderoso! Se o Senhor não fosse Deus, a sua vida e morte em sacrifício teriam sido insuficientes para prover a salvação. Alegro-me que o Senhor, que chegou ao mundo como uma criança indefesa, é o mesmo que trouxe o mundo à existência.

*Sendo rico, o Senhor se fez pobre por amor a mim, para que por meio da sua pobreza eu me tornasse rico.* Nenhum presente de Natal pode se comparar com o tesouro infinito que tenho em Ti! Por causa de Ti, os meus pecados foram removidos para tão longe *como o Oriente está longe do Ocidente*, libertando-me de toda condenação. O Senhor me presenteou com uma vida inimaginavelmente gloriosa que nunca terminará! Obrigado, Senhor, por este presente arrebatador; eu o aceito com alegria e gratidão.

Em teu nome supremo, Jesus,
Amém

**João 1:1, 14; Hebreus 1:2;
2 Coríntios 8:9; Salmos 103:12**

## 16 de dezembro

Querido Jesus,

Venho a Ti com a minha necessidade escancarada, pedindo que me encha com a luz do teu amor. Percebo que um coração rendido a Ti não se lamenta ou se rebela quando as coisas ficam difíceis. Em vez disso, ele reúne coragem para agradecer a Ti durante os momentos difíceis. Subordinar a minha vontade à tua é, em última análise, um ato de confiança.

Anseio caminhar pacificamente contigo durante este dia, mas estou distraído ao me perguntar se posso lidar com tudo o que se espera de mim. Minha tendência natural é ensaiar mentalmente como vou fazer isso ou aquilo. Ajuda-me, em vez disso, a manter minha mente na tua presença e a dar o próximo passo. Quanto mais exigente for o meu dia, mais preciso depender da tua força. Ensina-me a ver a minha necessidade como uma bênção, acreditando que o Senhor me projetou para uma profunda dependência de Ti. Momentos desafiadores me despertam e ampliam a minha consciência de inadequação.

Quando não souber o que fazer a seguir, esperarei que o Senhor abra o caminho à frente. Quero estar pronto para seguir a sua liderança, confiando que o Senhor sabe o que está fazendo. Alegro-me com a tua promessa de *me dar força e a bênção da paz*.

Em teu nome fortalecedor,<br>Amém

**Efésios 5:20; Deuteronômio 33:25;**
**Salmos 27:14; Salmos 29:11**

## 17 de dezembro

Deus fiel,

Ajuda-me *a me apegar com firmeza à esperança que professo*, confiando que *Tu és fiel*. Às vezes, especialmente quando muitas coisas estão dando errado, tudo o que posso fazer é me agarrar a Ti. Eu adoraria ser capaz de resolver as coisas na minha mente e encontrar o caminho a seguir, mas muitas vezes isso é impossível. Nessas horas, o que realmente preciso fazer é *buscar a tua face* e *professar a minha esperança*.

Professar a esperança é afirmá-la abertamente. Minhas palavras importam, não apenas para outras pessoas, mas também para mim. Falar negativamente me desencoraja, assim como as pessoas ao meu redor. Mas quando minhas palavras afirmam a minha esperança e confiança em Ti, ganho confiança de que Tu me mostrarás o caminho a seguir.

A base da minha confiança é que *Tu és fiel*. Além disso, o Senhor prometeu *que não permitirá que eu seja tentado além do que posso suportar*. Às vezes, *o escape* que o Senhor oferece vem por meio das minhas próprias palavras, como: "Eu confio em Ti, Jesus. Tu és a minha esperança". Essa afirmação me mantém agarrado a Ti como a minha esperança, inabalável e confiante.

Em teu nome cheio de esperança, Jesus,
Amém

**Hebreus 10:23; Salmos 27:7–8;
1 Coríntios 10:13**

## 18 de dezembro

Deus sábio,

O Senhor tem me ensinado que a compreensão nunca me trará paz. A sua palavra me instrui a *confiar em Ti de todo o meu coração e não me apoiar no meu próprio entendimento*. Este versículo me desafia todos os dias da minha vida.

Confesso que tenho um apetite voraz por tentar descobrir as coisas, tentando ganhar uma sensação de domínio sobre a minha vida. Mas o mundo me apresenta uma série interminável de problemas. Assim que eu domino um conjunto de dificuldades, outro conjunto surge e me perturba. Logo a minha mente está se preparando novamente, lutando por compreensão e maestria em vez de buscar a *Ti*, o meu Mestre. Por favor, perdoa-me, Senhor, e me ajuda a *buscar a Ti* acima de tudo.

Sou grato pela sua paz não ser um objetivo indescritível, escondido no centro de um labirinto complicado. Porque eu pertenço a Ti, já estou envolvido na paz que é inerente à tua presença. Quanto mais eu olho para Ti, Jesus, mais da tua preciosa paz Tu me dás.

Em teu nome confiável, Jesus,
Amém

**Provérbios 3:5; Jeremias 29:13;
Romanos 5:1; 2 Tessalonicenses 3:16**

## 19 de dezembro

Jesus amado,

Amo andar contigo ao longo da estrada! Percebi, no entanto, que o caminho que estamos seguindo tem descidas e subidas. À distância, posso ver picos espetaculares cobertos de neve brilhando à luz do sol. Meu desejo de alcançar esses picos me tenta a pegar atalhos, mas sei que a minha tarefa é *seguir-te*, confiando em Ti para direcionar os meus passos. Vou deixar as alturas me chamarem para frente; no entanto, ficar perto de Ti deve ser a minha prioridade principal.

Um dos momentos mais difíceis para eu confiar em Ti é quando as coisas dão errado. Interrupções na minha rotina tendem a me deixar ansioso, mas o Senhor me mostrou que as dificuldades são realmente boas para mim. Quando aceito com confiança as provações, elas trazem bênçãos que *superam em muito os meus sofrimentos*. Enquanto ando de mãos dadas contigo ao longo do meu caminho, agarro-me à verdade de que o Senhor planejou amorosamente cada passo do caminho.

Rogo para que a minha fé não vacile quando o caminho se tornar pedregoso e íngreme. Agarro-me firmemente à tua mão e inspiro o ar profundo da tua presença, ouvindo as tuas palavras tranquilizadoras: "Amado, com a minha ajuda você pode conseguir!".

Em teu nome encorajador,
Amém

**João 21:22; 2 Coríntios 4:17;**
**Habacuque 3:19**

## 20 de dezembro

Deus gracioso,

A Bíblia promete que *aqueles que esperam em Ti ganharão novas forças*. Adoro passar o tempo esperando na tua presença, mesmo que ser multitarefas e ficar ocupado tenham se tornado a regra. Durante o tempo do Advento, há mais coisas para fazer do que o habitual. Por favor, me ajuda a me libertar por um momento de todas as atividades e demandas. Enquanto *busco a tua face* e desfruto da tua presença, reflito sobre a verdade essencial de que o Natal tem tudo a ver *contigo*.

Esperar contigo é um ato de fé, confiando que a oração realmente faz a diferença. Então *venho a Ti cansado e sobrecarregado*, sendo francamente real contigo. Enquanto descanso na tua presença e te falo sobre as minhas preocupações, Tu levantas fardos pesados dos meus ombros doloridos. Sou grato *pelo Senhor ser capaz de fazer infinitamente mais do que tudo o que peço ou penso*!

Ao me levantar desses momentos tranquilos contigo, me deleito em ouvir-te sussurrar: "Estou com você". E me regozijo com a *nova força* adquirida ao passar tempo contigo.

Em teu nome energizante, Jesus,<br>Amém

**Isaías 40:31; Salmos 105:4;
Mateus 11:28; Efésios 3:20**

## 21 de dezembro

Jesus glorioso,

Enquanto espero atentamente na tua presença, *a iluminação do conhecimento da tua glória* brilha sobre mim. Este conhecimento radiante transcende totalmente a minha compreensão. Além disso, transforma todo o meu ser, renovando a minha mente, limpando o meu coração, revigorando o meu corpo. Ajuda-me a me abrir totalmente à tua presença gloriosa!

Não consigo imaginar do que o Senhor desistiu quando veio ao nosso mundo como um bebê. Deixou de lado a sua glória para que o Senhor pudesse se identificar com a humanidade, comigo. O Senhor aceitou as limitações da infância em condições terríveis: nasceu em um estábulo, com uma manjedoura como berço. Não havia nada de glorioso no cenário do seu nascimento, embora os anjos iluminassem o céu proclamando "Glória!" para pastores amedrontados.

Sentado em silêncio contigo, experimento o inverso do que o Senhor passou. *O Senhor se fez pobre para que eu me tornasse rico.* À medida que me aproximo de Ti, as vistas do céu se abrem diante de mim, concedendo-me vislumbres da tua glória. Ó Senhor, eu canto aleluias ao teu santo nome!

Em teu nome sagrado,
Amém

**2 Coríntios 4:6; Filipenses 2:6–7;
Lucas 2:13–14; 2 Coríntios 8:9**

## 22 de dezembro

Jesus compassivo,
*O Senhor veio ao mundo como luz, para que todo aquele que crê em Ti não permaneça nas trevas*. O Senhor não apenas *trouxe* luz ao mundo; o Senhor é *a luz que brilha nas trevas, pois as trevas nunca o derrotaram*. Nada pode extinguir esta iluminação porque o Senhor é infinito e todo-poderoso!

Quando acreditei em Ti, tornei-me *filho da luz*. Teu brilho penetrou no meu ser interior, permitindo-me enxergar da tua perspectiva coisas no mundo e coisas no meu coração. Quando teu Espírito ilumina o conteúdo do meu coração e me mostra coisas que te desagradam, ajuda-me a me arrepender e andar nos teus caminhos. Este é o caminho para a liberdade.

Senhor, me alegro na minha perspectiva iluminada. *O deus desta era cegou o entendimento dos incrédulos, para que não vejam a luz do evangelho da tua glória*. Mas porque pertenço a Ti, tenho *a luz do conhecimento da tua glória* brilhando no meu coração! Obrigado, Jesus!

Em teu nome radiante e revelador,
Amém

**João 12:46; João 1:5;
1 Tessalonicenses 5:5;
2 Coríntios 4:4,6**

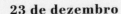

## 23 de dezembro

*Emanuel,*
Tu és *Deus conosco* em todos os momentos. Esta promessa da tua Palavra fornece uma base sólida para a minha alegria. Às vezes tento colocar o meu prazer em coisas temporárias, mas a tua presença comigo é uma bênção eterna. Alegro-me porque Tu, o meu Salvador, prometeste *que nunca me deixarás*.

A natureza do tempo pode tornar difícil para mim desfrutar plenamente da minha vida. Naqueles dias em que tudo vai bem, a minha consciência de que as condições ideais são passageiras pode diminuir o meu prazer. Mesmo as férias mais deliciosas devem chegar ao fim em algum momento. As estações da vida também vêm e vão, apesar do meu desejo de, às vezes, parar o relógio e manter as coisas como estão.

Não quero menosprezar os prazeres temporários que o Senhor me proporciona, mas preciso aceitar as limitações e a incapacidade deles de saciar a sede da minha alma. Por favor, ajuda-me a lembrar que a minha busca pela alegria duradoura falhará a menos que eu faça de *Ti* o objetivo final da minha busca. *Na tua presença há alegria plena.*

Em teu nome alegre, Jesus,<br>Amém

Mateus 1:23;
Hebreus 13:5; Salmos 16:11

## 24 de dezembro

Rei Jesus,

O Senhor é *Rei dos reis e Senhor dos senhores; habita em luz inacessível*! Sou grato pelo Senhor também ser o meu Pastor, Companheiro e Amigo, Aquele que nunca solta a minha mão. Eu te adoro na tua santa majestade. E eu me aproximo de Ti para descansar na tua presença amorosa. Preciso de Ti, como Deus e como homem. Somente o teu nascimento naquele primeiro e longínquo Natal poderia suprir todas as minhas necessidades.

Em vez de tentar compreender a tua encarnação intelectualmente, quero aprender com o exemplo dos sábios. Eles seguiram a liderança de uma estrela espetacular, então caíram em humilde adoração na tua presença. Inspirado pelos magos, desejo responder à maravilha do teu santo nascimento com adoração ardente.

Por favor, ajuda-me a crescer na minha capacidade de te adorar como o meu Salvador, Senhor e Rei. O Senhor não reteve nada em sua incrível provisão para mim e eu me alegro em tudo o que o Senhor é, em tudo o que fez!

O Senhor é *o sol nascente que raia sobre nós, para guiar nossos passos no caminho da paz.*

Em teu nome majestoso,
Amém

**1 Timóteo 6:15–16;
Mateus 2:10–11; Lucas 1:78–79 (NBV)**

## 25 de dezembro

Precioso Senhor Jesus,

Quando um anjo anunciou o teu nascimento aos *pastores que estavam nos campos* perto de Belém, ele lhes disse: "*Não tenham medo. Estou trazendo boas novas de grande alegria para vocês*". Essa ordem de não ter medo é repetida com frequência em toda a Bíblia. Obrigado por dar esta diretriz terna e misericordiosa. O Senhor sabe como sou propenso a temer, mas não me condena por isso. No entanto, quero me libertar da minha inclinação ao medo.

Descobri que a alegria é um poderoso antídoto para o medo. E quanto maior a alegria, mais eficaz é o antídoto. O anúncio do anjo aos pastores foi de *grande* alegria! Ajuda-me a nunca perder de vista as surpreendentes boas novas do evangelho!

No momento em que confiei em Ti como o meu Salvador, o Senhor perdoou todos os meus pecados (passados, presentes e futuros). Esse glorioso dom da graça garante que o meu destino final seja o céu. Além disso, o Senhor me deu a *si mesmo*, o maior tesouro de todos! O Senhor derramou o seu amor em mim e me prometeu a sua presença para sempre. Ao refletir sobre a proclamação maravilhosa do anjo aos pastores, *regozijo-me em Ti*, meu Salvador amado.

Em teu nome magnífico,
Amém

**Lucas 2:8–10; Efésios 2:8;
Filipenses 4:4**

## 26 de dezembro

Jesus maravilhoso,
A tua palavra ensina que *estou em Ti e Tu estás em mim*. Este é um mistério tão profundo! O Senhor é o Criador infinito e Sustentador do universo e eu sou um ser humano finito e decadente. No entanto, nós vivemos não apenas um *com* o outro, mas um *no* outro. Estou *cheio da tua plenitude, inundado de Ti*! Esta é uma união mais profunda e rica do que posso encontrar em qualquer relacionamento humano. O Senhor sabe tudo sobre mim, desde os meus pensamentos e sentimentos mais profundos até os eventos que encontrarei ao longo da minha vida. Porque eu pertenço a Ti, sentimentos de solidão são realmente apenas uma ilusão. A terra inteira está cheia da tua presença gloriosa!

*Em Ti eu vivo, me movo e existo*. Cada passo que dou, cada palavra que falo, cada ar que respiro, tudo é feito na sua presença vigilante e abrangente. Estou imerso no seu ser invisível, mas sempre tão real! Quanto mais consciente de Ti estou, mais vivo e completo me sinto. Por favor, fortalece a minha consciência da tua presença amorosa enquanto caminho, passo a passo, por este dia.

Em teu nome vigilante e amoroso,<br>Amém

João 14:20; Colossenses 1:27;
Efésios 3:19; Atos 17:28

## 27 de dezembro

Salvador inabalável,

Ajuda-me a encontrar a alegria em meio à decadência. Um dos momentos mais difíceis para eu ser feliz é quando estou lidando com vários problemas, buscando soluções, mas não encontrando nenhuma, e de repente me deparo com um novo problema. Descobri que se me concentrar demais na busca de soluções, começo a afundar sob o peso de todas as minhas dificuldades. Por favor, lembra-me nesses momentos que o Senhor está presente comigo em meio às minhas *diversas provações*. Preciso confiar que o Senhor está trabalhando na minha situação e que é capaz de tirar coisas boas do mal. A sua sabedoria incomparável e força soberana permitem que o Senhor supere o mal com o bem!

Quero encontrar *o Senhor* nas minhas circunstâncias difíceis, acreditando que o Senhor está perto de mim nos meus problemas. Preciso desligar as minhas emoções de todos os problemas e conectá-las à tua presença. Ao me conectar contigo, o meu humor sombrio fica cada vez mais claro e brilhante. Além disso, enquanto *permaneço em Ti*, conectado à sua presença radiante, o Senhor me permite ver as coisas da sua perspectiva.

Posso ser alegre, mesmo durante a adversidade, permanecendo conectado a Ti. *Há alegria plena na tua presença!*

Em teu nome jubiloso, Jesus,
Amém

**Tiago 1:2–3; Romanos 11:33;
João 15:4; Salmos 16:11**

## 28 de dezembro

Senhor Agradável,

Adoro ouvir a canção que o Senhor canta continuamente para mim: *"Eu me regozijo em você; com o meu amor a renovarei, eu me regozijo em você com brados de alegria"*. As vozes deste mundo são uma cacofonia de caos, me puxando para um lado e para o outro. Ajuda-me a não ouvir essas vozes, mas a desafiá-las com a tua palavra. Mostra-me como fazer pausas no barulho do mundo, encontrando um lugar para ficar quieto na tua presença para que eu possa ouvir a tua voz.

Acredito que há um imenso tesouro escondido a ser encontrado ouvindo a Ti. O Senhor está sempre derramando bênçãos sobre mim, mas algumas das suas bênçãos mais ricas devem ser buscadas ativamente. Eu me alegro quando o Senhor se revela a mim por meio da sua palavra, do seu povo e das maravilhas da criação.

Ter um coração que busca me abre para receber mais de Ti. A Bíblia me dá instruções claras: *Peçam, e será dado; busquem, e encontrarão; batam, e a porta será aberta.*

Em teu nome generoso, Jesus,<br>Amém

**Sofonias 3:17; Mateus 17:5;
Mateus 7:7**

## 29 de dezembro

Senhor Jesus tranquilo,

*Venho a Ti*, procurando encontrar descanso na tua presença. *Como é precioso, Senhor, perceber que Tu pensas em mim constantemente*! Desejo estar cada vez mais atento a Ti. O Senhor tem me ensinado que a consciência da sua presença pode *me dar descanso* mesmo quando estou muito ocupado. Uma paz interior flui da lembrança de que *o Senhor está sempre comigo*. Essa lembrança permeia o meu coração, mente e espírito, enchendo-me de alegria.

Confesso que às vezes fico tão focado nos problemas que vejo e nas previsões que ouço que a minha alegria fica enterrada sob camadas de preocupação e medo. Quando isso acontece, preciso trazer as minhas preocupações a Ti, falando contigo sobre cada uma delas, buscando a tua ajuda e orientação, pedindo que remova essas camadas de preocupação. À medida que confio as minhas preocupações ao teu cuidado e guarda, a alegria começa a emergir novamente. Aprendi que a maneira mais eficaz de nutrir essa alegria é falar e cantar louvores a Ti, *o Rei da glória*!

Em teu nome louvável,
Amém

Mateus 11:28; Salmos 139:17;
Mateus 28:20; Salmos 24:7

## 30 de dezembro

Meu Salvador amado,

Quero me tornar cada vez mais preocupado contigo. No entanto, confesso que o meu estado mental padrão é estar preocupado comigo mesmo: minhas necessidades, meus desejos, meus objetivos, minha aparência e assim por diante. Odeio essa tendência pecaminosa e sei que é desagradável para o Senhor. Anseio por me libertar desta escravidão!

As pessoas que estão profundamente apaixonadas tendem a se concentrar umas nas outras. Portanto, aprender a amar-te mais plenamente, *com todo o meu coração, de toda a minha alma e de todo o meu entendimento,* é a melhor maneira de me concentrar mais em Ti. A Bíblia se refere a este ensinamento como *o maior mandamento* e é um objetivo muito digno! Percebo que não posso fazê-lo perfeitamente nesta vida. Mas quanto mais eu sou capaz de compreender o seu amor ilimitado e leal por mim (e me deleitar com isso), mais amorosamente posso responder a Ti. Esta é uma busca gloriosa!

Ajuda-me a aprender a receber o teu amor em maior altura, profundidade, amplitude e constância e a responder com amor cada vez maior por Ti. Isso *me libertará* da escravidão do egocentrismo e me capacitará a crescer cada vez mais preocupado contigo, o meu Rei Salvador. Então *eu serei livre de fato*!

Em teu nome libertador, Jesus,<br>Amém

**Mateus 22:37–38; Salmos 52:8;
1 João 4:19; João 8:36**

## 31 de dezembro

Meu Deus guia,
Ao chegar ao final deste ano, preciso de algum tempo para olhar para trás e também para olhar para frente. Por favor, guie-me enquanto reviso os destaques deste ano: momentos difíceis e bons. Ajuda-me a vê-*lo* nessas memórias, pois sei que o Senhor esteve ao meu lado a cada passo do caminho.

Quando eu estava me apegando a Ti em meio a momentos difíceis, o Senhor me confortou com a sua presença amorosa. O Senhor também esteve ricamente presente em circunstâncias que me encheram de grande alegria. O Senhor estava comigo nos picos das montanhas, nos vales e em todos os lugares!

Meu futuro se estende à minha frente, até a eternidade, e o Senhor é o companheiro que nunca me deixará, o guia que conhece cada passo do caminho à frente. A alegria que me espera no céu é *indizível e gloriosa*! Enquanto me preparo para entrar em um novo ano, peço que a tua luz gloriosa brilhe sobre mim e ilumine o caminho à minha frente.

Em teu nome triunfante, Jesus,
Amém

**Isaías 41:13; Salmos 48:14;
1 Pedro 1:8–9; João 8:12**

# SOBRE A AUTORA

Os escritos devocionais de Sarah Young são reflexões pessoais do seu momento de meditação diário de leitura da Bíblia, oração e escrita em diários de oração. Com vendas de mais de 35 milhões de livros em todo o mundo, *O chamado de Jesus*® apareceu em todas as principais listas de best-sellers. Os escritos de Sarah incluem *O chamado de Jesus*®, *Jesus Today*® [Jesus hoje], *Jesus Always*® [Jesus sempre], *Jesus Lives*™ [Jesus vive], *Dear Jesus* [Querido Jesus], *Jesus Calling*® *for Little Ones* [O chamado de Jesus para crianças], *Jesus Calling*® *Bible Storybook* [Livro de histórias bíblicas O Chamado de Jesus], *Jesus Calling*®: *365 Devotions for Kids* e *Peace in His Presence* [O chamado de Jesus: 365 devocionais para crianças e Paz na presença do Senhor], cada um encorajando os leitores na jornada rumo à intimidade com Cristo. Sarah e seu marido foram missionários no Japão e na Austrália por muitos anos. Atualmente vivem no Tennessee.

Os livros de Sarah são elaborados para ajudar as pessoas a se conectarem não apenas com Jesus, a palavra viva, mas também com a Bíblia, a inerrante palavra de Deus escrita. Ela se esforça para manter a sua escrita devocional consistente com esse padrão imutável. Muitos leitores compartilharam que os livros de Sarah os ajudaram a aumentar o amor deles pela Palavra de Deus.

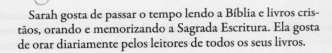

Sarah gosta de passar o tempo lendo a Bíblia e livros cristãos, orando e memorizando a Sagrada Escritura. Ela gosta de orar diariamente pelos leitores de todos os seus livros.